Pokémon™
Sonne und Mond

1

Story
Hidenori Kusaka
Zeichner
Satoshi Yamamoto

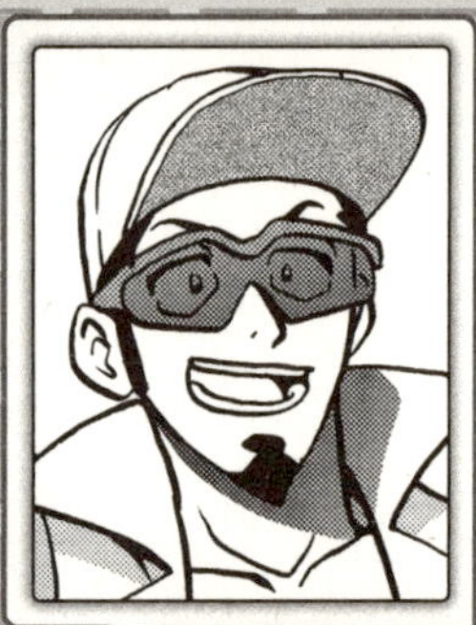

PROFESSOR KUKUI

Ein Pokémon-Professor, der auf der Insel Mele-Mele ein Labor unterhält. Er hat sich auf die Erforschung von Pokémon-Attacken spezialisiert. Manchmal lässt er sich sogar selbst von Pokémon attackieren, damit er mehr über sie erfährt.

MOND

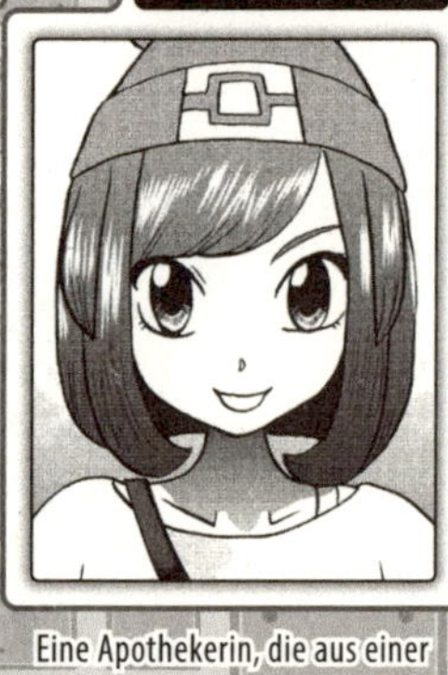

Eine Apothekerin, die aus einer entfernten Region nach Alola gekommen ist. Sie hat einen selbstbewussten und rationalen Charakter und ist darüber hinaus eine ausgezeichnete Bogenschützin!

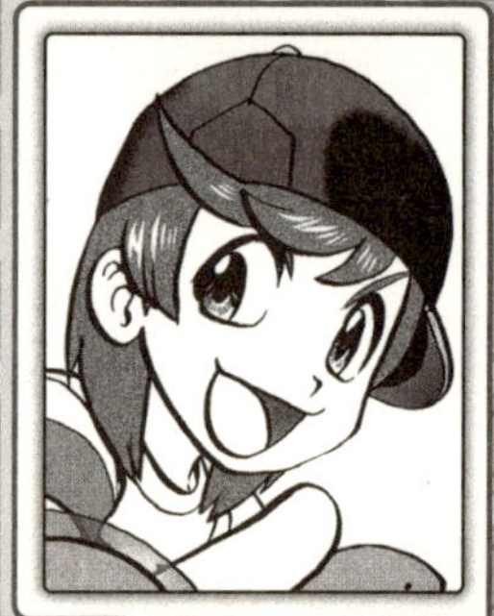

SONNE

Die Hauptfigur dieses Abenteuers. Der Pokémon-Trainer jobbt unter anderem als Kurier und versucht auf diese Weise, Geld zu verdienen. Sein Ziel besteht darin, 1.000.000 ₽ zusammenzubekommen…!

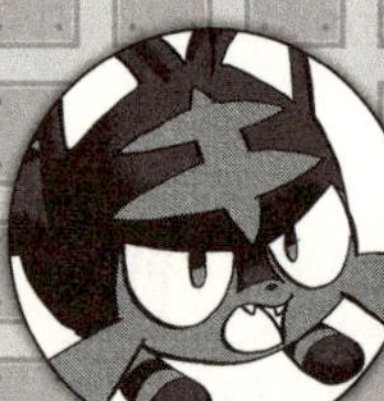

KIES (FLAMIAU)

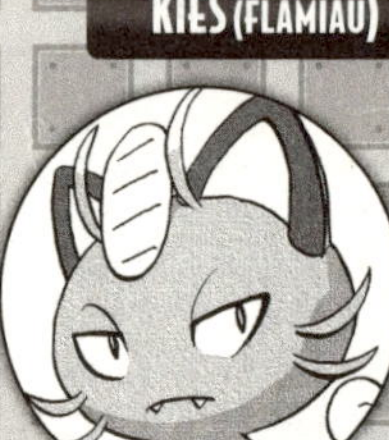

MOOS (ALOLA-MAUZI)

KTERE

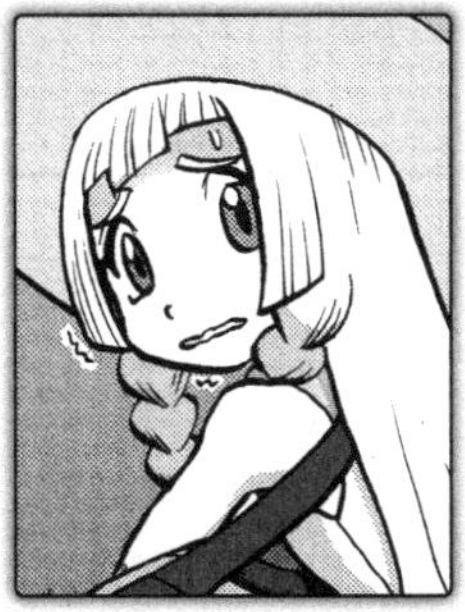

LILLY

Ein schüchternes Mädchen, das am Strand aufgefunden wurde. Es führt ein sonderbares Pokémon bei sich, das auf den Namen Wölkchen hört...

GLADIO

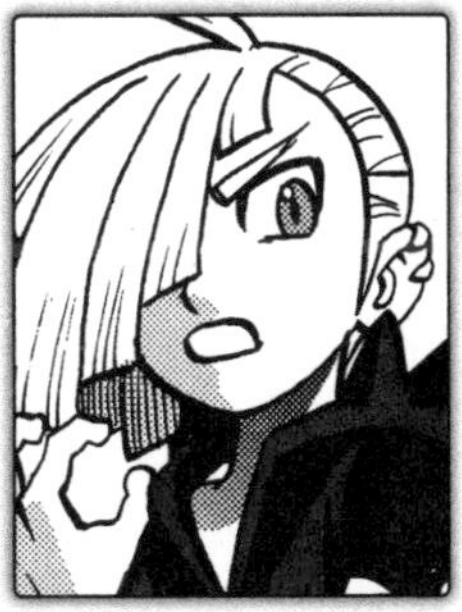

Ein mysteriöser Einzelgänger, über den nicht viel bekannt ist.

HALA

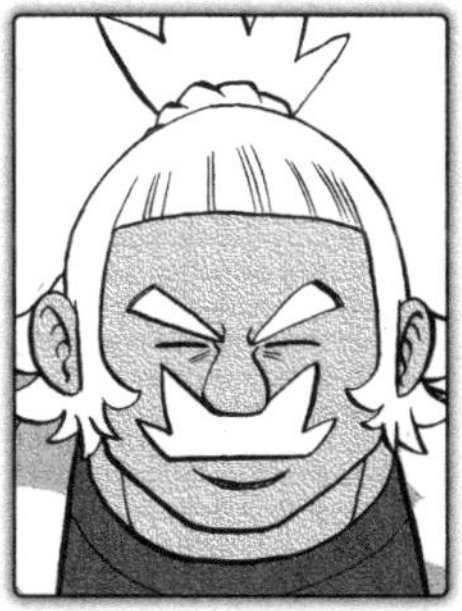

Er ist der Inselkönig von Mele-Mele. Als er vom Zorn der Schutzpatron-Pokémon erfährt, versucht er gemeinsam mit den anderen Inselkönigen eine Lösung zu finden...

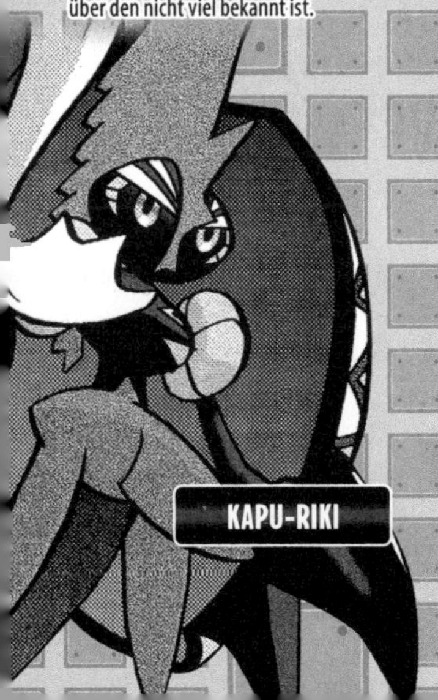

KAPU-RIKI

CHARA

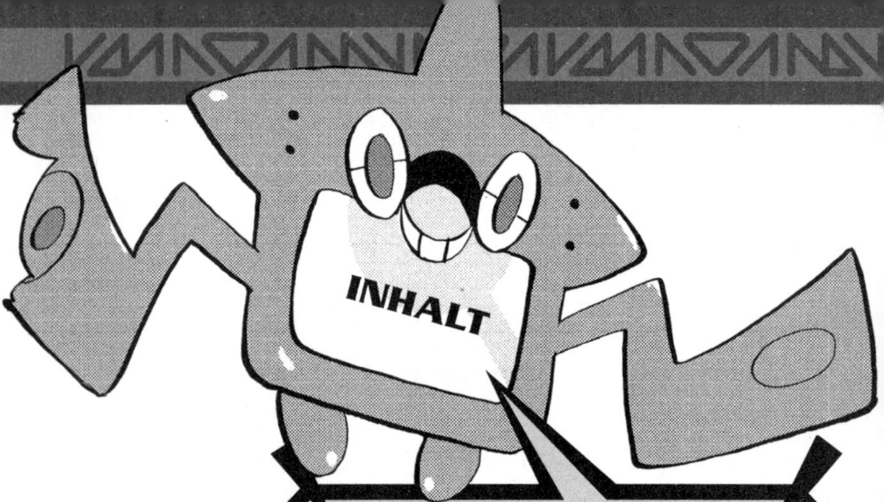

INHALT

... RO-ROTOM ♫

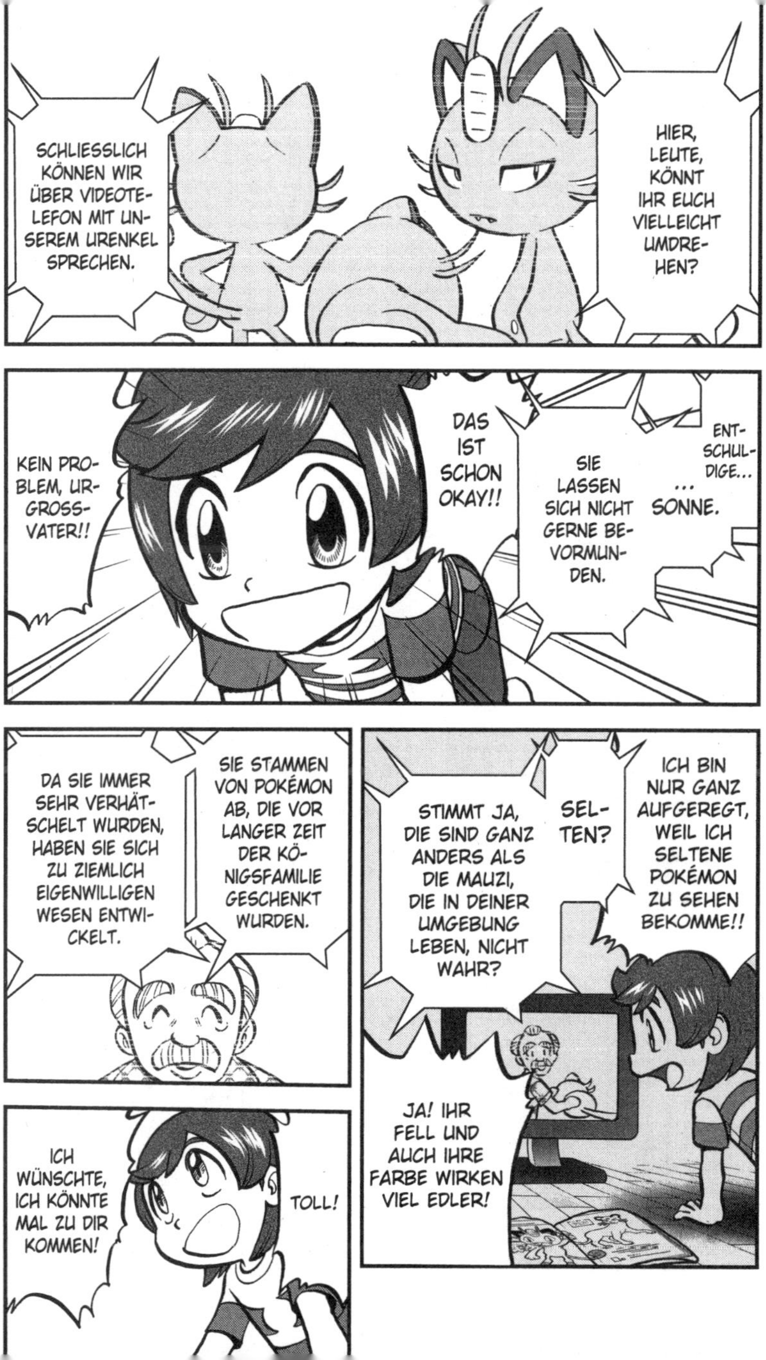
HIER, LEUTE, KÖNNT IHR EUCH VIELLEICHT UMDREHEN?
SCHLIESSLICH KÖNNEN WIR ÜBER VIDEOTELEFON MIT UNSEREM URENKEL SPRECHEN.
ENTSCHULDIGE... ...SONNE.
SIE LASSEN SICH NICHT GERNE BEVORMUNDEN.
DAS IST SCHON OKAY!!
KEIN PROBLEM, URGROSSVATER!!
ICH BIN NUR GANZ AUFGEREGT, WEIL ICH SELTENE POKÉMON ZU SEHEN BEKOMME!!
SELTEN?
STIMMT JA, DIE SIND GANZ ANDERS ALS DIE MAUZI, DIE IN DEINER UMGEBUNG LEBEN, NICHT WAHR?
JA! IHR FELL UND AUCH IHRE FARBE WIRKEN VIEL EDLER!
SIE STAMMEN VON POKÉMON AB, DIE VOR LANGER ZEIT DER KÖNIGSFAMILIE GESCHENKT WURDEN.
DA SIE IMMER SEHR VERHÄTSCHELT WURDEN, HABEN SIE SICH ZU ZIEMLICH EIGENWILLIGEN WESEN ENTWICKELT.
TOLL!
ICH WÜNSCHTE, ICH KÖNNTE MAL ZU DIR KOMMEN!

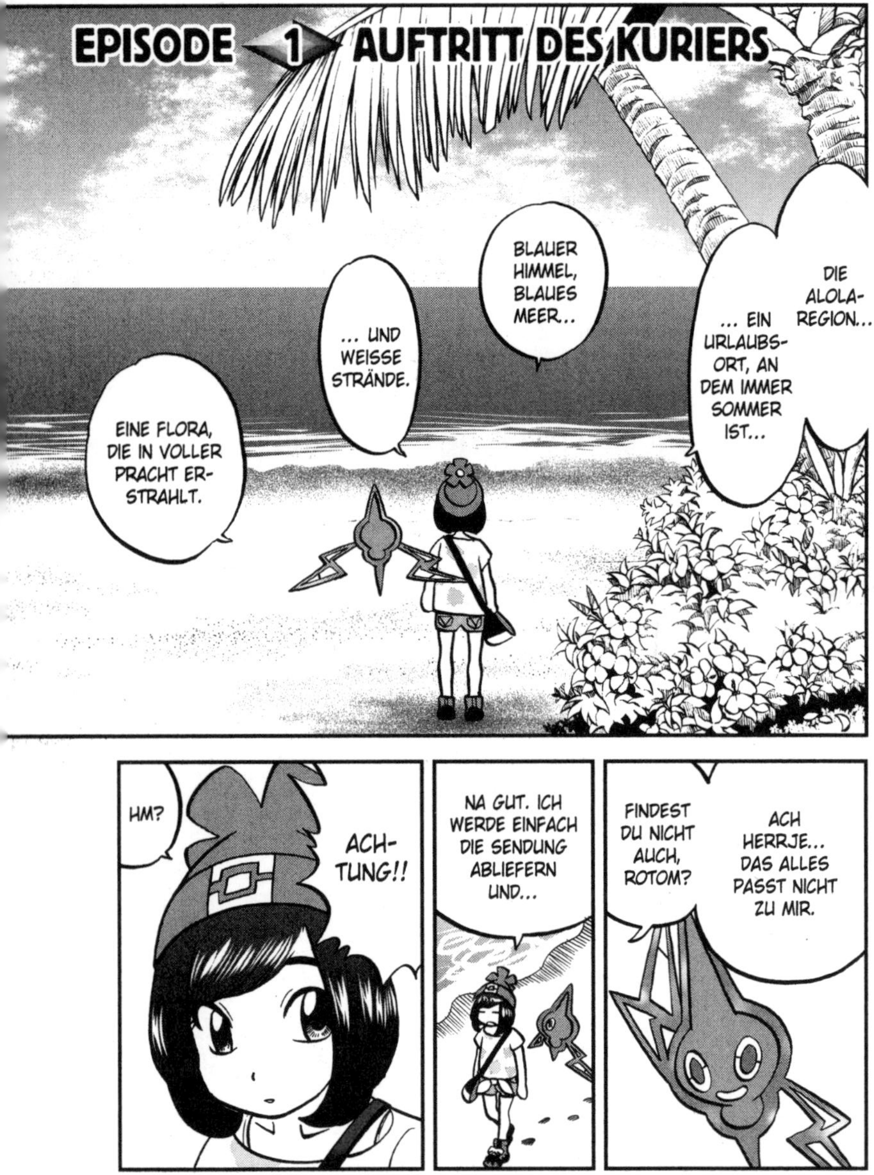
EPISODE 1 AUFTRITT DES KURIERS
DIE ALOLA-REGION…
… EIN URLAUBSORT, AN DEM IMMER SOMMER IST…
BLAUER HIMMEL, BLAUES MEER…
… UND WEISSE STRÄNDE.
EINE FLORA, DIE IN VOLLER PRACHT ERSTRAHLT.
ACH HERRJE… DAS ALLES PASST NICHT ZU MIR.
FINDEST DU NICHT AUCH, ROTOM?
NA GUT. ICH WERDE EINFACH DIE SENDUNG ABLIEFERN UND…
ACHTUNG!!
HM?

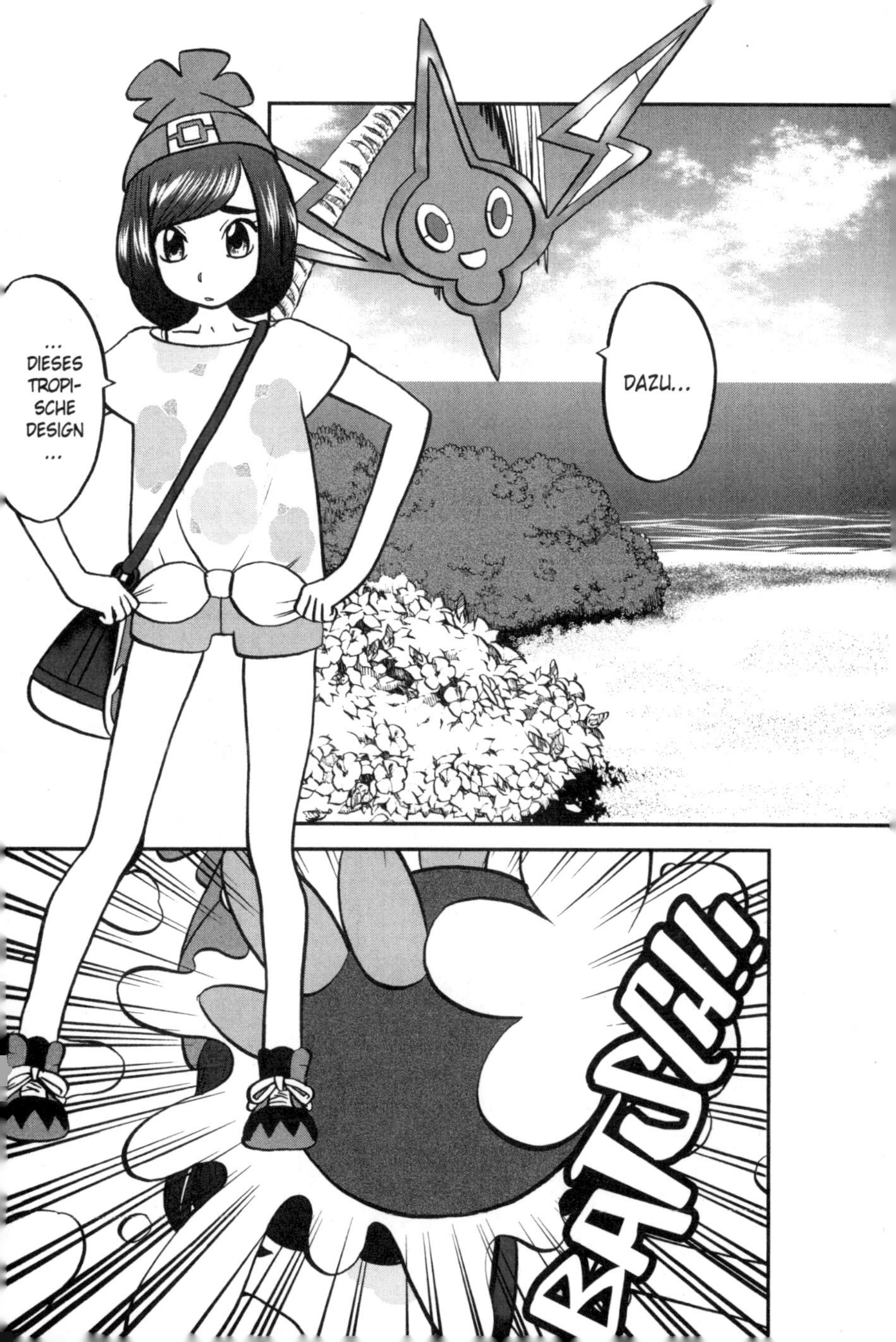
DAZU…
… DIESES TROPISCHE DESIGN …
BAUCH!!

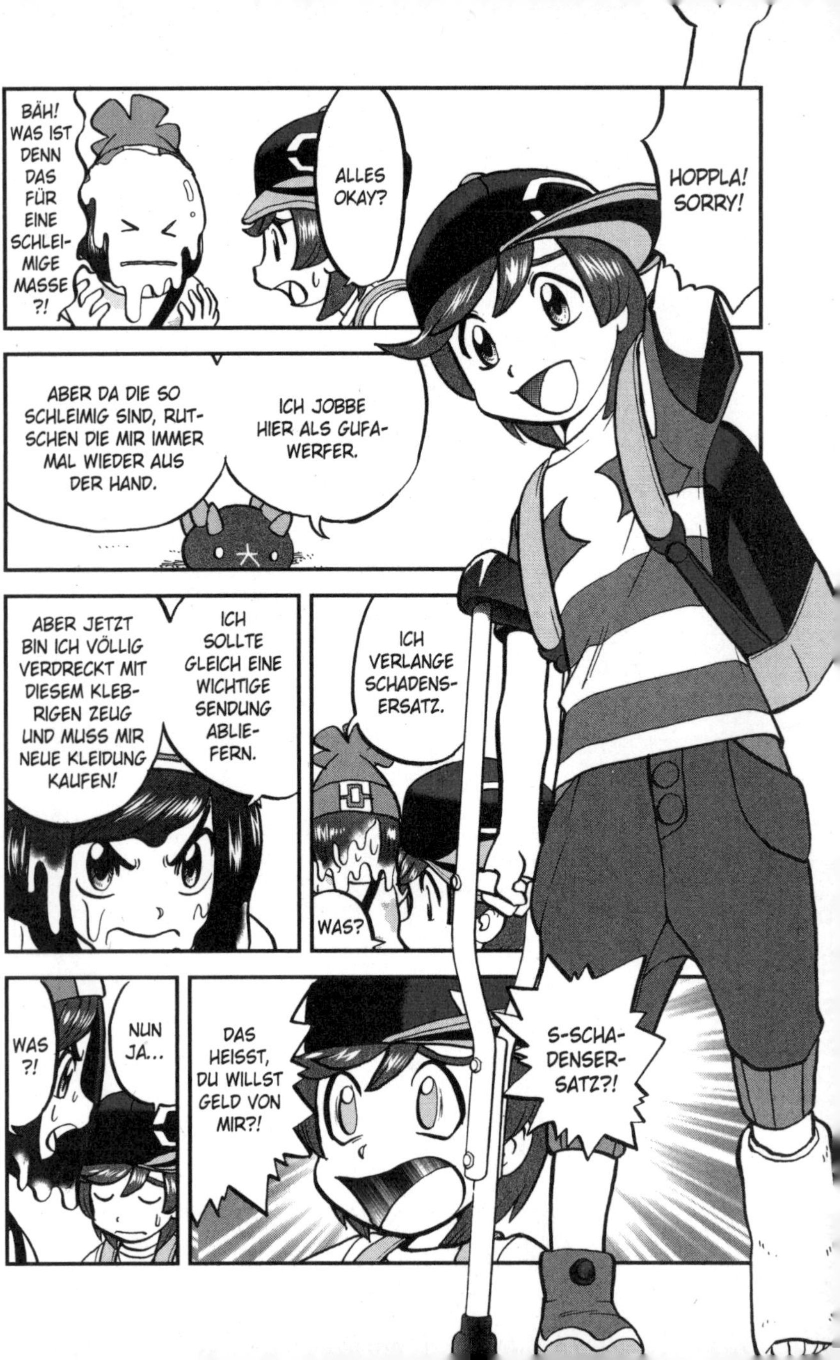
HOPPLA! SORRY!
ALLES OKAY?
BÄH! WAS IST DENN DAS FÜR EINE SCHLEIMIGE MASSE ?!
ICH JOBBE HIER ALS GUFAWERFER.
ABER DA DIE SO SCHLEIMIG SIND, RUTSCHEN DIE MIR IMMER MAL WIEDER AUS DER HAND.
ICH VERLANGE SCHADENSERSATZ.
WAS?
ICH SOLLTE GLEICH EINE WICHTIGE SENDUNG ABLIEFERN.
ABER JETZT BIN ICH VÖLLIG VERDRECKT MIT DIESEM KLEBRIGEN ZEUG UND MUSS MIR NEUE KLEIDUNG KAUFEN!
S-SCHADENSERSATZ?!
DAS HEISST, DU WILLST GELD VON MIR?!
NUN JA...
WAS ?!

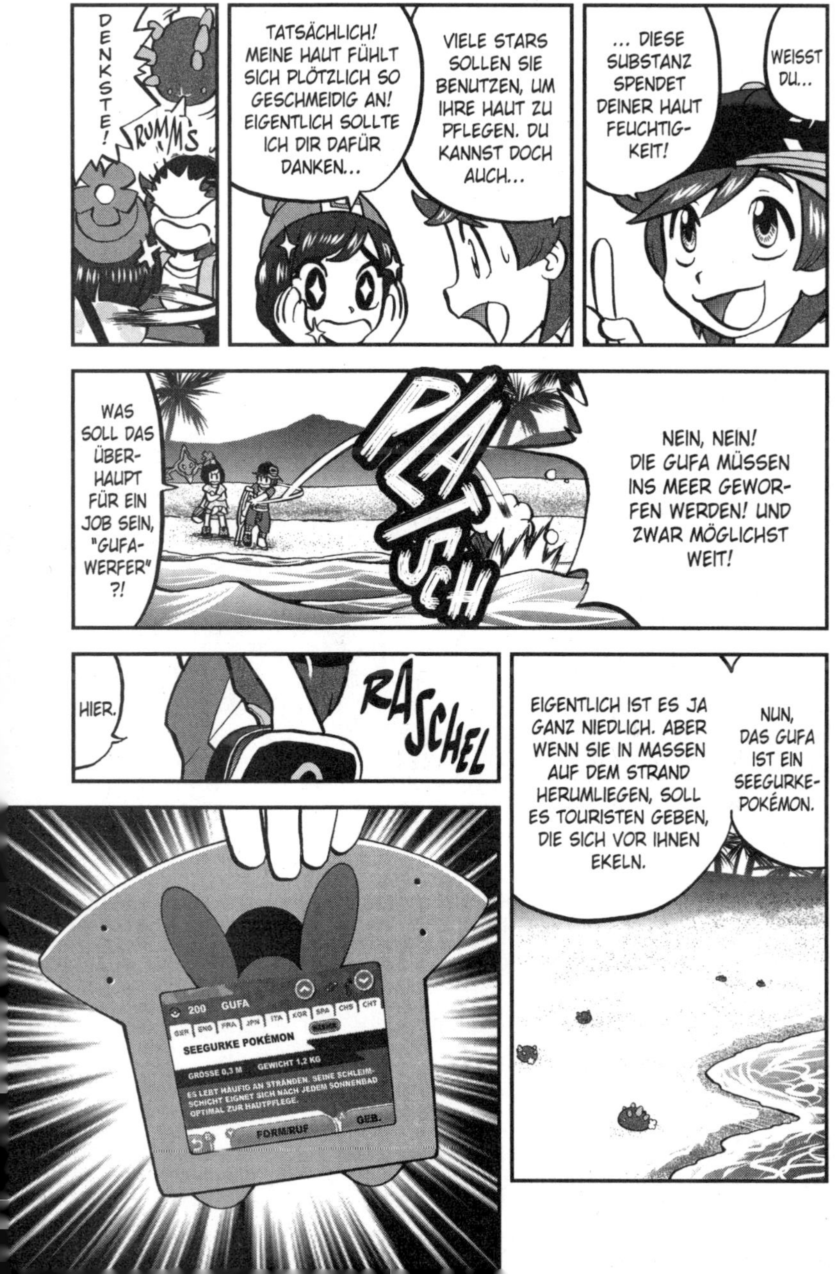
WEISST DU…
… DIESE SUBSTANZ SPENDET DEINER HAUT FEUCHTIGKEIT!
VIELE STARS SOLLEN SIE BENUTZEN, UM IHRE HAUT ZU PFLEGEN. DU KANNST DOCH AUCH…
TATSÄCHLICH! MEINE HAUT FÜHLT SICH PLÖTZLICH SO GESCHMEIDIG AN! EIGENTLICH SOLLTE ICH DIR DAFÜR DANKEN…
RUMMS
DENKSTE!
NEIN, NEIN! DIE GUFA MÜSSEN INS MEER GEWORFEN WERDEN! UND ZWAR MÖGLICHST WEIT!
PLATSCH
WAS SOLL DAS ÜBERHAUPT FÜR EIN JOB SEIN, "GUFA-WERFER" ?!
NUN, DAS GUFA IST EIN SEEGURKE-POKÉMON.
EIGENTLICH IST ES JA GANZ NIEDLICH. ABER WENN SIE IN MASSEN AUF DEM STRAND HERUMLIEGEN, SOLL ES TOURISTEN GEBEN, DIE SICH VOR IHNEN EKELN.
RASCHEL
HIER.
200 GUFA
GER ENG FRA JPN ITA KOR SPA CHS CHT
SEEGURKE POKÉMON
GRÖSSE 0,3 M GEWICHT 1,2 KG
ES LEBT HÄUFIG AN STRÄNDEN. SEINE SCHLEIMSCHICHT EIGNET SICH NACH JEDEM SONNENBAD OPTIMAL ZUR HAUTPFLEGE.
FORM/RUF
GEB.

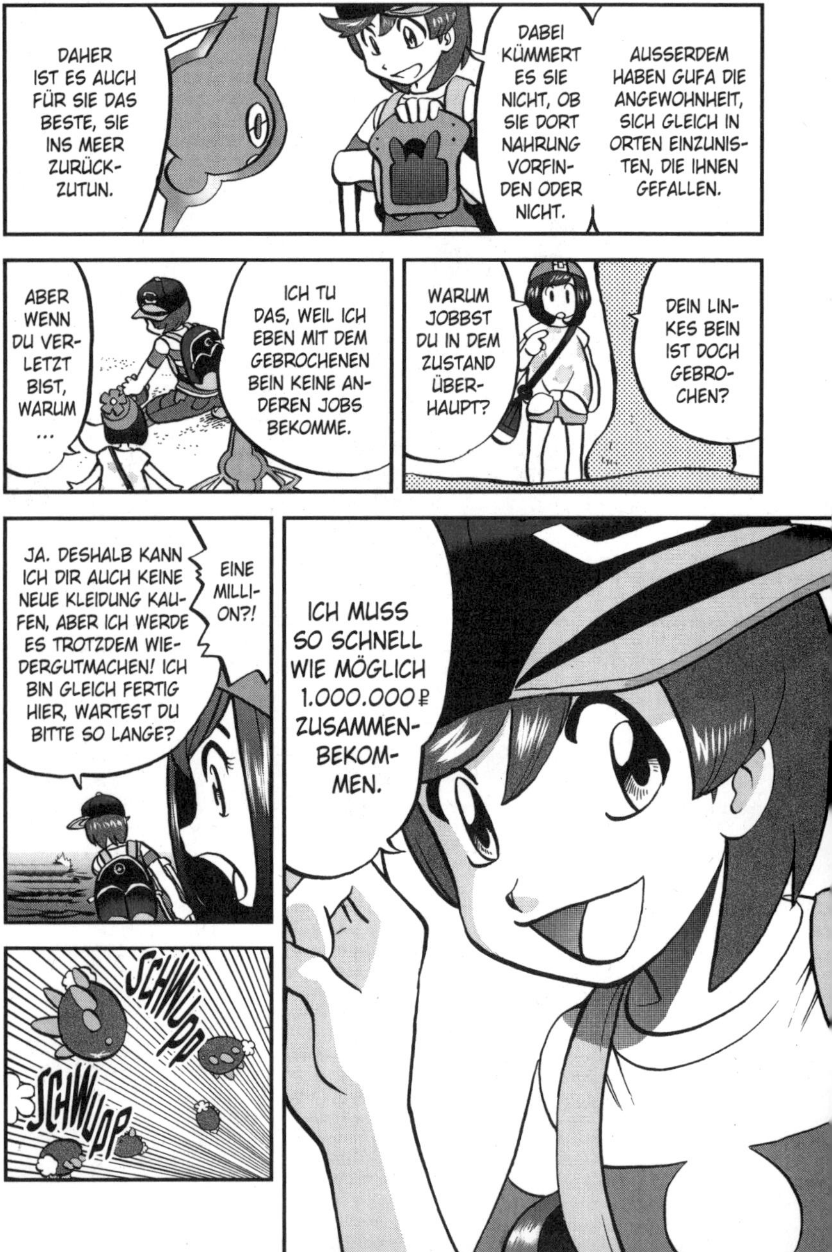
AUSSERDEM HABEN GUFA DIE ANGEWOHNHEIT, SICH GLEICH IN ORTEN EINZUNISTEN, DIE IHNEN GEFALLEN.
DABEI KÜMMERT ES SIE NICHT, OB SIE DORT NAHRUNG VORFINDEN ODER NICHT.
DAHER IST ES AUCH FÜR SIE DAS BESTE, SIE INS MEER ZURÜCKZUTUN.
DEIN LINKES BEIN IST DOCH GEBROCHEN?
WARUM JOBBST DU IN DEM ZUSTAND ÜBERHAUPT?
ICH TU DAS, WEIL ICH EBEN MIT DEM GEBROCHENEN BEIN KEINE ANDEREN JOBS BEKOMME.
ABER WENN DU VERLETZT BIST, WARUM ...
ICH MUSS SO SCHNELL WIE MÖGLICH 1.000.000 ₽ ZUSAMMENBEKOMMEN.
EINE MILLION?!
JA. DESHALB KANN ICH DIR AUCH KEINE NEUE KLEIDUNG KAUFEN, ABER ICH WERDE ES TROTZDEM WIEDERGUTMACHEN! ICH BIN GLEICH FERTIG HIER, WARTEST DU BITTE SO LANGE?
SCHWUPP
SCHWUPP

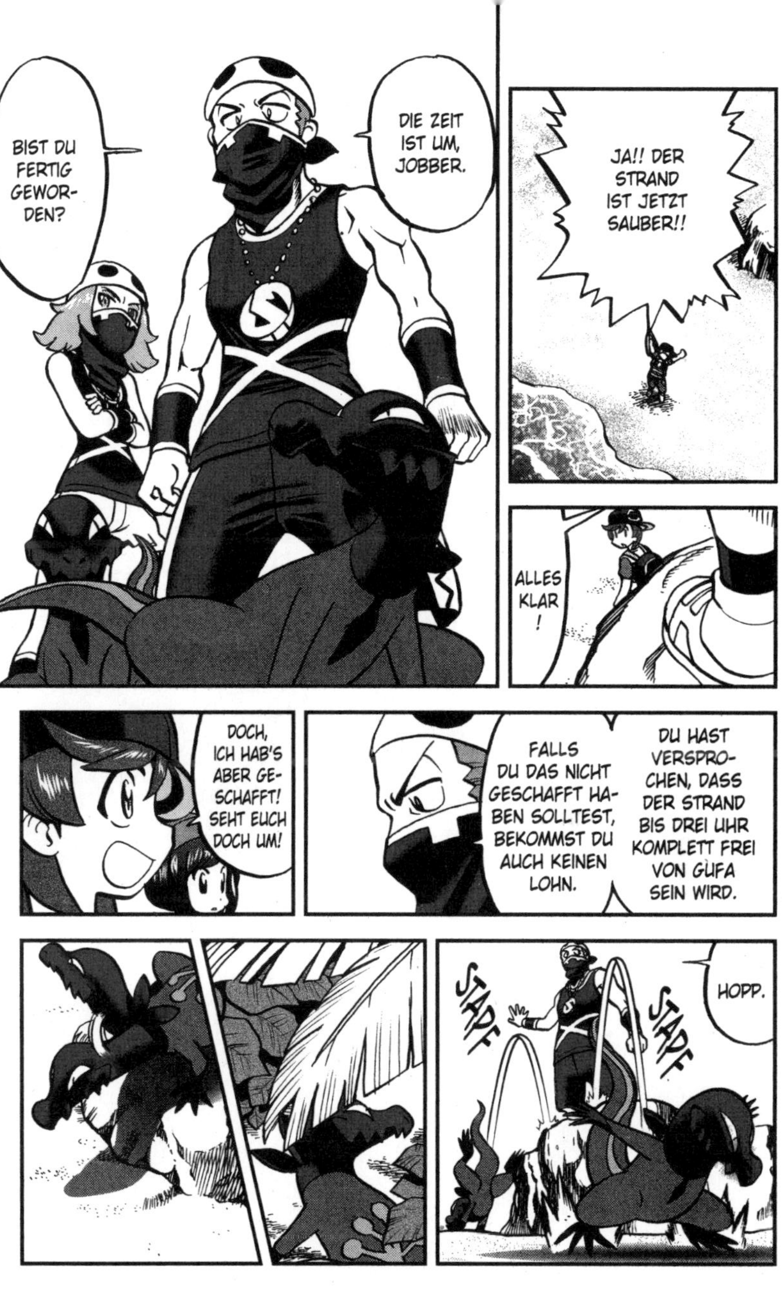
JA!! DER STRAND IST JETZT SAUBER!!
ALLES KLAR!
DIE ZEIT IST UM, JOBBER.
BIST DU FERTIG GEWORDEN?
DU HAST VERSPROCHEN, DASS DER STRAND BIS DREI UHR KOMPLETT FREI VON GUFA SEIN WIRD.
FALLS DU DAS NICHT GESCHAFFT HABEN SOLLTEST, BEKOMMST DU AUCH KEINEN LOHN.
DOCH, ICH HAB'S ABER GESCHAFFT! SEHT EUCH DOCH UM!
HOPP.
STAPF
STAPF

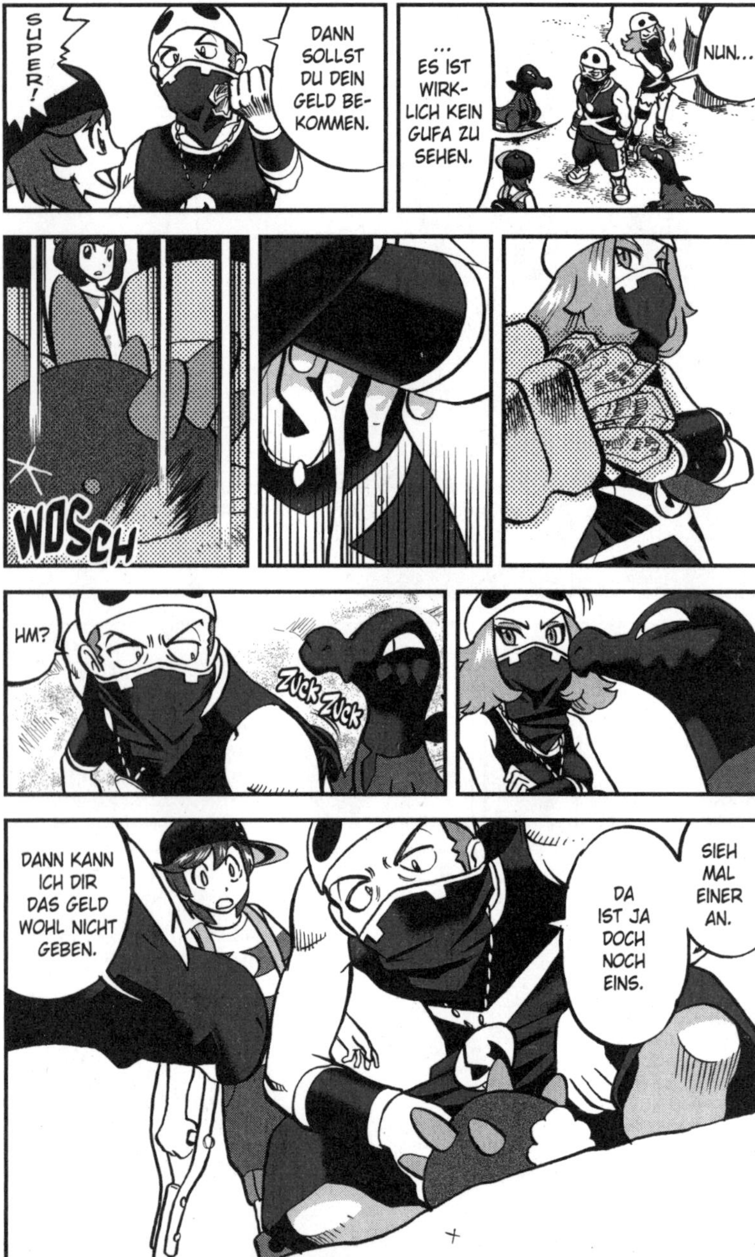
NUN...
... ES IST WIRKLICH KEIN GUFA ZU SEHEN.
DANN SOLLST DU DEIN GELD BEKOMMEN.
SUPER!
WOSCH
HM?
ZUCK ZUCK
SIEH MAL EINER AN.
DA IST JA DOCH NOCH EINS.
DANN KANN ICH DIR DAS GELD WOHL NICHT GEBEN.

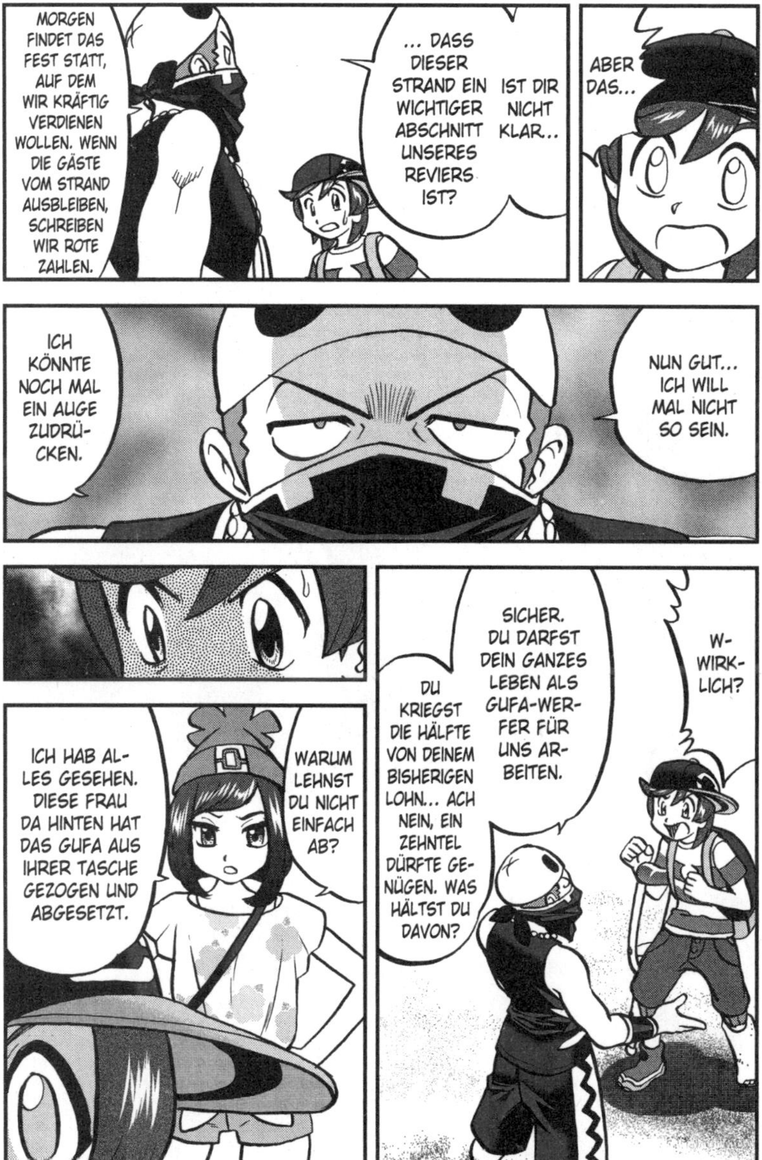
MORGEN FINDET DAS FEST STATT, AUF DEM WIR KRÄFTIG VERDIENEN WOLLEN. WENN DIE GÄSTE VOM STRAND AUSBLEIBEN, SCHREIBEN WIR ROTE ZAHLEN.
... DASS DIESER STRAND EIN WICHTIGER ABSCHNITT UNSERES REVIERS IST?
IST DIR NICHT KLAR...
ABER DAS...
ICH KÖNNTE NOCH MAL EIN AUGE ZUDRÜ-CKEN.
NUN GUT... ICH WILL MAL NICHT SO SEIN.
DU KRIEGST DIE HÄLFTE VON DEINEM BISHERIGEN LOHN... ACH NEIN, EIN ZEHNTEL DÜRFTE GE-NÜGEN. WAS HÄLTST DU DAVON?
SICHER. DU DARFST DEIN GANZES LEBEN ALS GUFA-WER-FER FÜR UNS AR-BEITEN.
W-WIRK-LICH?
ICH HAB AL-LES GESEHEN. DIESE FRAU DA HINTEN HAT DAS GUFA AUS IHRER TASCHE GEZOGEN UND ABGESETZT.
WARUM LEHNST DU NICHT EINFACH AB?

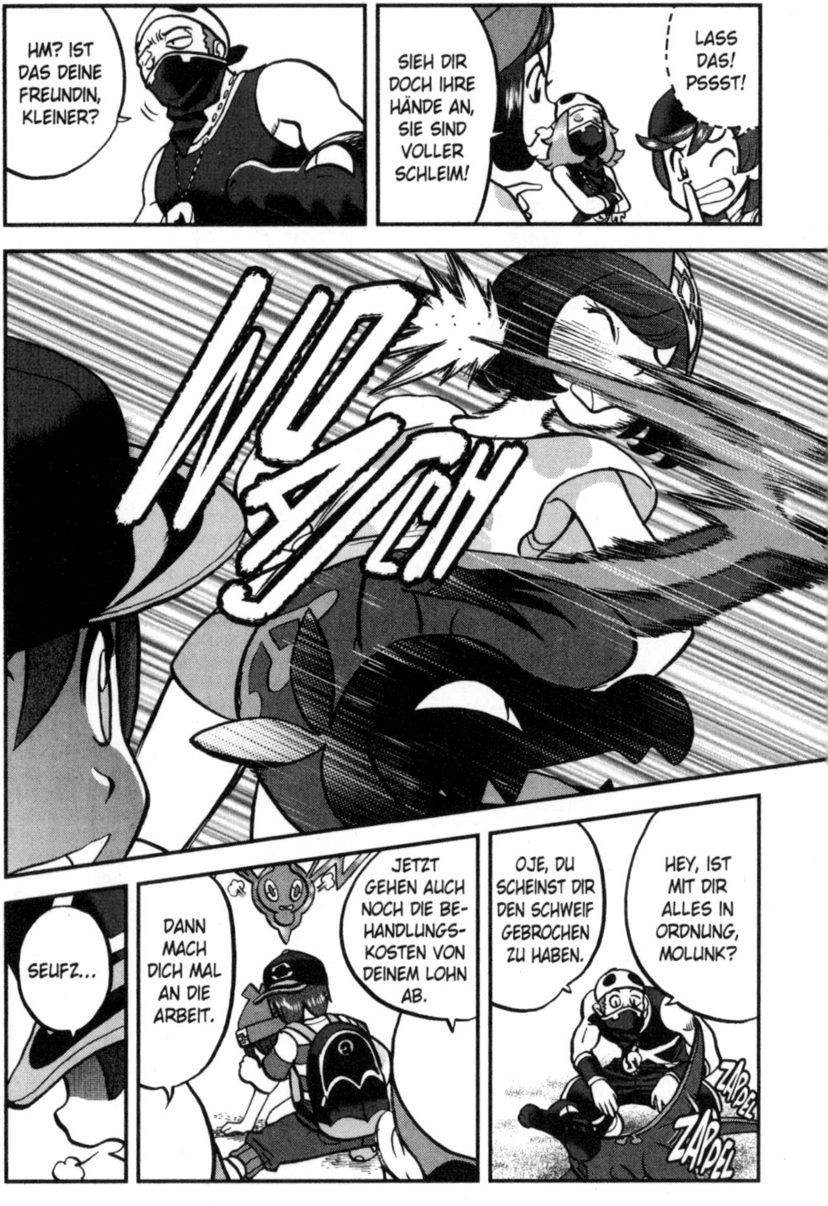
HM? IST DAS DEINE FREUNDIN, KLEINER?
LASS DAS! PSSST!
SIEH DIR DOCH IHRE HÄNDE AN, SIE SIND VOLLER SCHLEIM!
WUATCH
HEY, IST MIT DIR ALLES IN ORDNUNG, MOLUNK?
OJE, DU SCHEINST DIR DEN SCHWEIF GEBROCHEN ZU HABEN.
ZAPPEL
ZAPPEL
JETZT GEHEN AUCH NOCH DIE BE-HANDLUNGS-KOSTEN VON DEINEM LOHN AB.
DANN MACH DICH MAL AN DIE ARBEIT.
SEUFZ...

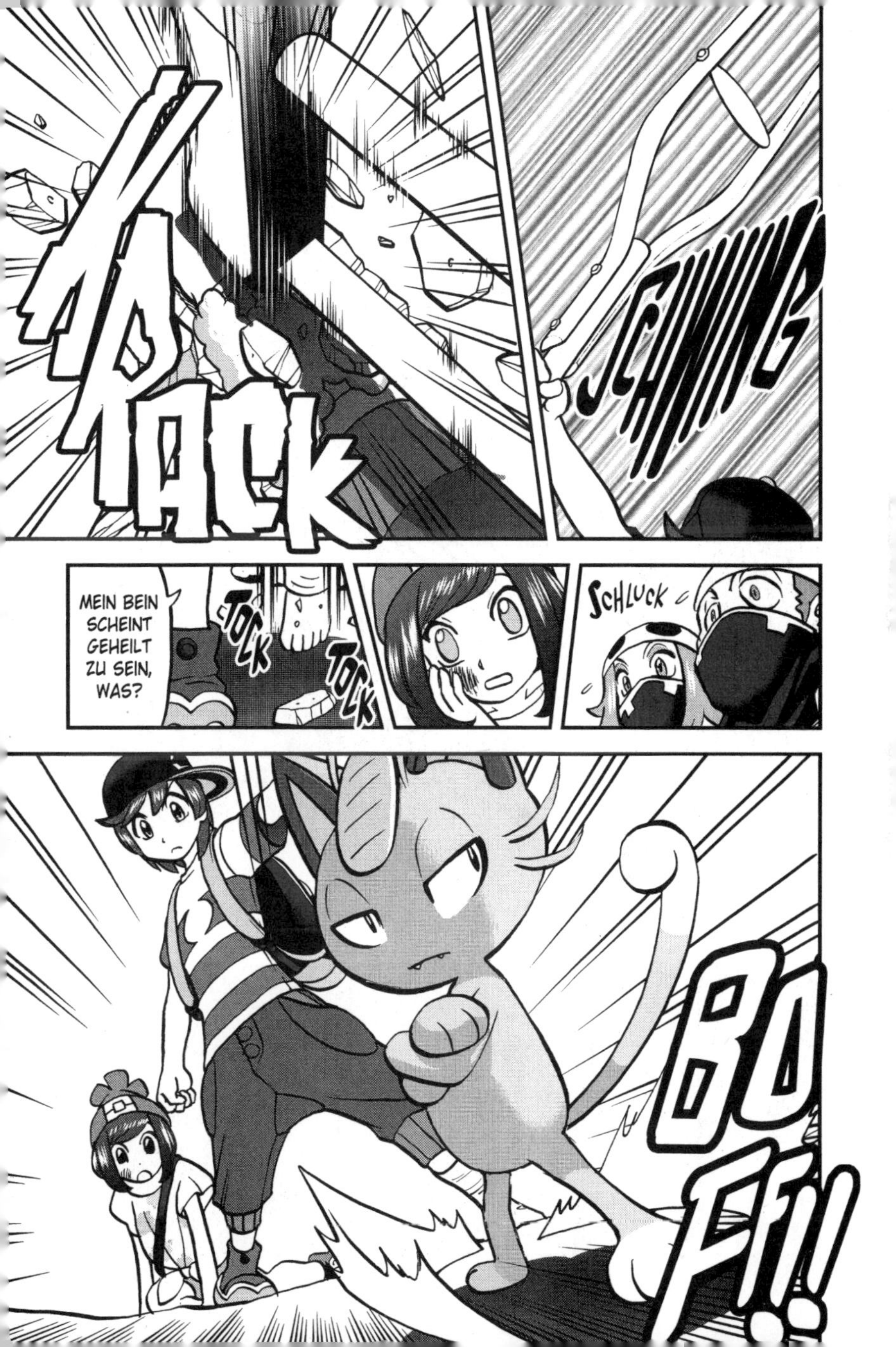
KRACK
SCHWING
MEIN BEIN SCHEINT GEHEILT ZU SEIN, WAS?
TOCK
TOCK
SCHLUCK
BOFF!!

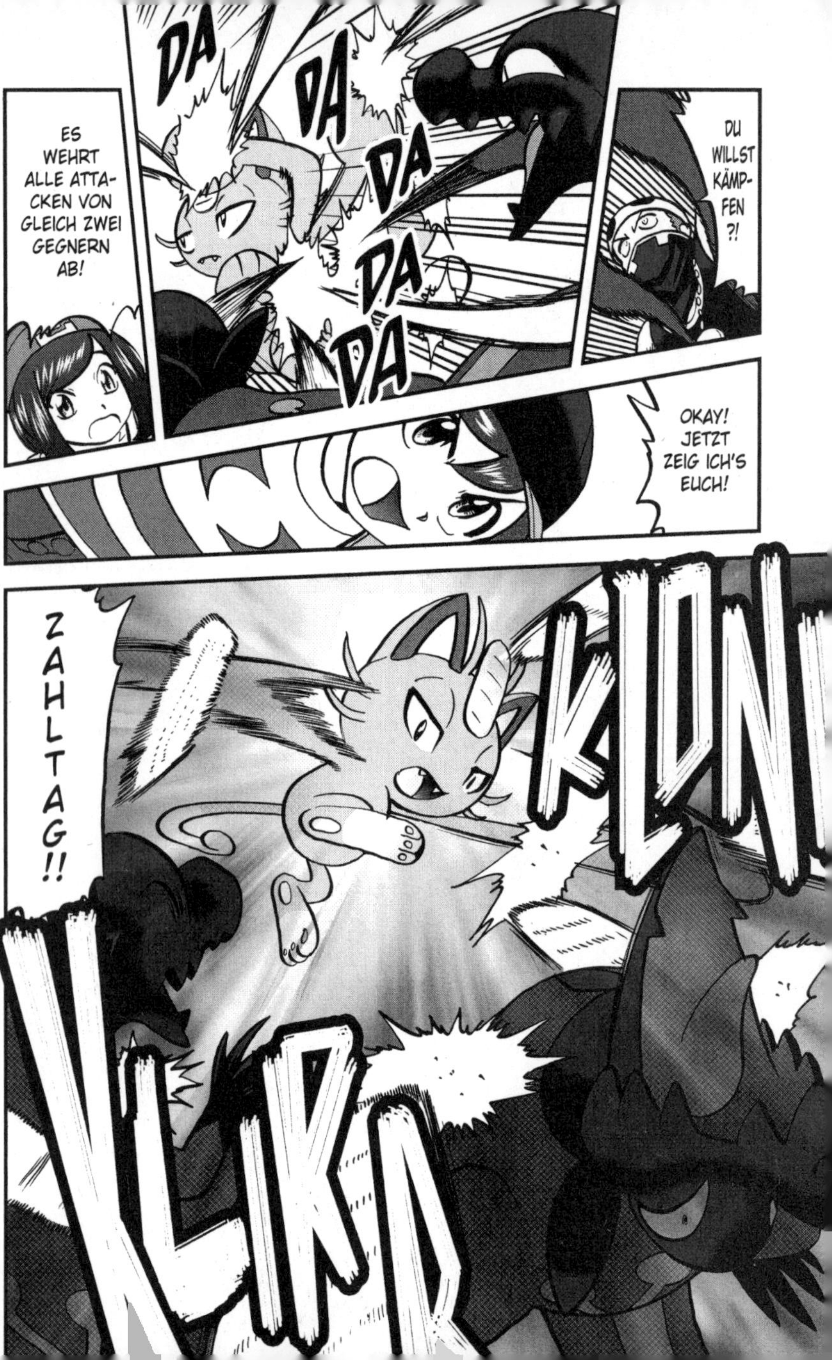
DU WILLST KÄMPFEN ?!
DA DA DA DA DA
ES WEHRT ALLE ATTACKEN VON GLEICH ZWEI GEGNERN AB!
OKAY! JETZT ZEIG ICH'S EUCH!
ZAHLTAG!!
KLONK
KLIRR

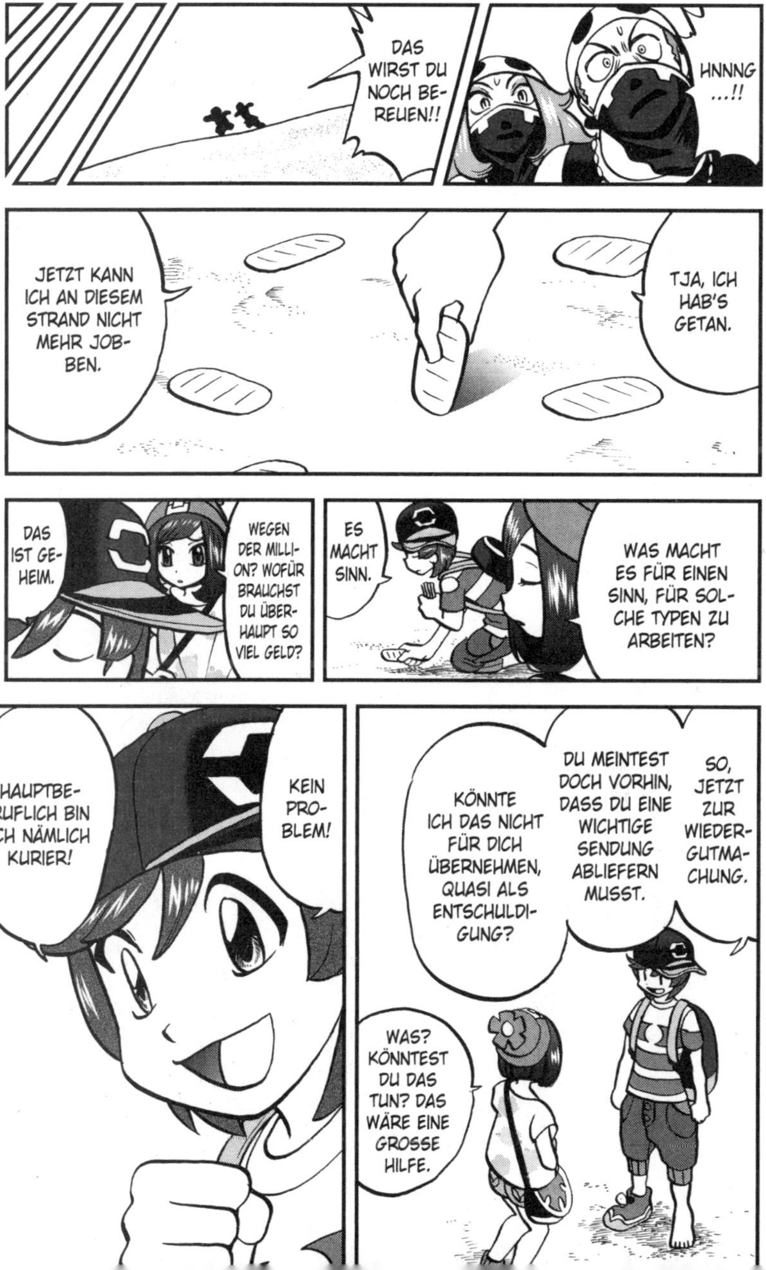

HNNNG ...!!
DAS WIRST DU NOCH BEREUEN!!
TJA, ICH HAB'S GETAN.
JETZT KANN ICH AN DIESEM STRAND NICHT MEHR JOBBEN.
WAS MACHT ES FÜR EINEN SINN, FÜR SOLCHE TYPEN ZU ARBEITEN?
ES MACHT SINN.
WEGEN DER MILLION? WOFÜR BRAUCHST DU ÜBERHAUPT SO VIEL GELD?
DAS IST GEHEIM.
SO, JETZT ZUR WIEDERGUTMACHUNG.
DU MEINTEST DOCH VORHIN, DASS DU EINE WICHTIGE SENDUNG ABLIEFERN MUSST.
KÖNNTE ICH DAS NICHT FÜR DICH ÜBERNEHMEN, QUASI ALS ENTSCHULDIGUNG?
WAS? KÖNNTEST DU DAS TUN? DAS WÄRE EINE GROSSE HILFE.
KEIN PROBLEM!
HAUPTBERUFLICH BIN ICH NÄMLICH KURIER!

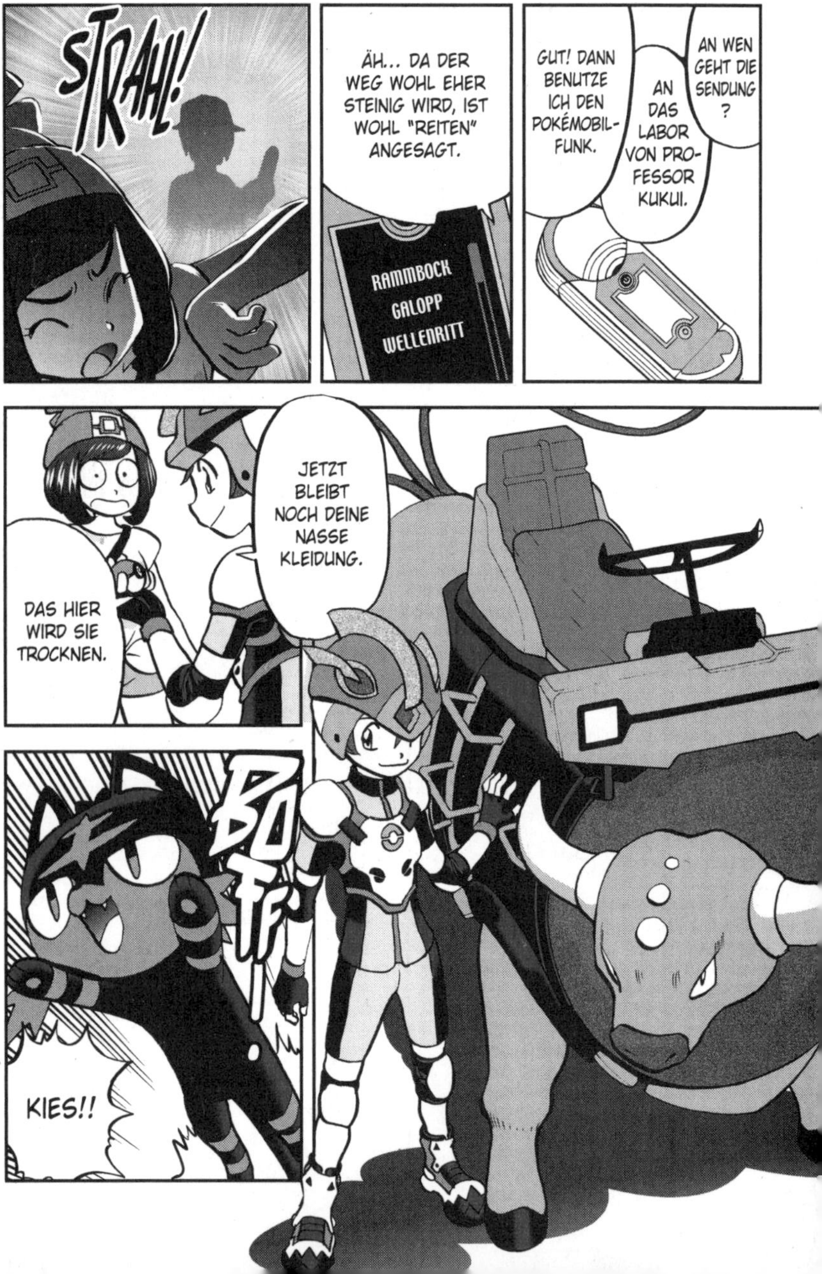
STRAHL!
ÄH… DA DER WEG WOHL EHER STEINIG WIRD, IST WOHL "REITEN" ANGESAGT.
RAMMBOCK
GALOPP
WELLENRITT
GUT! DANN BENUTZE ICH DEN POKÉMOBIL-FUNK.
AN WEN GEHT DIE SENDUNG?
AN DAS LABOR VON PROFESSOR KUKUI.
JETZT BLEIBT NOCH DEINE NASSE KLEIDUNG.
DAS HIER WIRD SIE TROCKNEN.
BOFF
KIES!!

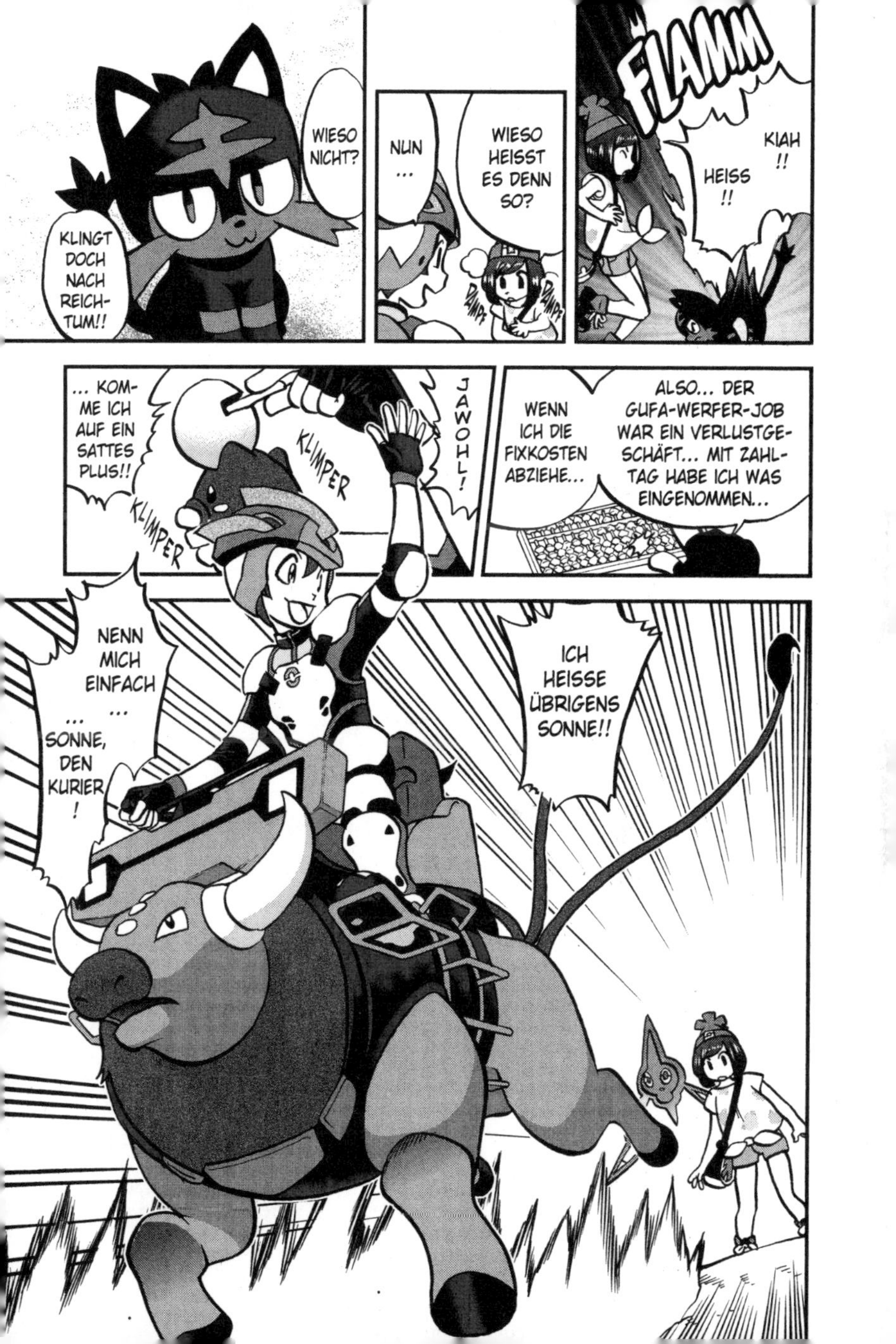
FLAMM
KIAH!!
HEISS!!
WIESO HEISST ES DENN SO?
NUN ...
DAMPF
DAMPF
WIESO NICHT?
KLINGT DOCH NACH REICH-TUM!!
ALSO... DER GUFA-WERFER-JOB WAR EIN VERLUSTGE-SCHÄFT... MIT ZAHL-TAG HABE ICH WAS EINGENOMMEN...
WENN ICH DIE FIXKOSTEN ABZIEHE...
... KOM-ME ICH AUF EIN SATTES PLUS!!
JAWOHL!
KLIMPER
KLIMPER
ICH HEISSE ÜBRIGENS SONNE!!
NENN MICH EINFACH ... ... SONNE, DEN KURIER!

HERZLICHE BEGRÜSSUNG

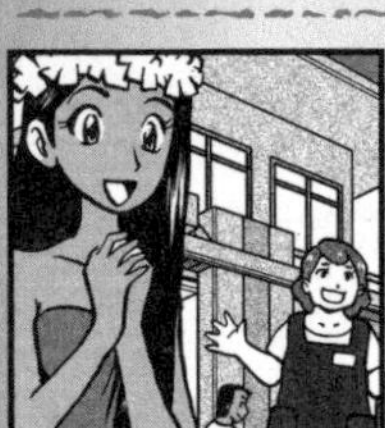

DER NAME DER REGION "ALOLA" DIENT GLEICHZEITIG ALS BEGRÜSSUNG. DAS WORT BEDEUTET SO VIEL WIE "GUTEN TAG" ODER AUCH "WIE GEHT'S?" UND WIRD IM ALLTAG ZU BEINAHE JEDER GELEGENHEIT BENUTZT. OFT WERDEN DABEI DIE HÄNDE VOR DER BRUST GEFALTET UND MIT IHNEN EINE DREHBEWEGUNG VOLLFÜHRT, WAS SEHR HERZLICH WIRKT.♪

ALOLA-TOURISTENFÜHRER 1

EPISODE 2

DAS ROTOM UND DAS MÄDCHEN

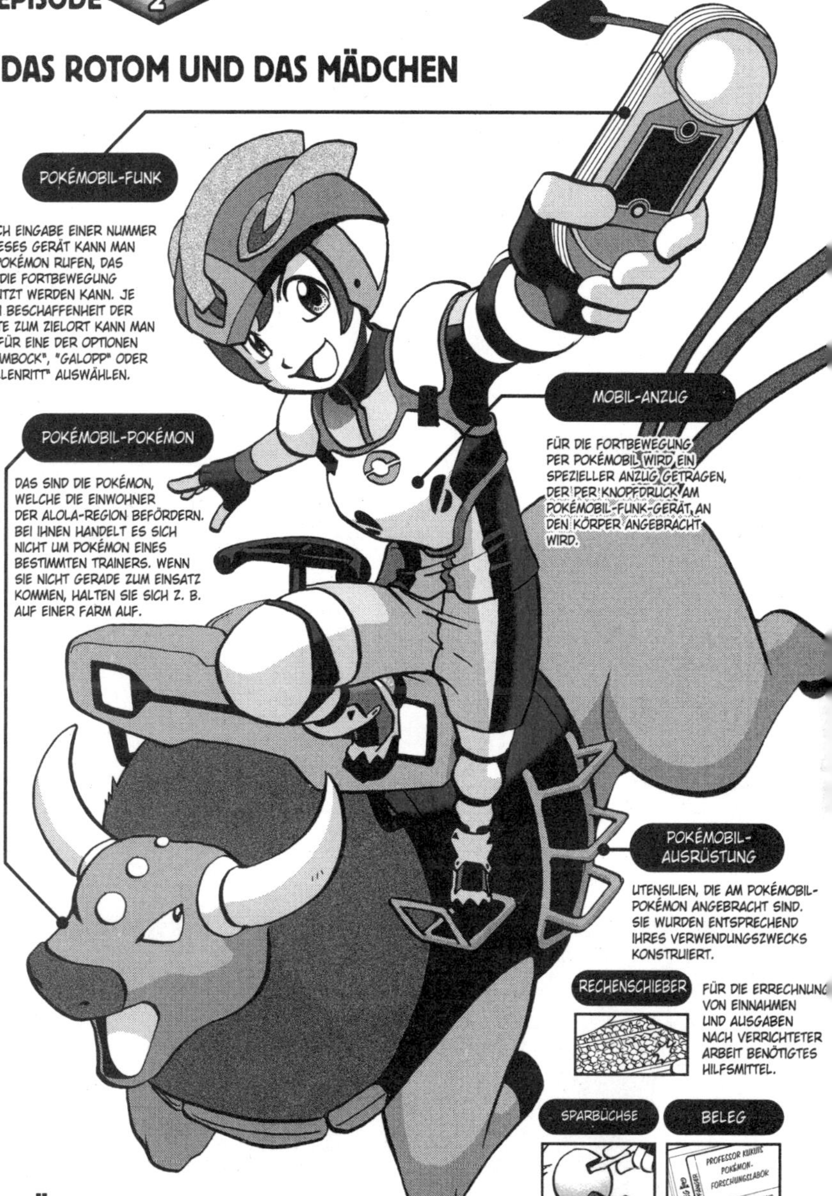

POKÉMOBIL-FUNK

DURCH EINGABE EINER NUMMER IN DIESES GERÄT KANN MAN EIN POKÉMON RUFEN, DAS FÜR DIE FORTBEWEGUNG BENUTZT WERDEN KANN. JE NACH BESCHAFFENHEIT DER ROUTE ZUM ZIELORT KANN MAN HIERFÜR EINE DER OPTIONEN "RAMMBOCK", "GALOPP" ODER "WELLENRITT" AUSWÄHLEN.

MOBIL-ANZUG

FÜR DIE FORTBEWEGUNG PER POKÉMOBIL WIRD EIN SPEZIELLER ANZUG GETRAGEN, DER PER KNOPFDRUCK AM POKÉMOBIL-FUNK-GERÄT AN DEN KÖRPER ANGEBRACHT WIRD.

POKÉMOBIL-POKÉMON

DAS SIND DIE POKÉMON, WELCHE DIE EINWOHNER DER ALOLA-REGION BEFÖRDERN. BEI IHNEN HANDELT ES SICH NICHT UM POKÉMON EINES BESTIMMTEN TRAINERS. WENN SIE NICHT GERADE ZUM EINSATZ KOMMEN, HALTEN SIE SICH Z. B. AUF EINER FARM AUF.

POKÉMOBIL-AUSRÜSTUNG

UTENSILIEN, DIE AM POKÉMOBIL-POKÉMON ANGEBRACHT SIND. SIE WURDEN ENTSPRECHEND IHRES VERWENDUNGSZWECKS KONSTRUIERT.

RECHENSCHIEBER

FÜR DIE ERRECHNUNG VON EINNAHMEN UND AUSGABEN NACH VERRICHTETER ARBEIT BENÖTIGTES HILFSMITTEL.

SPARBÜCHSE

SONNES VERDIENTES GELD WANDERT SOFORT IN SEINE SPARBÜCHSE.

BELEG

HIER WERDEN DIE DATEN FÜR DIE LIEFERUNG EINGETRAGEN.

IM ÜBERBLICK: SONNES KURIER-AUSRÜSTUNG!

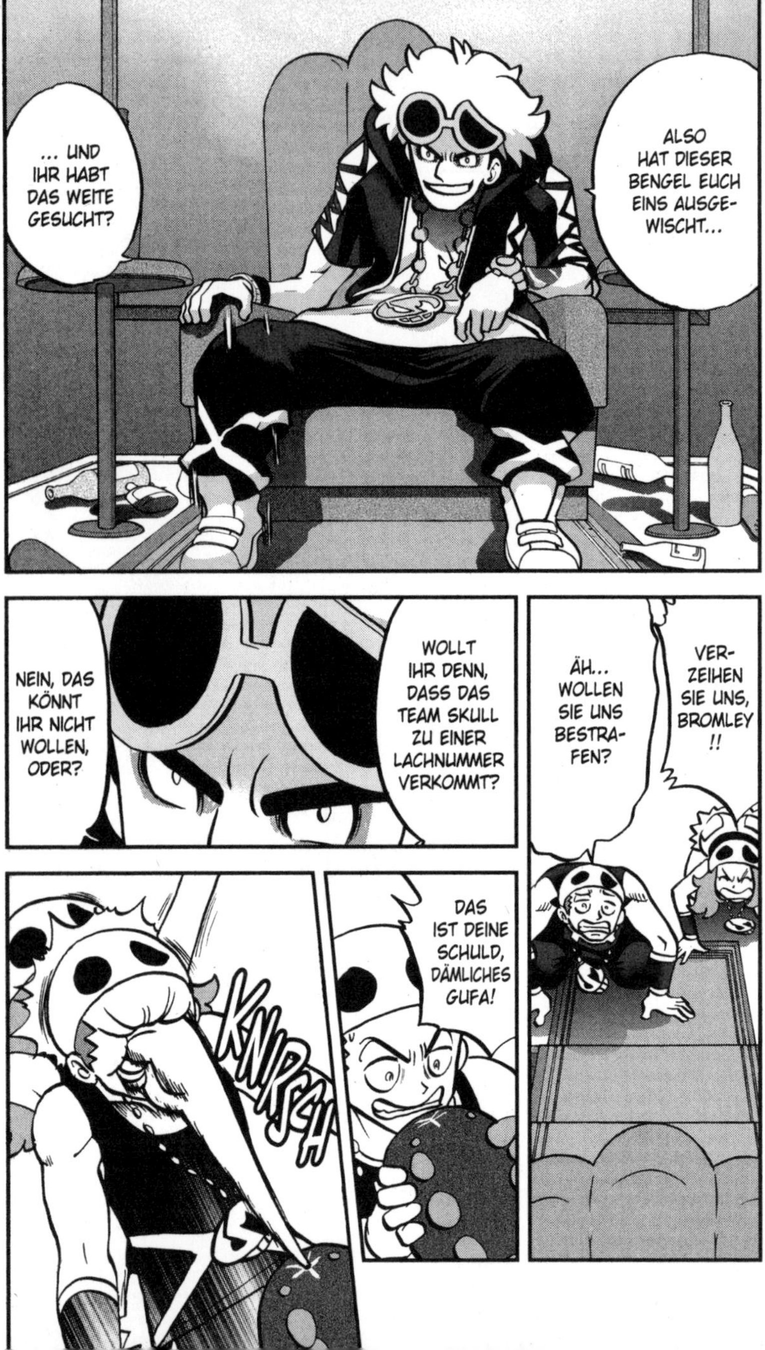

ALSO HAT DIESER BENGEL EUCH EINS AUSGE-WISCHT...
... UND IHR HABT DAS WEITE GESUCHT?
VER-ZEIHEN SIE UNS, BROMLEY !!
ÄH... WOLLEN SIE UNS BESTRA-FEN?
WOLLT IHR DENN, DASS DAS TEAM SKULL ZU EINER LACHNUMMER VERKOMMT?
NEIN, DAS KÖNNT IHR NICHT WOLLEN, ODER?
DAS IST DEINE SCHULD, DÄMLICHES GUFA!
KNIRSCH

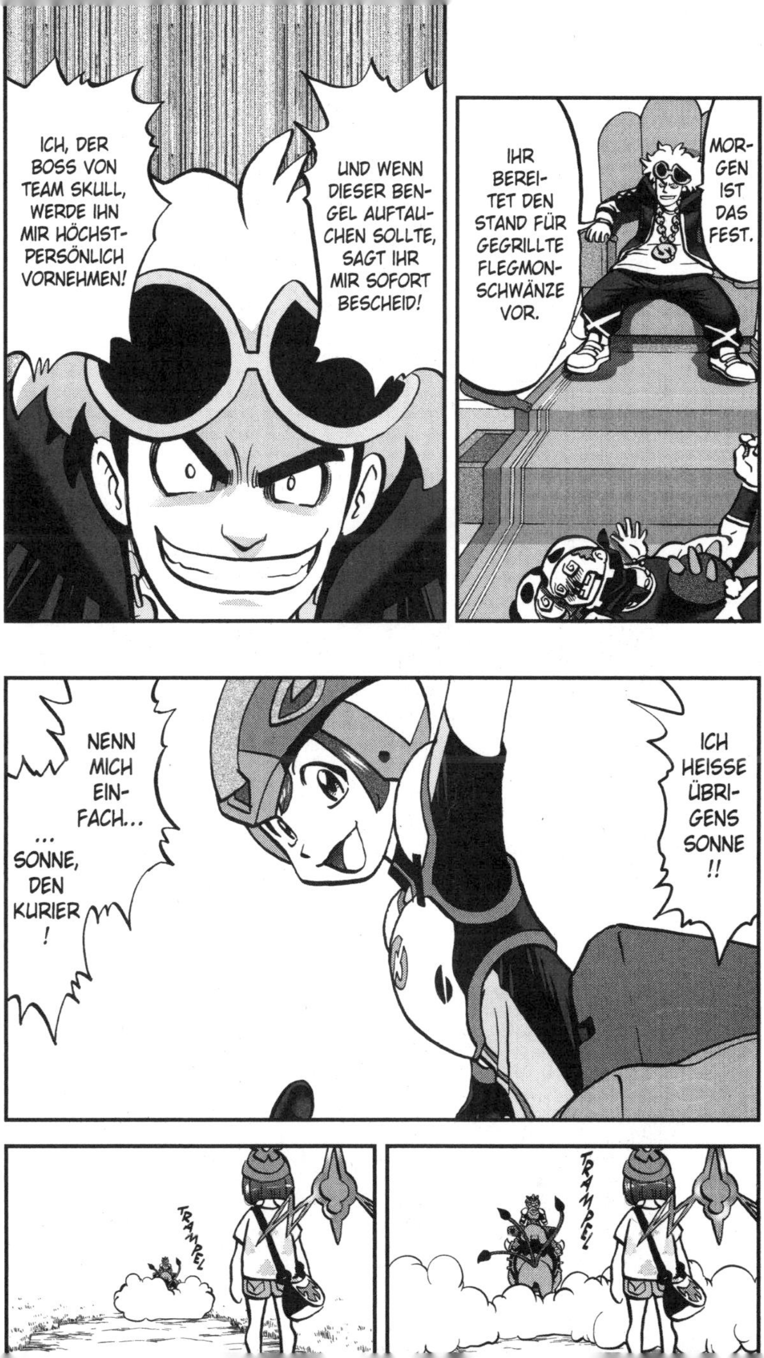
MORGEN IST DAS FEST.
IHR BEREITET DEN STAND FÜR GEGRILLTE FLEGMONSCHWÄNZE VOR.
UND WENN DIESER BENGEL AUFTAUCHEN SOLLTE, SAGT IHR MIR SOFORT BESCHEID!
ICH, DER BOSS VON TEAM SKULL, WERDE IHN MIR HÖCHSTPERSÖNLICH VORNEHMEN!
ICH HEISSE ÜBRIGENS SONNE!!
NENN MICH EINFACH…
…SONNE, DEN KURIER!
TRAMPEL
TRAMPEL

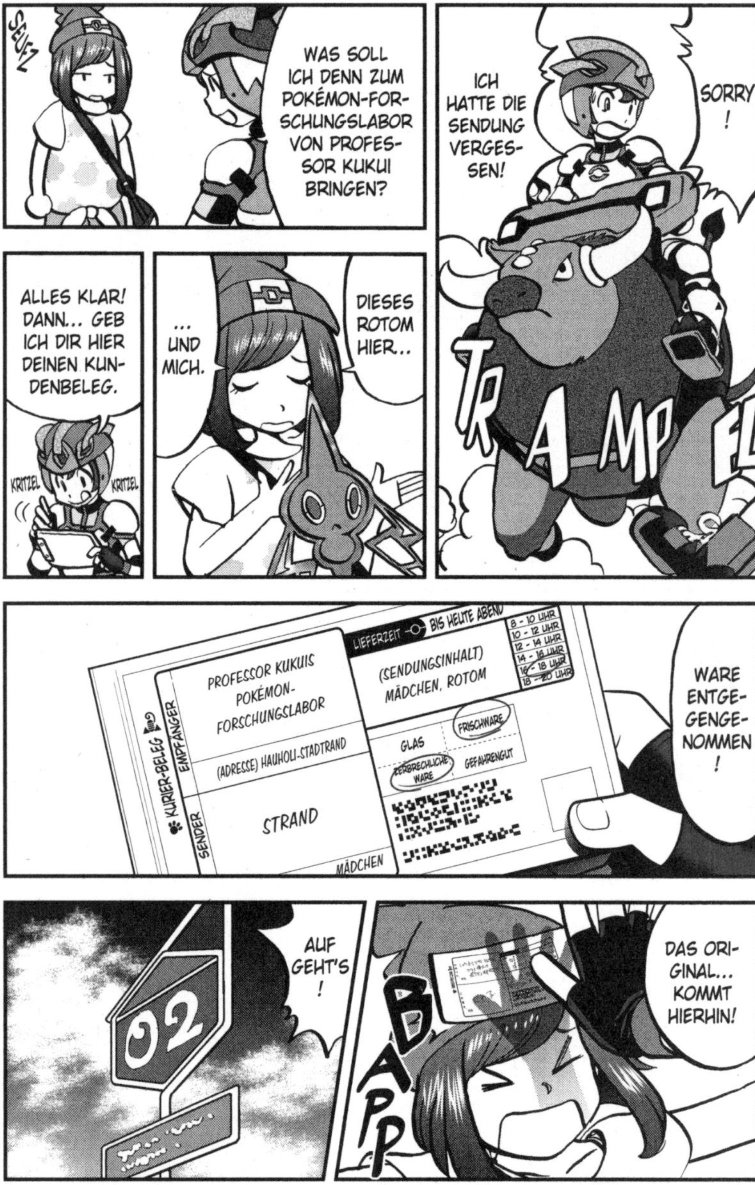
TRAMPEL
SORRY!
ICH HATTE DIE SENDUNG VERGESSEN!
WAS SOLL ICH DENN ZUM POKÉMON-FORSCHUNGSLABOR VON PROFESSOR KUKUI BRINGEN?
SEUFZ
DIESES ROTOM HIER…
… UND MICH.
ALLES KLAR! DANN… GEB ICH DIR HIER DEINEN KUNDENBELEG.
KRITZEL
KRITZEL
WARE ENTGEGENGENOMMEN!
LIEFERZEIT
BIS HEUTE ABEND
8 - 10 UHR
10 - 12 UHR
12 - 14 UHR
14 - 16 UHR
16 - 18 UHR
18 - 20 UHR
KURIER-BELEG
EMPFÄNGER
PROFESSOR KUKUIS POKÉMON-FORSCHUNGSLABOR
(ADRESSE) HAUHOLI-STADTRAND
(SENDUNGSINHALT) MÄDCHEN, ROTOM
GLAS
FRISCHWARE
ZERBRECHLICHE WARE
GEFAHRENGUT
SENDER
STRAND
MÄDCHEN
DAS ORIGINAL… KOMMT HIERHIN!
BAPP
AUF GEHT'S!
02

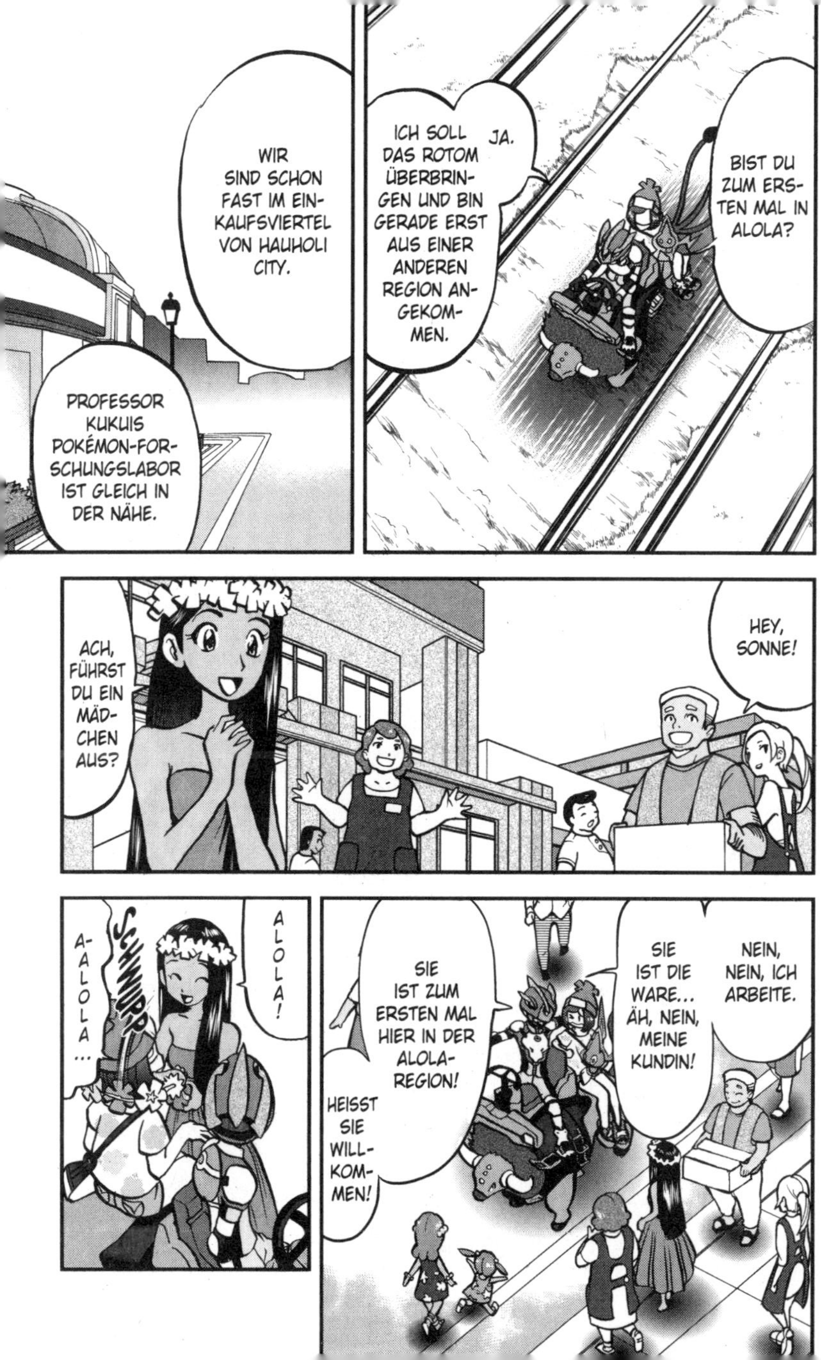
BIST DU ZUM ERSTEN MAL IN ALOLA?
JA.
ICH SOLL DAS ROTOM ÜBERBRINGEN UND BIN GERADE ERST AUS EINER ANDEREN REGION ANGEKOMMEN.
WIR SIND SCHON FAST IM EINKAUFSVIERTEL VON HAUHOLI CITY.
PROFESSOR KUKUIS POKÉMON-FORSCHUNGSLABOR IST GLEICH IN DER NÄHE.
HEY, SONNE!
ACH, FÜHRST DU EIN MÄDCHEN AUS?
NEIN, NEIN, ICH ARBEITE.
SIE IST DIE WARE… ÄH, NEIN, MEINE KUNDIN!
SIE IST ZUM ERSTEN MAL HIER IN DER ALOLA-REGION!
HEISST SIE WILLKOMMEN!
ALOLA!
SCHWUPP
A-ALOLA…

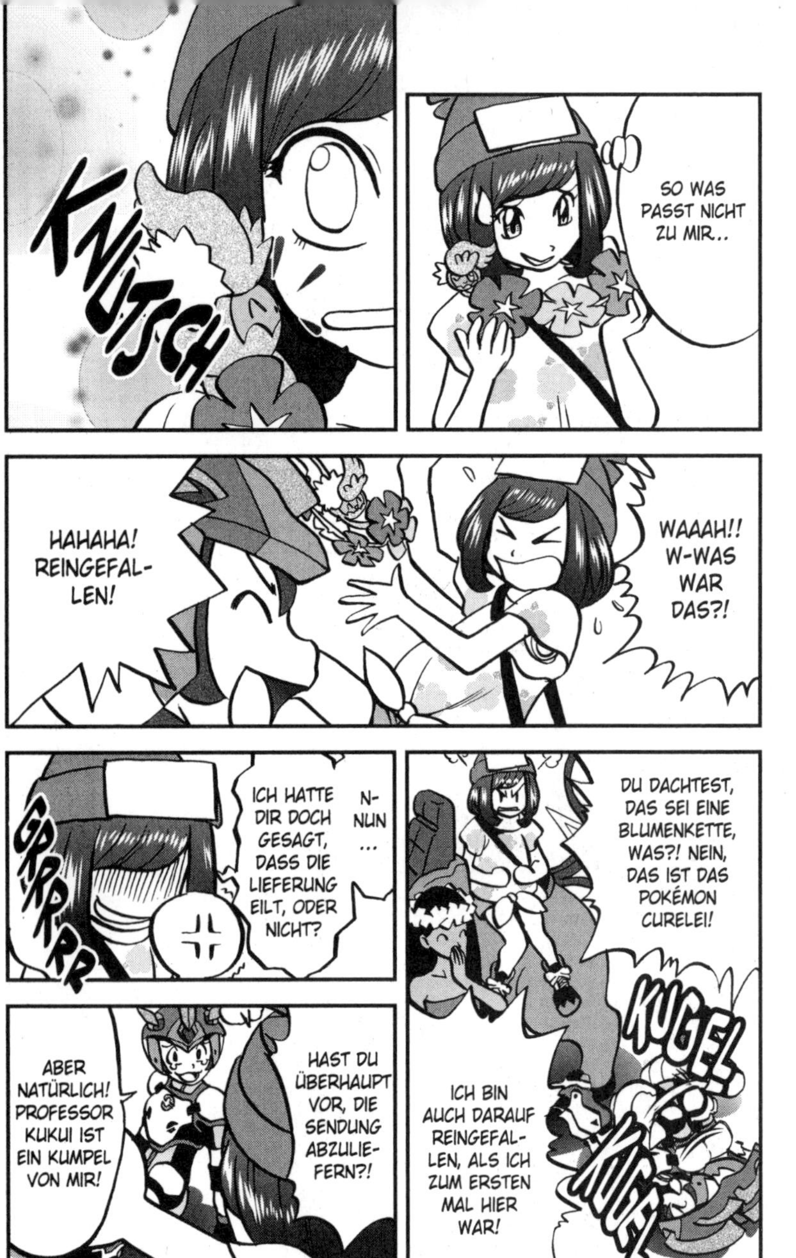
SO WAS PASST NICHT ZU MIR..
KNUTSCH
WAAAH!! W-WAS WAR DAS?!
HAHAHA! REINGEFAL-LEN!
DU DACHTEST, DAS SEI EINE BLUMENKETTE, WAS?! NEIN, DAS IST DAS POKÉMON CURELEI!
KUGEL
KUGEL
ICH BIN AUCH DARAUF REINGEFAL-LEN, ALS ICH ZUM ERSTEN MAL HIER WAR!
N-NUN ...
ICH HATTE DIR DOCH GESAGT, DASS DIE LIEFERUNG EILT, ODER NICHT?
GRRRRRR
HAST DU ÜBERHAUPT VOR, DIE SENDUNG ABZULIE-FERN?!
ABER NATÜRLICH! PROFESSOR KUKUI IST EIN KUMPEL VON MIR!

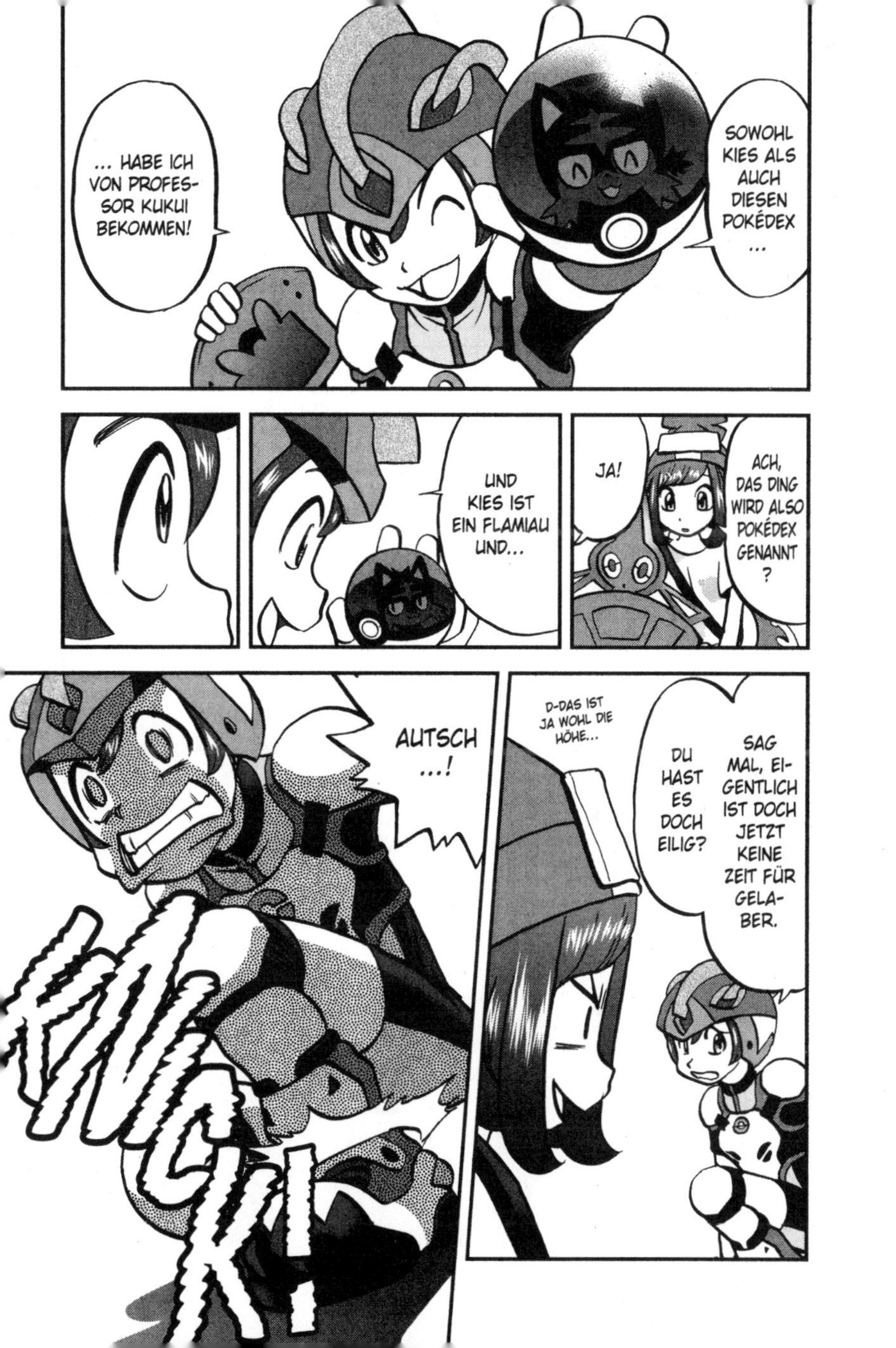
SOWOHL KIES ALS AUCH DIESEN POKÉDEX ...
... HABE ICH VON PROFESSOR KUKUI BEKOMMEN!
ACH, DAS DING WIRD ALSO POKÉDEX GENANNT?
JA!
UND KIES IST EIN FLAMIAU UND...
SAG MAL, EIGENTLICH IST DOCH JETZT KEINE ZEIT FÜR GELABER.
DU HAST ES DOCH EILIG?
D-DAS IST JA WOHL DIE HÖHE...
AUTSCH ...!
KNACK!

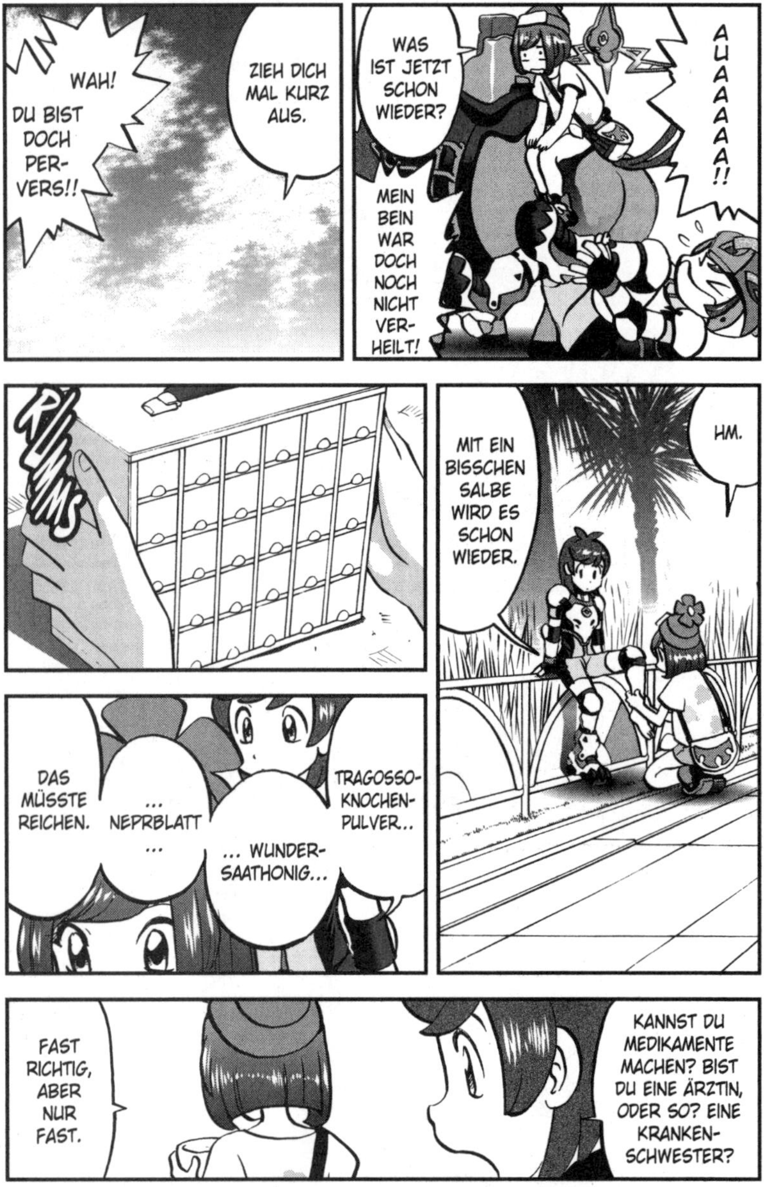
AUAAAAAA!!
WAS IST JETZT SCHON WIEDER?
MEIN BEIN WAR DOCH NOCH NICHT VERHEILT!
ZIEH DICH MAL KURZ AUS.
WAH! DU BIST DOCH PERVERS!!
HM.
MIT EIN BISSCHEN SALBE WIRD ES SCHON WIEDER.
RUMMS
TRAGOSSO-KNOCHENPULVER...
... WUNDERSAATHONIG...
... NEPRBLATT ...
DAS MÜSSTE REICHEN.
KANNST DU MEDIKAMENTE MACHEN? BIST DU EINE ÄRZTIN, ODER SO? EINE KRANKENSCHWESTER?
FAST RICHTIG, ABER NUR FAST.

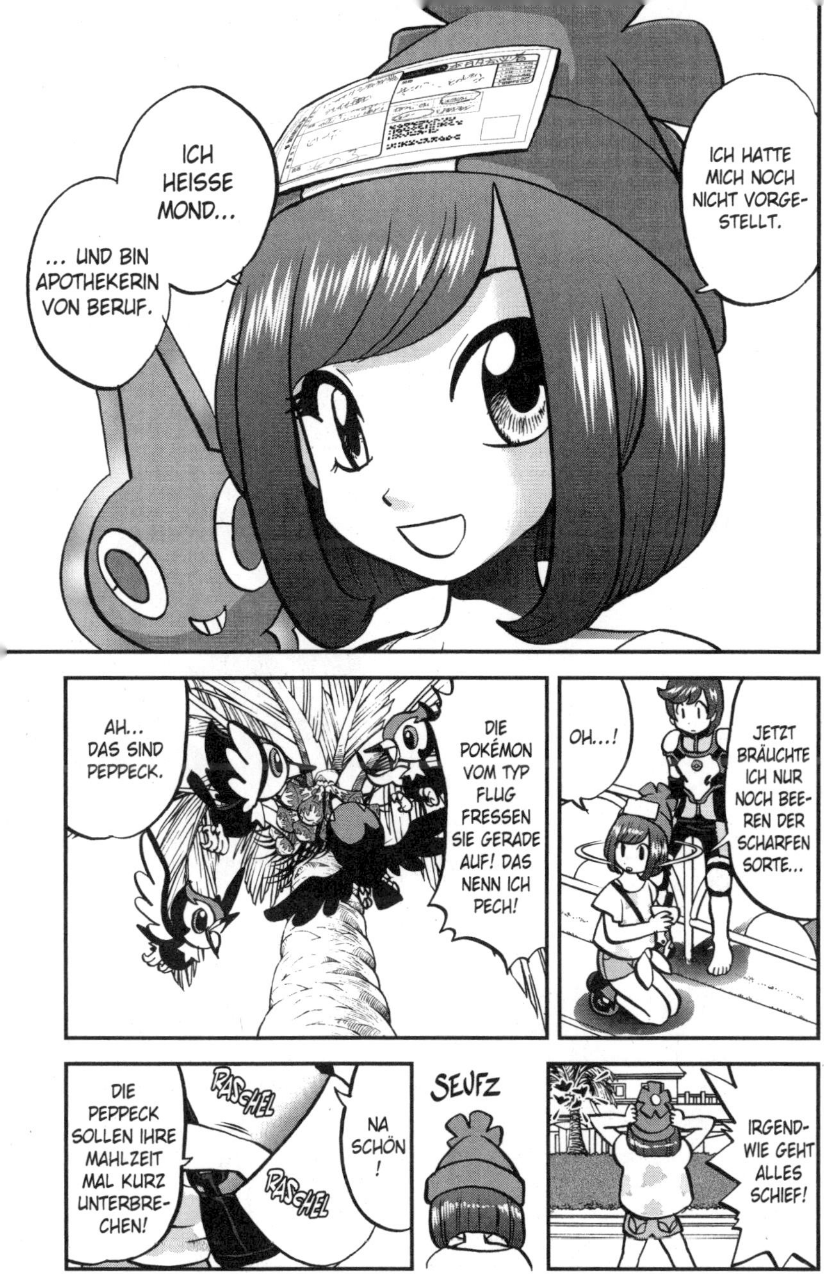
ICH HATTE MICH NOCH NICHT VORGE-STELLT.
ICH HEISSE MOND...
... UND BIN APOTHEKERIN VON BERUF.
OH...!
JETZT BRÄUCHTE ICH NUR NOCH BEE-REN DER SCHARFEN SORTE...
DIE POKÉMON VOM TYP FLUG FRESSEN SIE GERADE AUF! DAS NENN ICH PECH!
AH... DAS SIND PEPPECK.
IRGEND-WIE GEHT ALLES SCHIEF!
SEUFZ
NA SCHÖN!
DIE PEPPECK SOLLEN IHRE MAHLZEIT MAL KURZ UNTERBRE-CHEN!
RASCHEL
RASCHEL

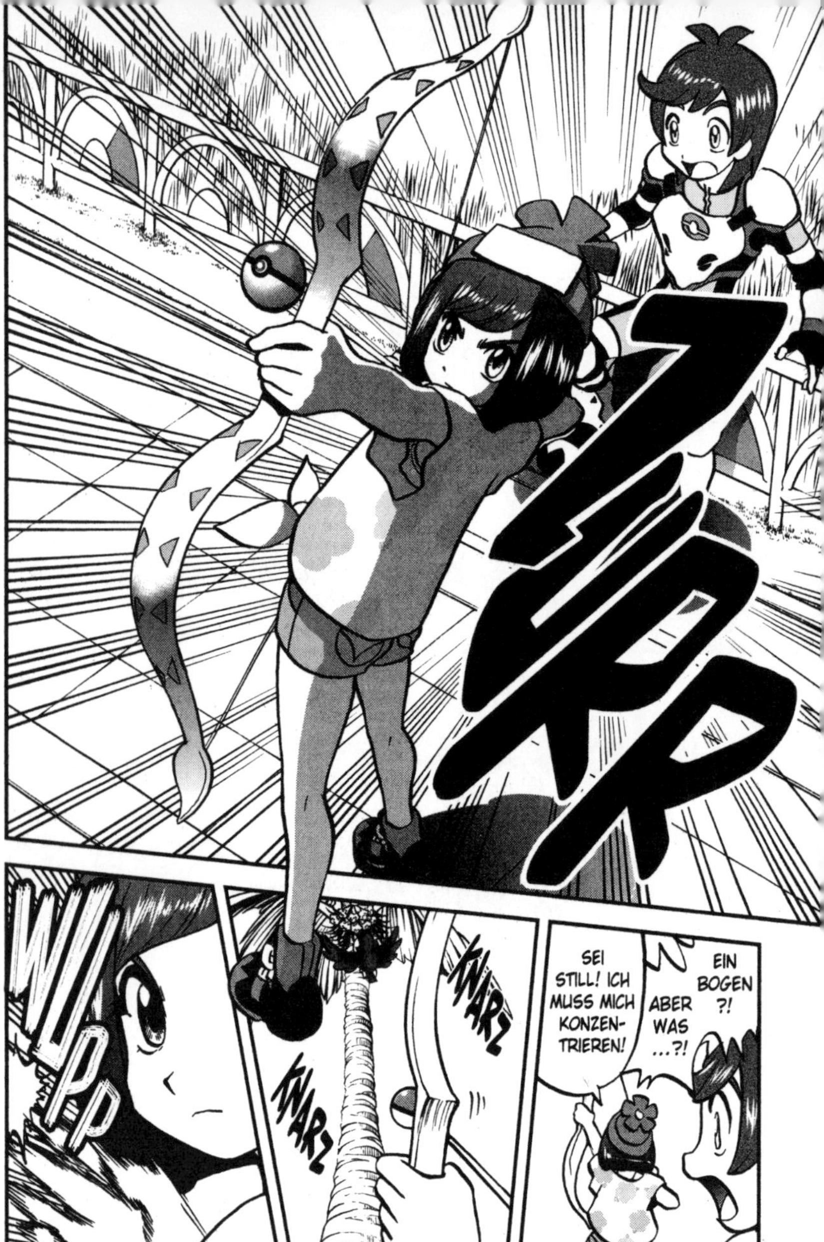
EIN BOGEN ?!
ABER WAS ...?!
SEI STILL! ICH MUSS MICH KONZENTRIEREN!
KNARZ
KNARZ
WUPP

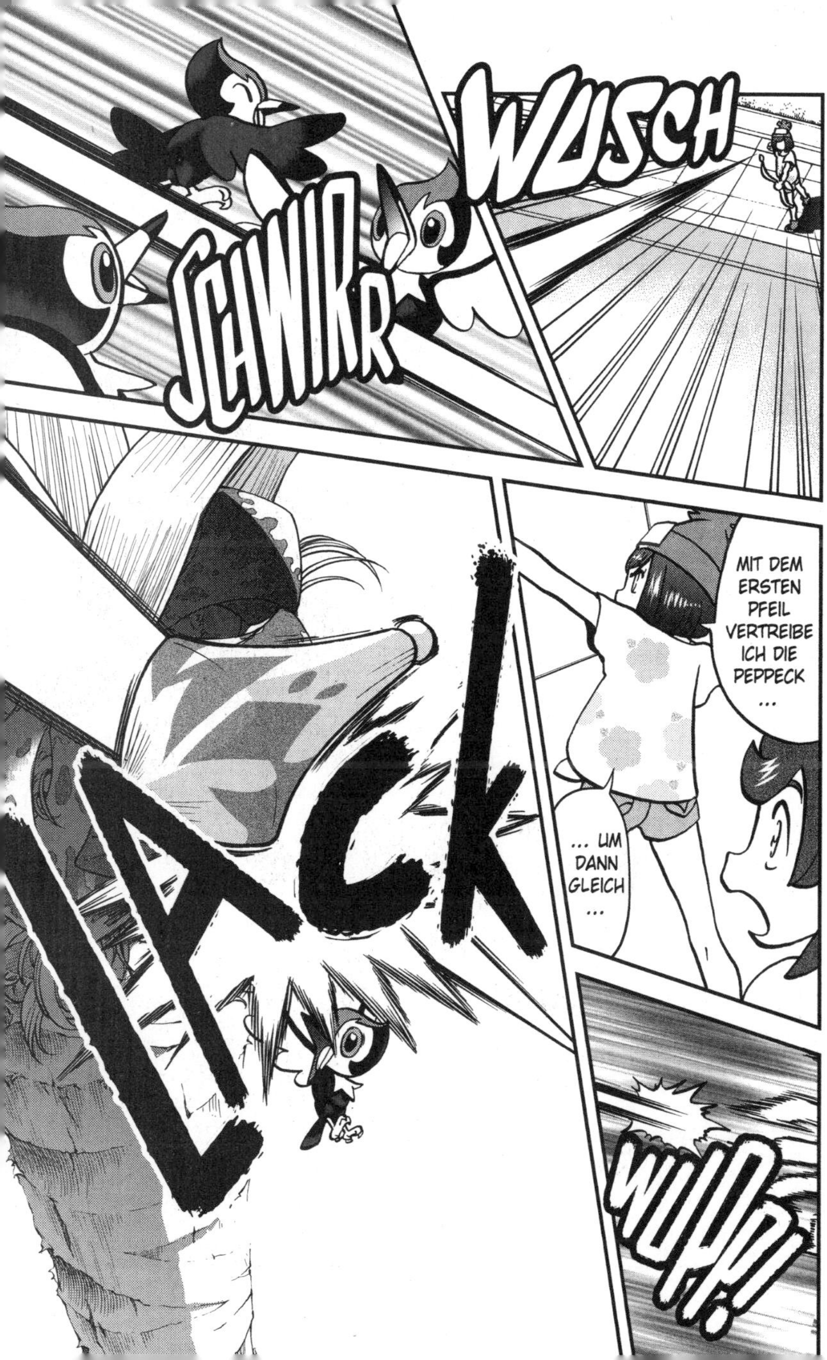
WUSCH
SCHWIRR
MIT DEM ERSTEN PFEIL VERTREIBE ICH DIE PEPPECK ...
... UM DANN GLEICH ...
ACK
WUPP!

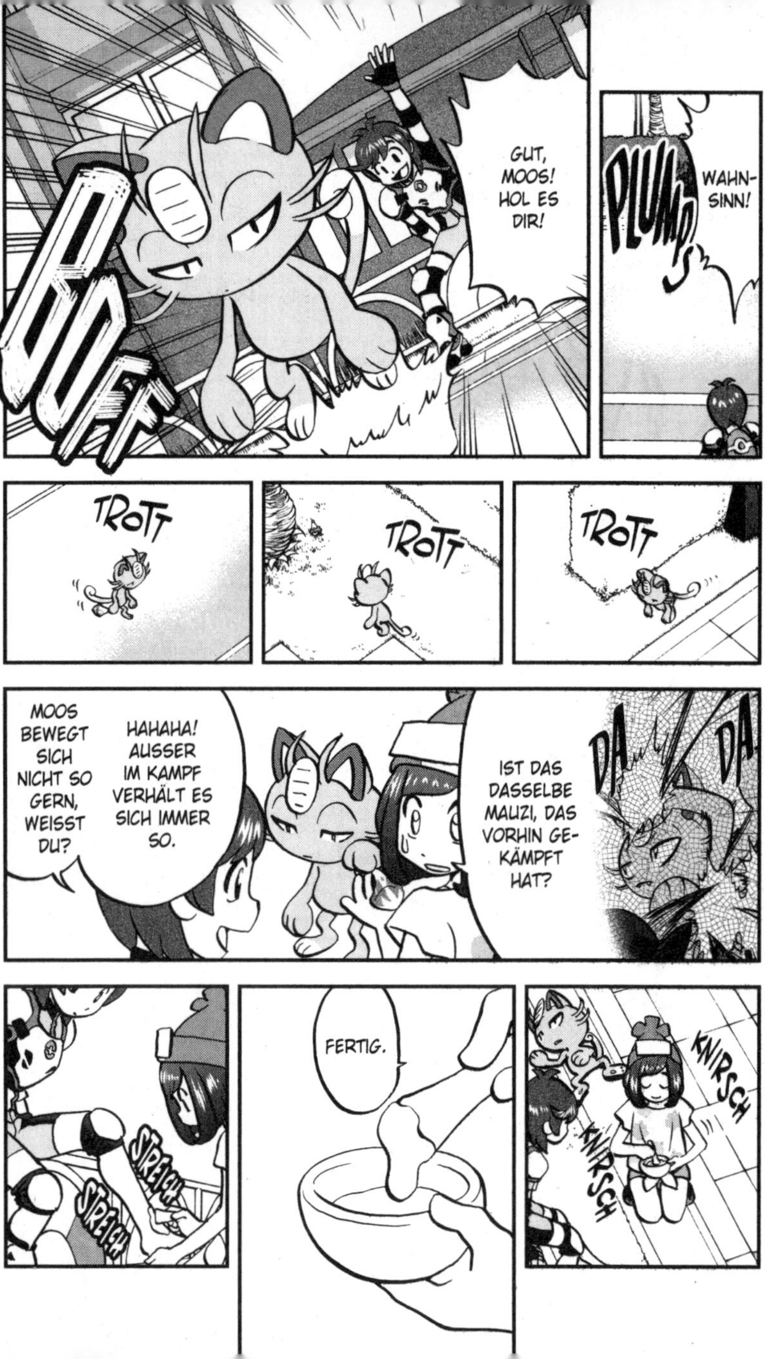
PLUMPS
WAHN-
SINN!
GUT, MOOS! HOL ES DIR!
BOFF
TROTT
TROTT
TROTT
DA DA
IST DAS DASSELBE MAUZI, DAS VORHIN GE-KÄMPFT HAT?
HAHAHA! AUSSER IM KAMPF VERHÄLT ES SICH IMMER SO.
MOOS BEWEGT SICH NICHT SO GERN, WEISST DU?
KNIRSCH
KNIRSCH
FERTIG.
STRETCH
STRETCH

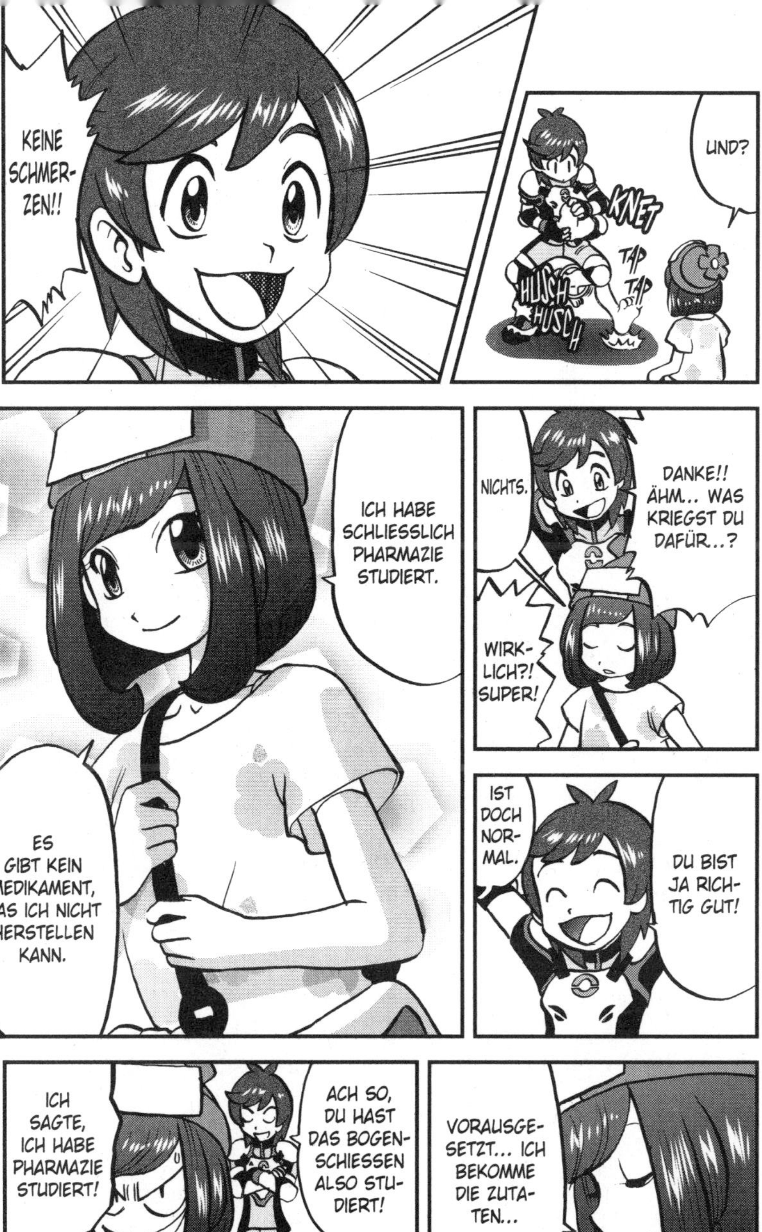

KEINE SCHMER-ZEN!!
UND?
KNET
TAP TAP
HUSCH HUSCH
ICH HABE SCHLIESSLICH PHARMAZIE STUDIERT.
ES GIBT KEIN MEDIKAMENT, DAS ICH NICHT HERSTELLEN KANN.
DANKE!! ÄHM... WAS KRIEGST DU DAFÜR...?
NICHTS.
WIRK-LICH?! SUPER!
DU BIST JA RICH-TIG GUT!
IST DOCH NOR-MAL.
ICH SAGTE, ICH HABE PHARMAZIE STUDIERT!
ACH SO, DU HAST DAS BOGEN-SCHIESSEN ALSO STU-DIERT!
VORAUSGE-SETZT... ICH BEKOMME DIE ZUTA-TEN...

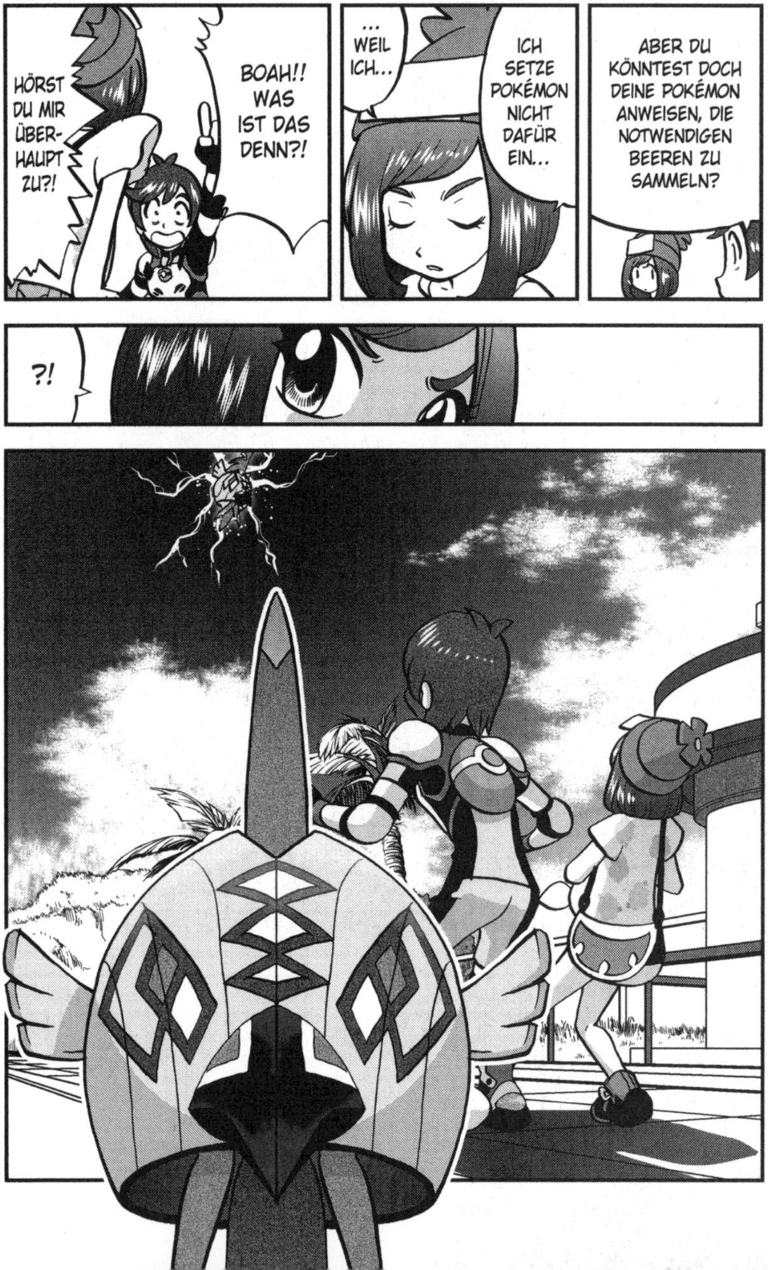
ABER DU KÖNNTEST DOCH DEINE POKÉMON ANWEISEN, DIE NOTWENDIGEN BEEREN ZU SAMMELN?
ICH SETZE POKÉMON NICHT DAFÜR EIN...
... WEIL ICH...
BOAH!! WAS IST DAS DENN?!
HÖRST DU MIR ÜBERHAUPT ZU?!
?!

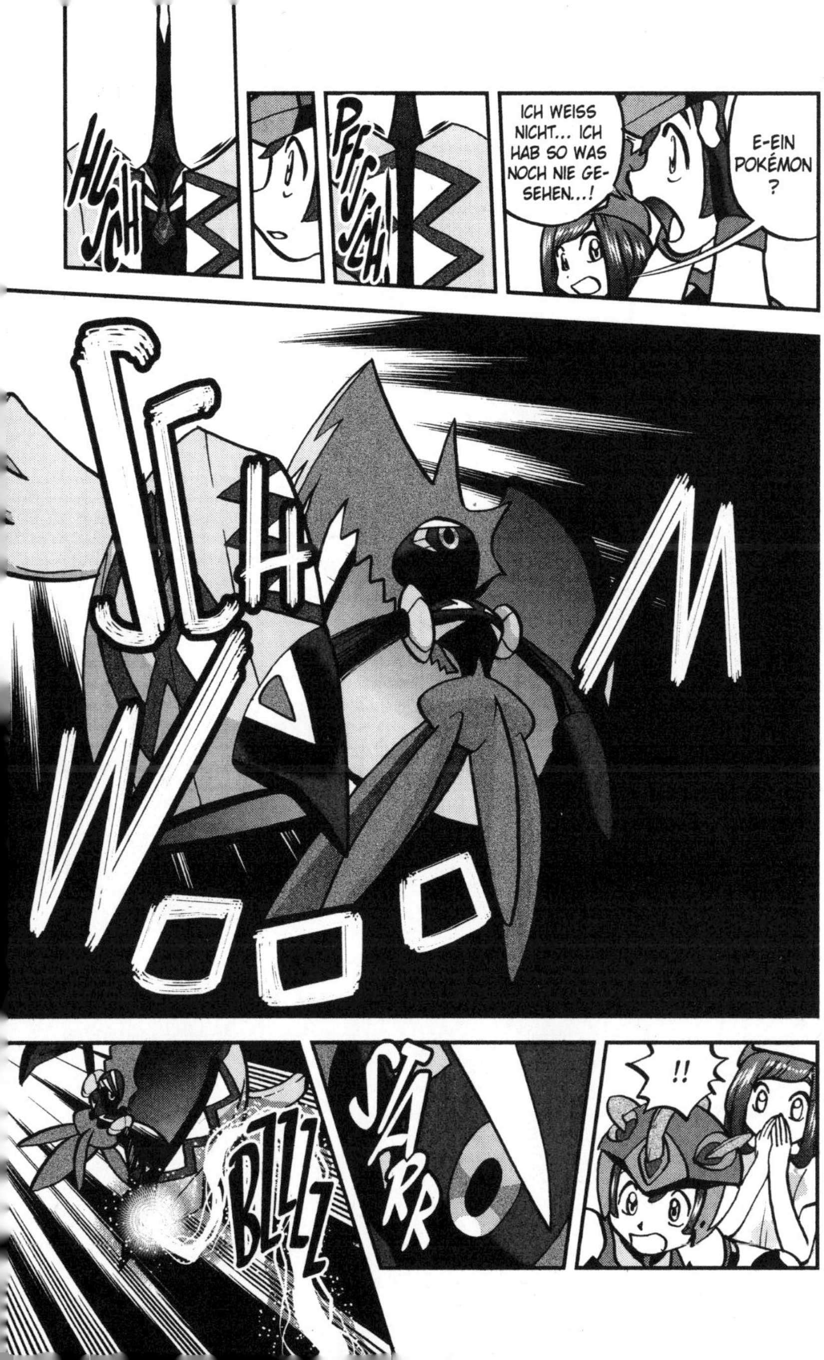
E-EIN POKÉMON?
ICH WEISS NICHT... ICH HAB SO WAS NOCH NIE GESEHEN...!
PFFSCH
HUSCH
SCHWOOOOM
!!
STARR
BZZZ

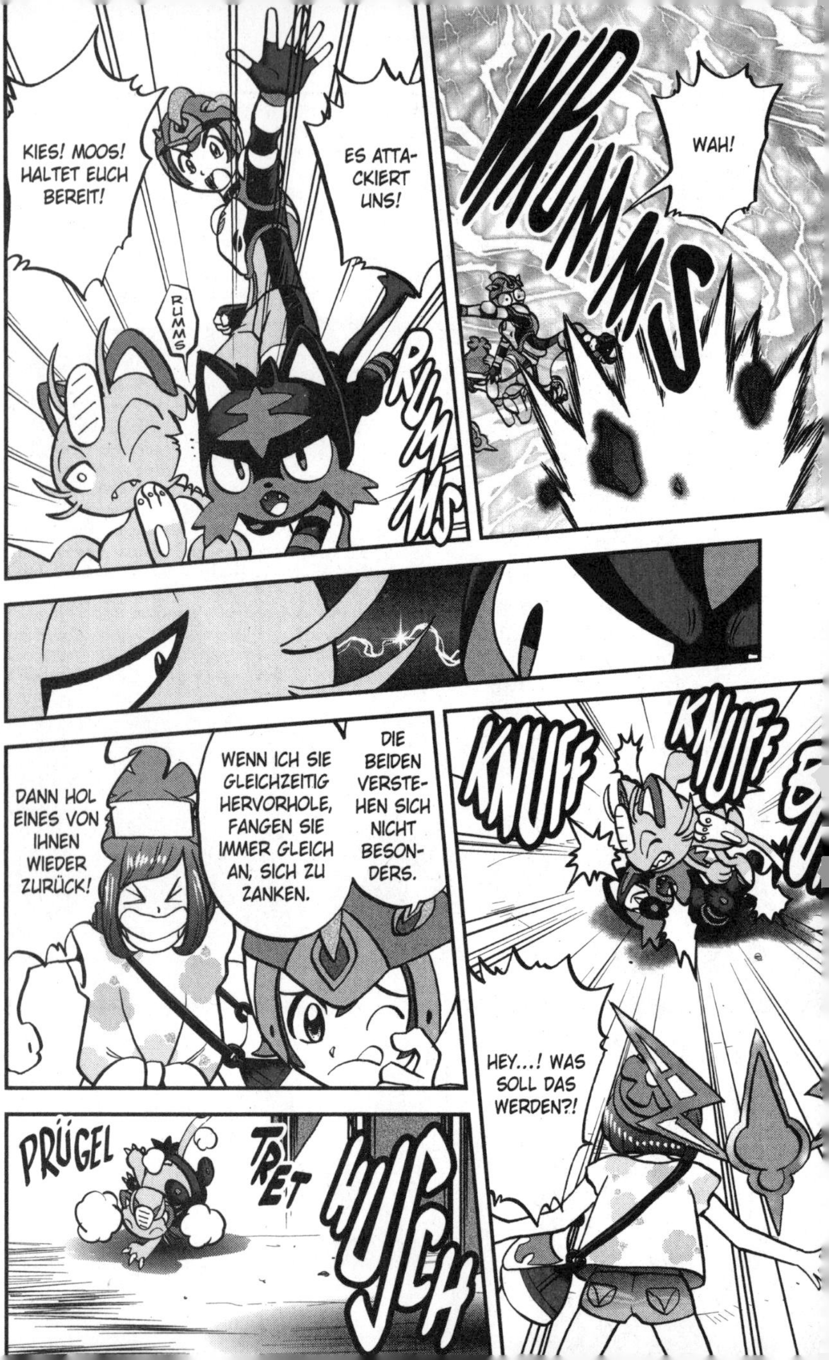
WRUMMS
WAH!
ES ATTACKIERT UNS!
KIES! MOOS! HALTET EUCH BEREIT!
RUMMS
RUMMS
KNUFF
KNUFF
HEY...! WAS SOLL DAS WERDEN?!
DIE BEIDEN VERSTEHEN SICH NICHT BESONDERS.
WENN ICH SIE GLEICHZEITIG HERVORHOLE, FANGEN SIE IMMER GLEICH AN, SICH ZU ZANKEN.
DANN HOL EINES VON IHNEN WIEDER ZURÜCK!
HUSCH
TRET
PRÜGEL

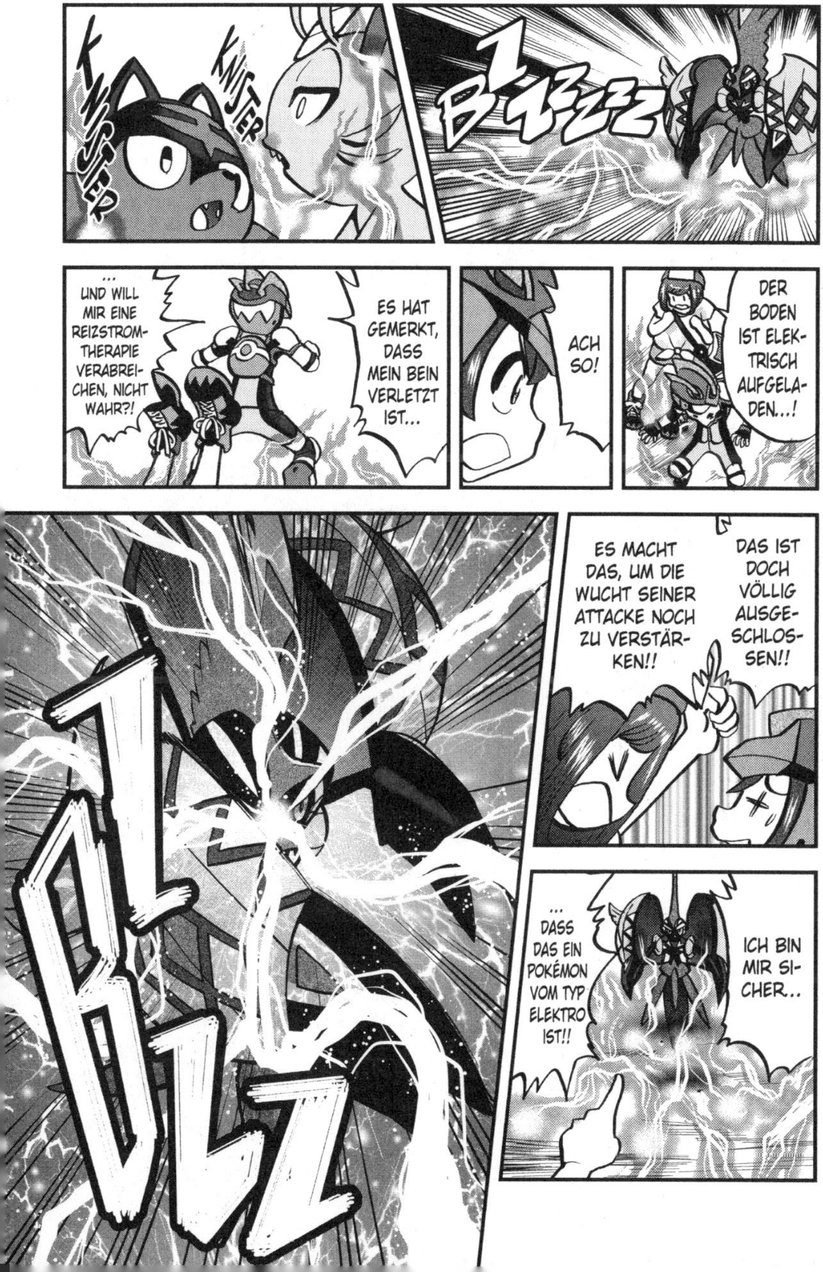
BZZZZZZZ
KNISTER
KNISTER
DER BODEN IST ELEKTRISCH AUFGELADEN...!
ACH SO!
ES HAT GEMERKT, DASS MEIN BEIN VERLETZT IST...
... UND WILL MIR EINE REIZSTROMTHERAPIE VERABREICHEN, NICHT WAHR?!
DAS IST DOCH VÖLLIG AUSGESCHLOSSEN!!
ES MACHT DAS, UM DIE WUCHT SEINER ATTACKE NOCH ZU VERSTÄRKEN!!
ICH BIN MIR SICHER...
... DASS DAS EIN POKÉMON VOM TYP ELEKTRO IST!!
BZZZ

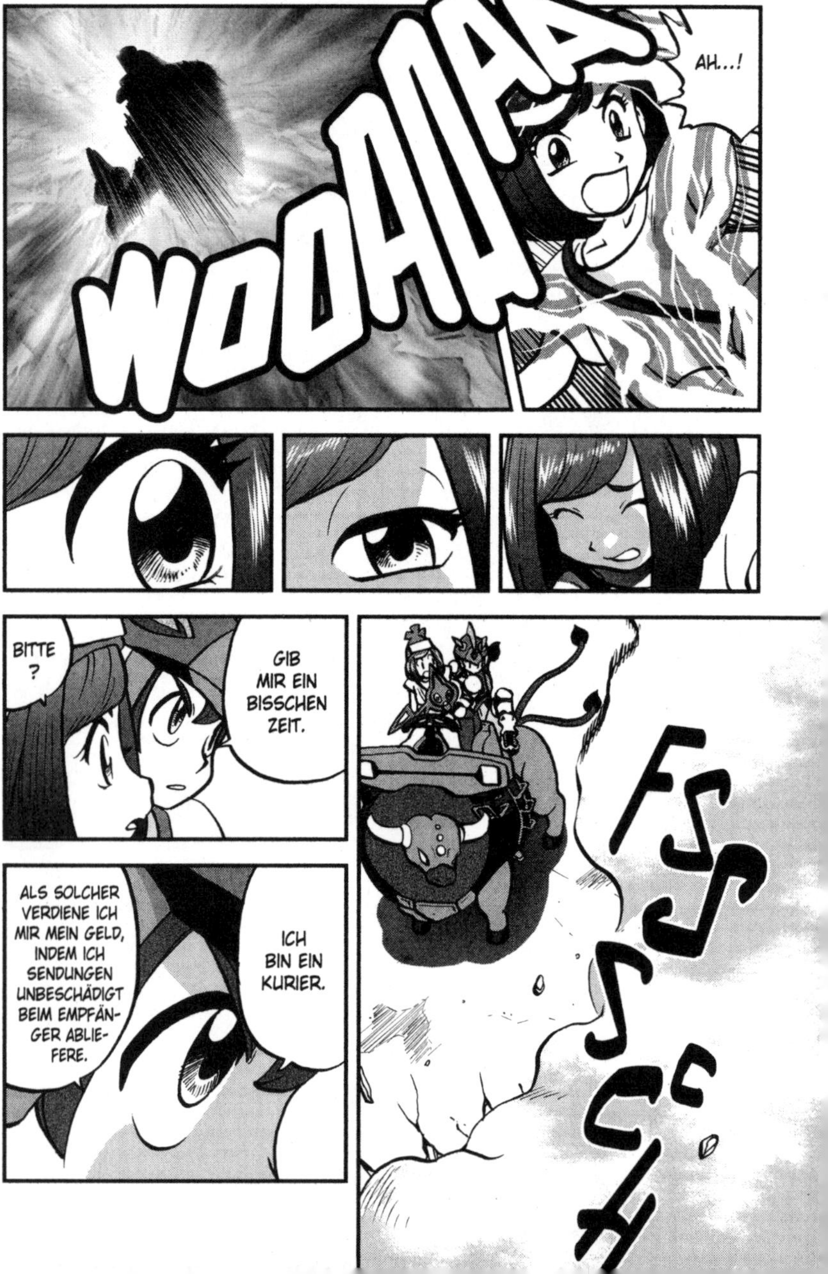
AH...!
WOOAAA
FSSSSCH
GIB MIR EIN BISSCHEN ZEIT.
BITTE?
ICH BIN EIN KURIER.
ALS SOLCHER VERDIENE ICH MIR MEIN GELD, INDEM ICH SENDUNGEN UNBESCHÄDIGT BEIM EMPFÄNGER ABLIEFERE.

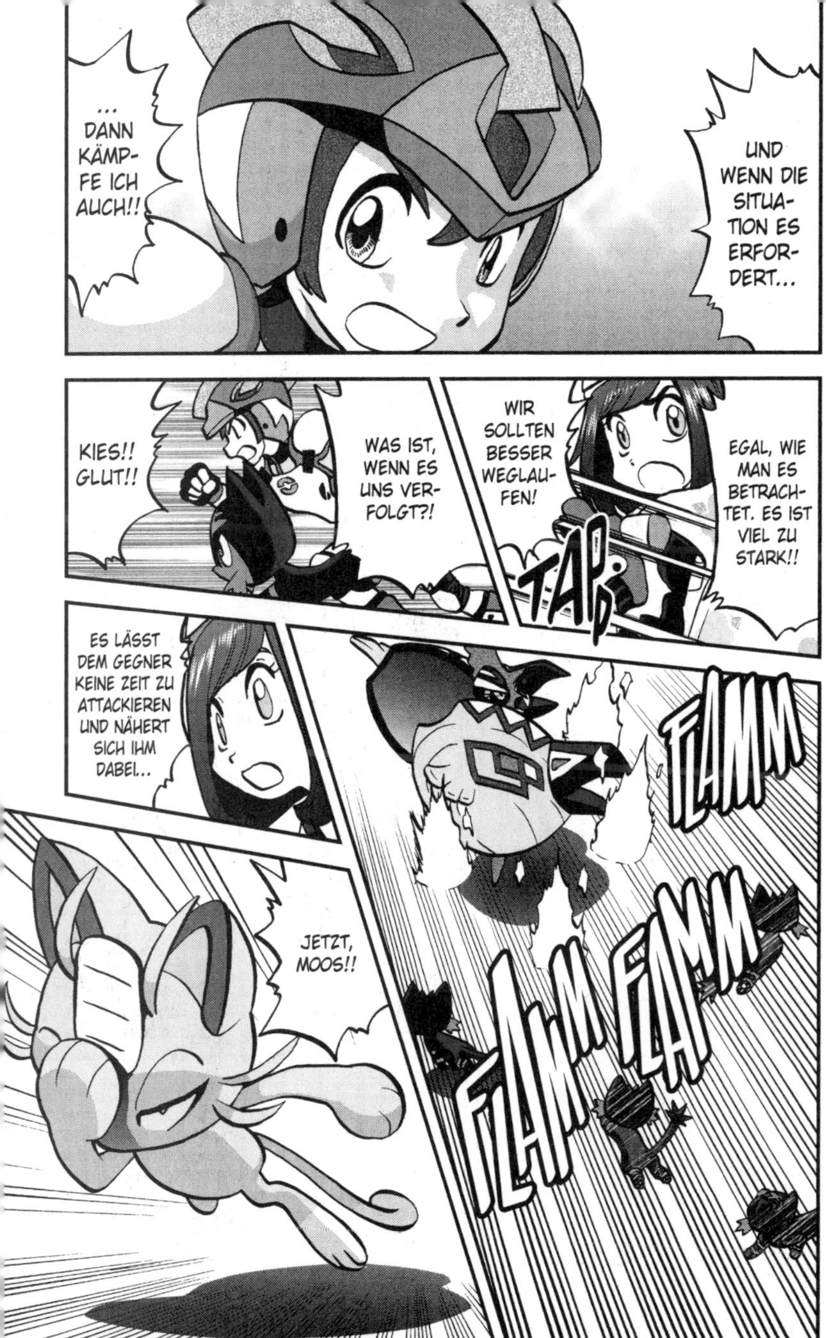
UND WENN DIE SITUATION ES ERFORDERT…
… DANN KÄMPFE ICH AUCH!!
EGAL, WIE MAN ES BETRACHTET. ES IST VIEL ZU STARK!!
TAP
WIR SOLLTEN BESSER WEGLAUFEN!
WAS IST, WENN ES UNS VERFOLGT?!
KIES!! GLUT!!
FLAMM
ES LÄSST DEM GEGNER KEINE ZEIT ZU ATTACKIEREN UND NÄHERT SICH IHM DABEI…
FLAMM FLAMM
FLAMM
JETZT, MOOS!!

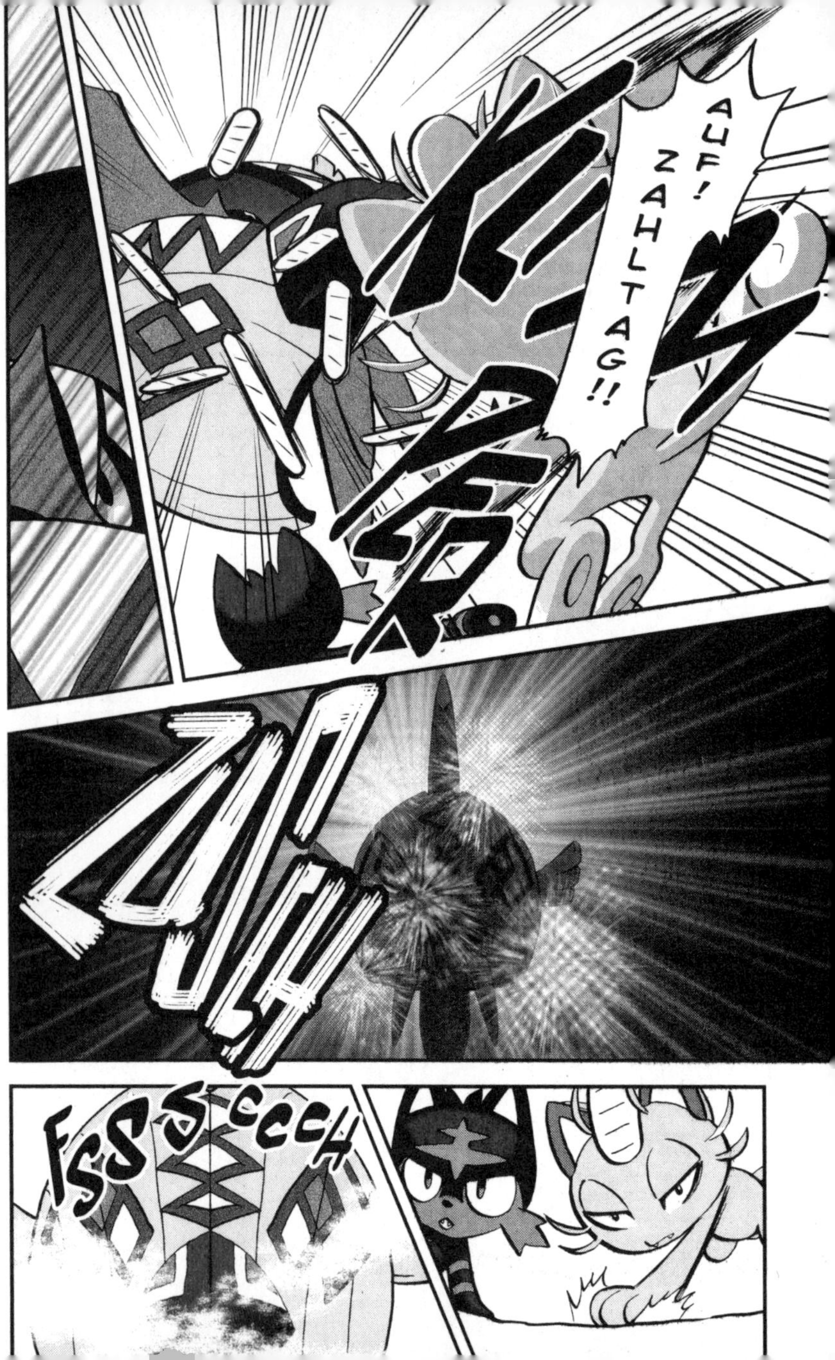
AUF! ZAHLTAG!!
FSSSCCCH

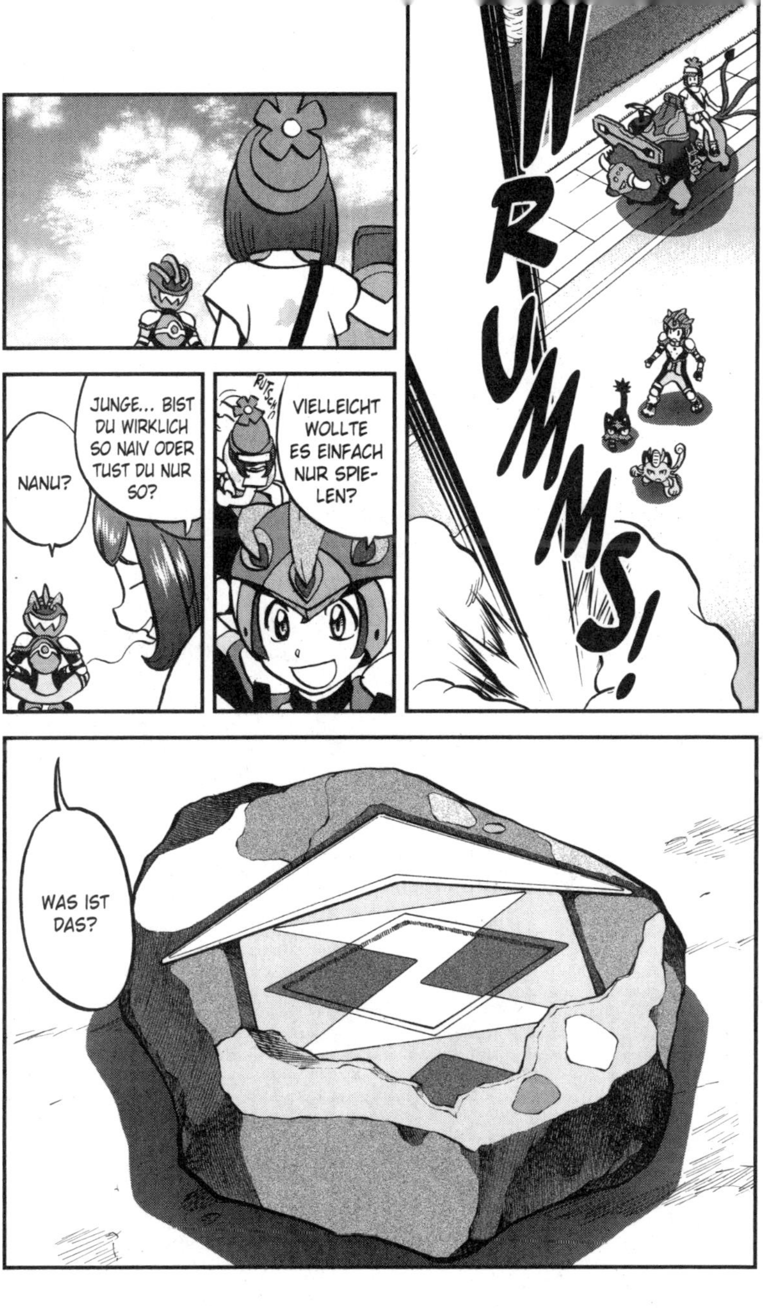
WRUMMS!
RUTSCH
VIELLEICHT WOLLTE ES EINFACH NUR SPIE-LEN?
JUNGE… BIST DU WIRKLICH SO NAIV ODER TUST DU NUR SO?
NANU?
WAS IST DAS?

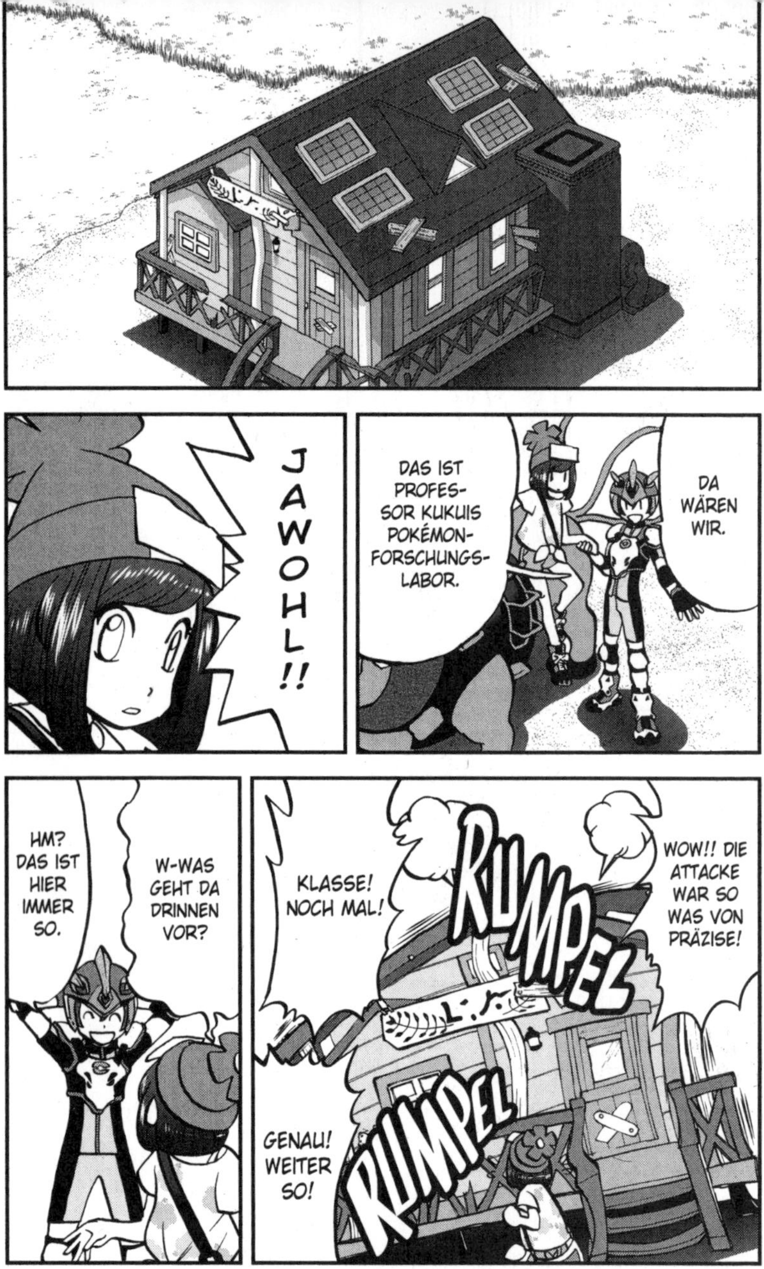
DA WÄREN WIR.
DAS IST PROFESSOR KUKUIS POKÉMON-FORSCHUNGSLABOR.
JAWOHL!!
RUMPEL
WOW!! DIE ATTACKE WAR SO WAS VON PRÄZISE!
KLASSE! NOCH MAL!
RUMPEL
GENAU! WEITER SO!
W-WAS GEHT DA DRINNEN VOR?
HM? DAS IST HIER IMMER SO.

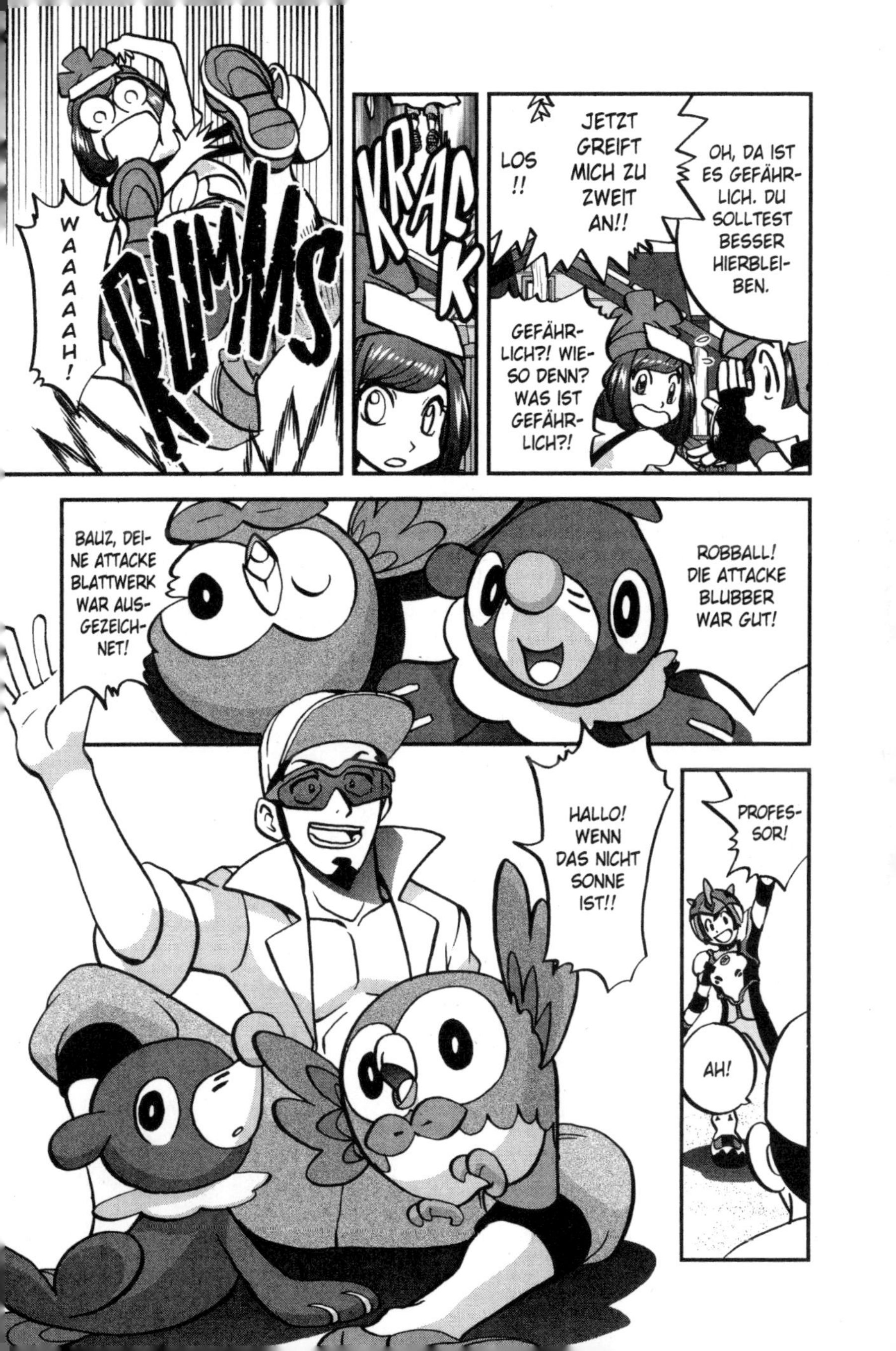

WAAAAAAAH!
RUMMS
KRACK
LOS!!
JETZT GREIFT MICH ZU ZWEIT AN!!
OH, DA IST ES GEFÄHRLICH. DU SOLLTEST BESSER HIERBLEIBEN.
GEFÄHRLICH?! WIESO DENN? WAS IST GEFÄHRLICH?!
BAUZ, DEINE ATTACKE BLATTWERK WAR AUSGEZEICHNET!
ROBBALL! DIE ATTACKE BLUBBER WAR GUT!
HALLO! WENN DAS NICHT SONNE IST!!
PROFESSOR!
AH!

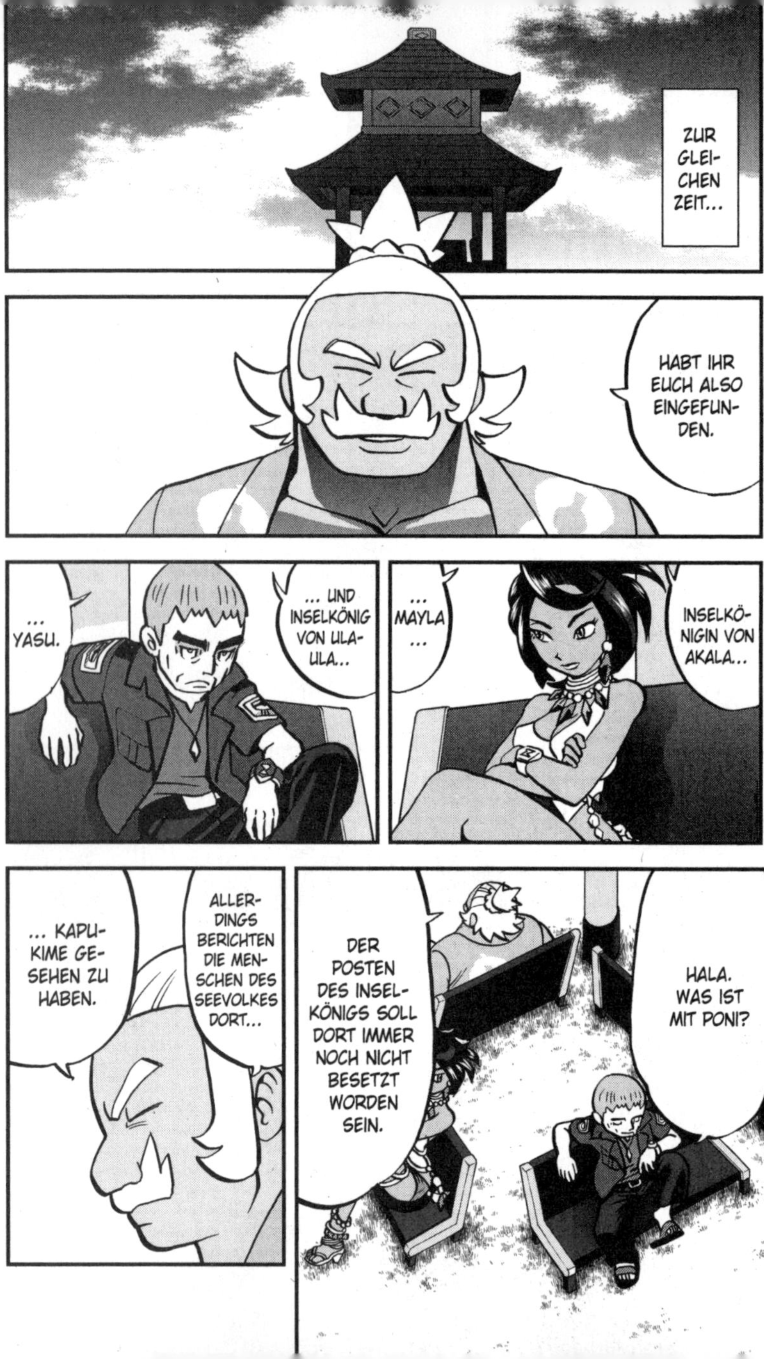
ZUR GLEICHEN ZEIT…
HABT IHR EUCH ALSO EINGEFUNDEN.
INSELKÖNIGIN VON AKALA…
… MAYLA …
… UND INSELKÖNIG VON ULA-ULA…
… YASU.
HALA. WAS IST MIT PONI?
DER POSTEN DES INSELKÖNIGS SOLL DORT IMMER NOCH NICHT BESETZT WORDEN SEIN.
ALLERDINGS BERICHTEN DIE MENSCHEN DES SEEVOLKES DORT…
… KAPUKIME GESEHEN ZU HABEN.

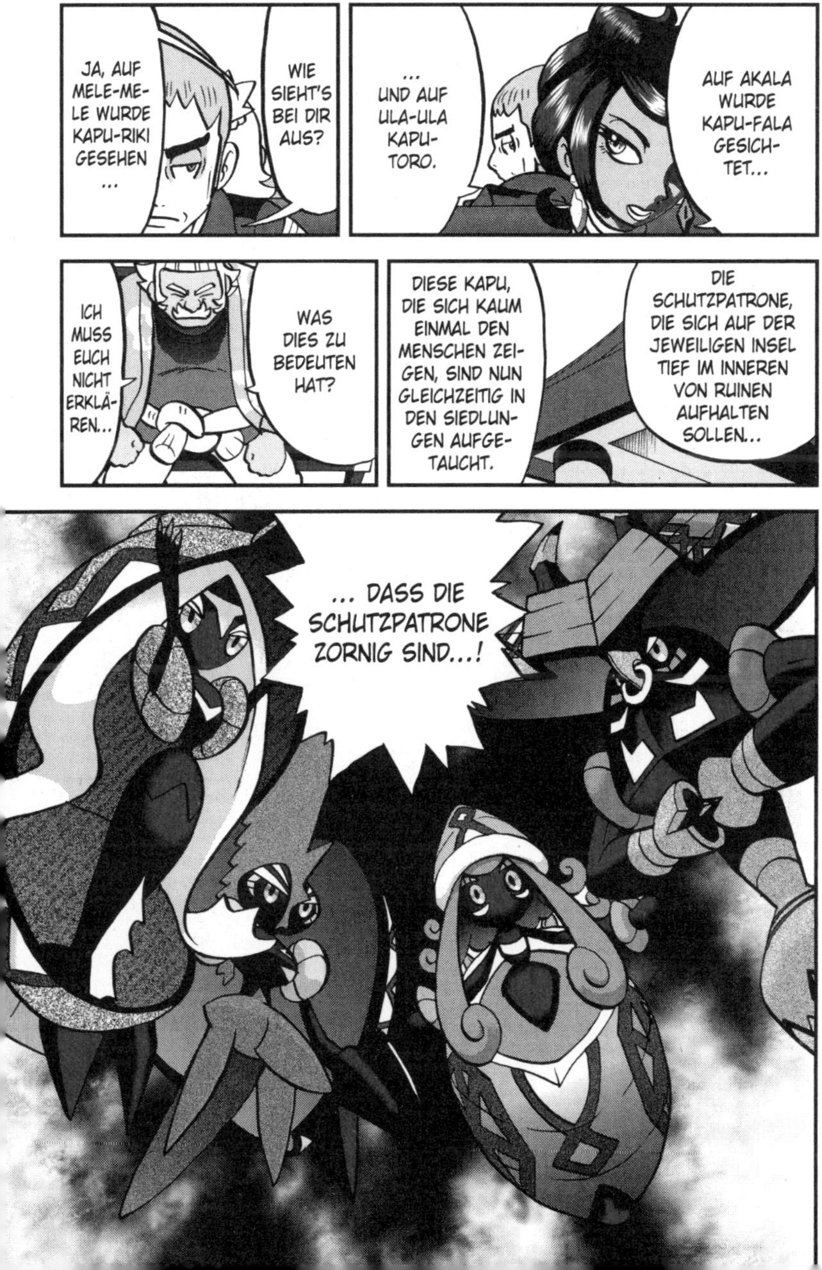
AUF AKALA WURDE KAPU-FALA GESICHTET…
… UND AUF ULA-ULA KAPU-TORO.
WIE SIEHT'S BEI DIR AUS?
JA, AUF MELE-MELE WURDE KAPU-RIKI GESEHEN …
DIE SCHUTZPATRONE, DIE SICH AUF DER JEWEILIGEN INSEL TIEF IM INNEREN VON RUINEN AUFHALTEN SOLLEN…
DIESE KAPU, DIE SICH KAUM EINMAL DEN MENSCHEN ZEIGEN, SIND NUN GLEICHZEITIG IN DEN SIEDLUNGEN AUFGETAUCHT.
WAS DIES ZU BEDEUTEN HAT?
ICH MUSS EUCH NICHT ERKLÄREN…
… DASS DIE SCHUTZPATRONE ZORNIG SIND…!

WILLKOMMENSZEREMONIE MIT CURELEI

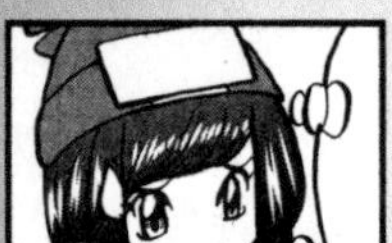

IN DER ALOLA-REGION GIBT ES DEN BRAUCH, BESUCHER AUS ANDEREN REGIONEN MIT EINER FARBENFROHEN HALSKETTE AUS BLUMEN ZU BEGRÜSSEN. ABER MAN SOLLTE VORSICHTIG SEIN, DENN MANCHMAL BESTEHT DIE KETTE AUS EINEM CURELEI - DIE EINHEIMISCHEN VON ALOLA SIND IMMER FÜR EINEN KLEINEN STREICH GUT.♪

ALOLA-TOURISTENFÜHRER 2

EPISODE 3 KUKUI, DER PROFESSOR FÜR ATTACKEN

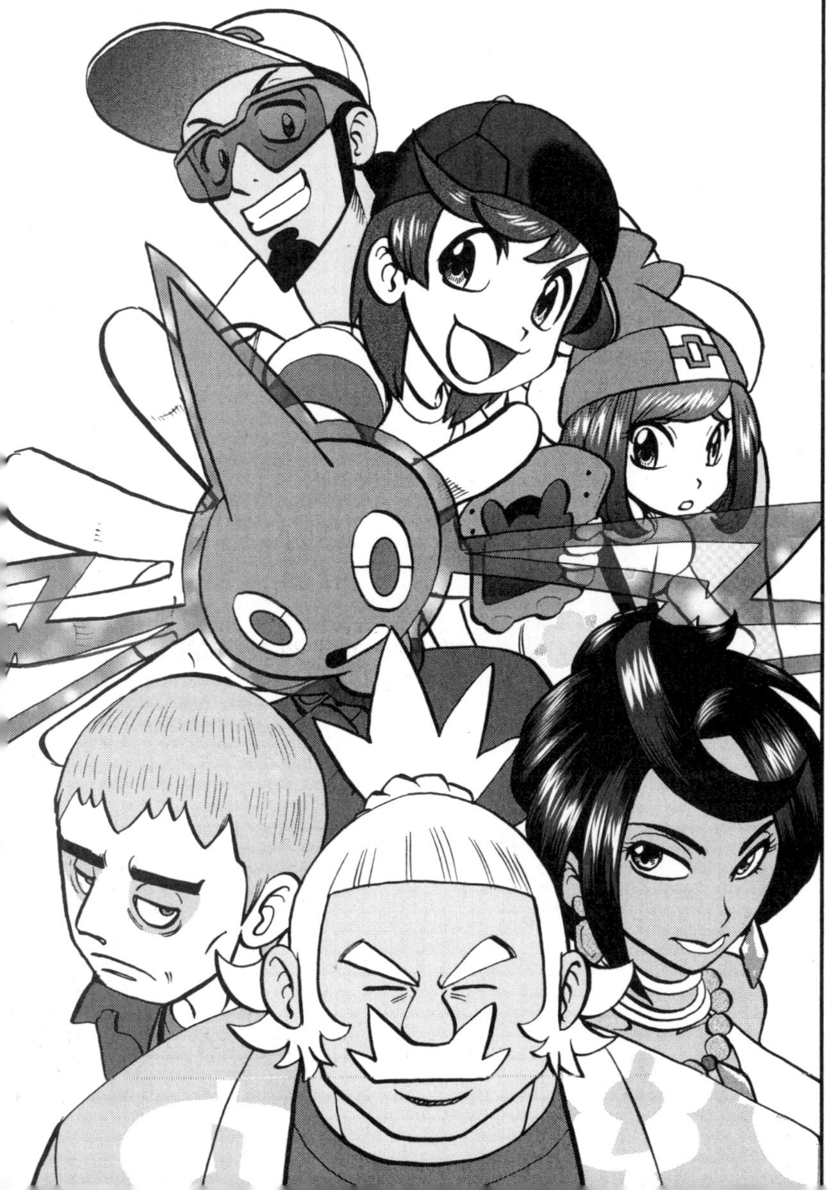

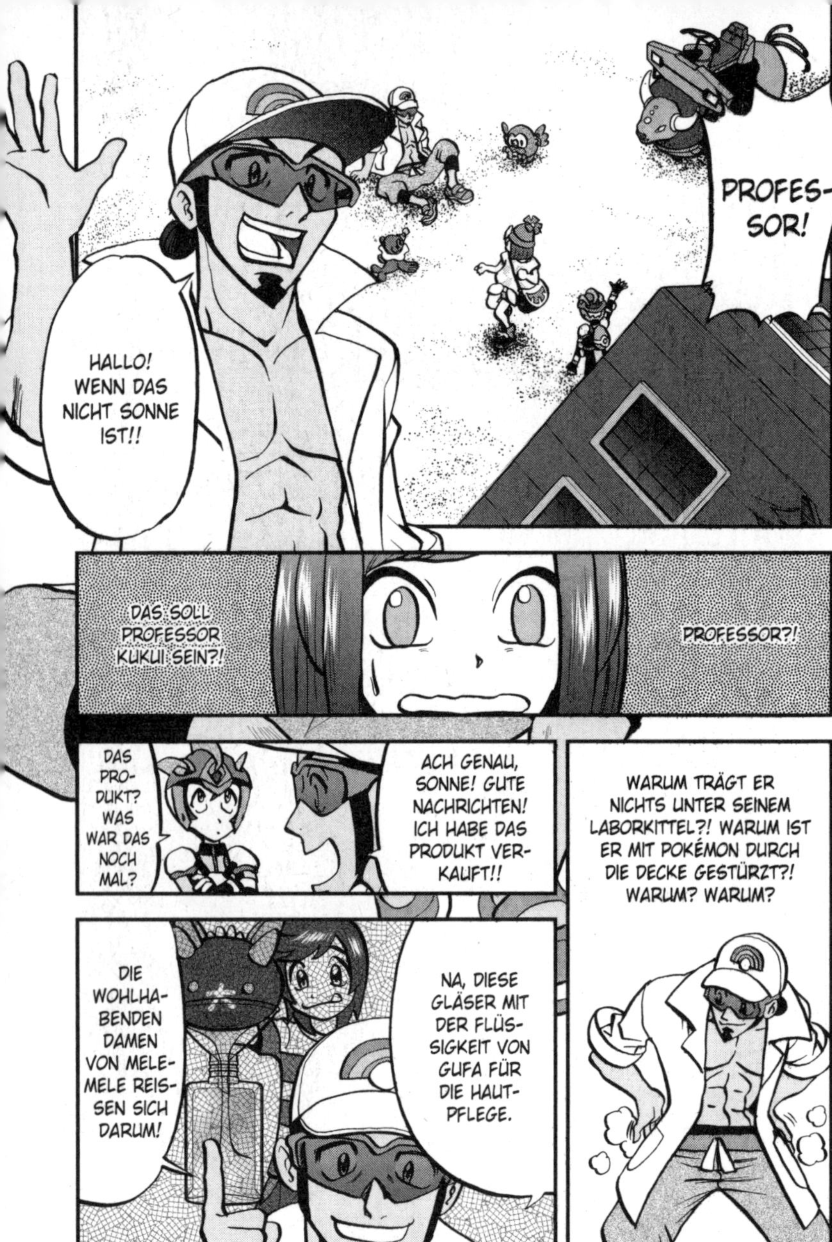
PROFES-
SOR!
HALLO! WENN DAS NICHT SONNE IST!!
PROFESSOR?!
DAS SOLL PROFESSOR KUKUI SEIN?!
WARUM TRÄGT ER NICHTS UNTER SEINEM LABORKITTEL?! WARUM IST ER MIT POKÉMON DURCH DIE DECKE GESTÜRZT?! WARUM? WARUM?
ACH GENAU, SONNE! GUTE NACHRICHTEN! ICH HABE DAS PRODUKT VER-KAUFT!!
DAS PRO-DUKT? WAS WAR DAS NOCH MAL?
NA, DIESE GLÄSER MIT DER FLÜS-SIGKEIT VON GUFA FÜR DIE HAUT-PFLEGE.
DIE WOHLHA-BENDEN DAMEN VON MELE-MELE REIS-SEN SICH DARUM!

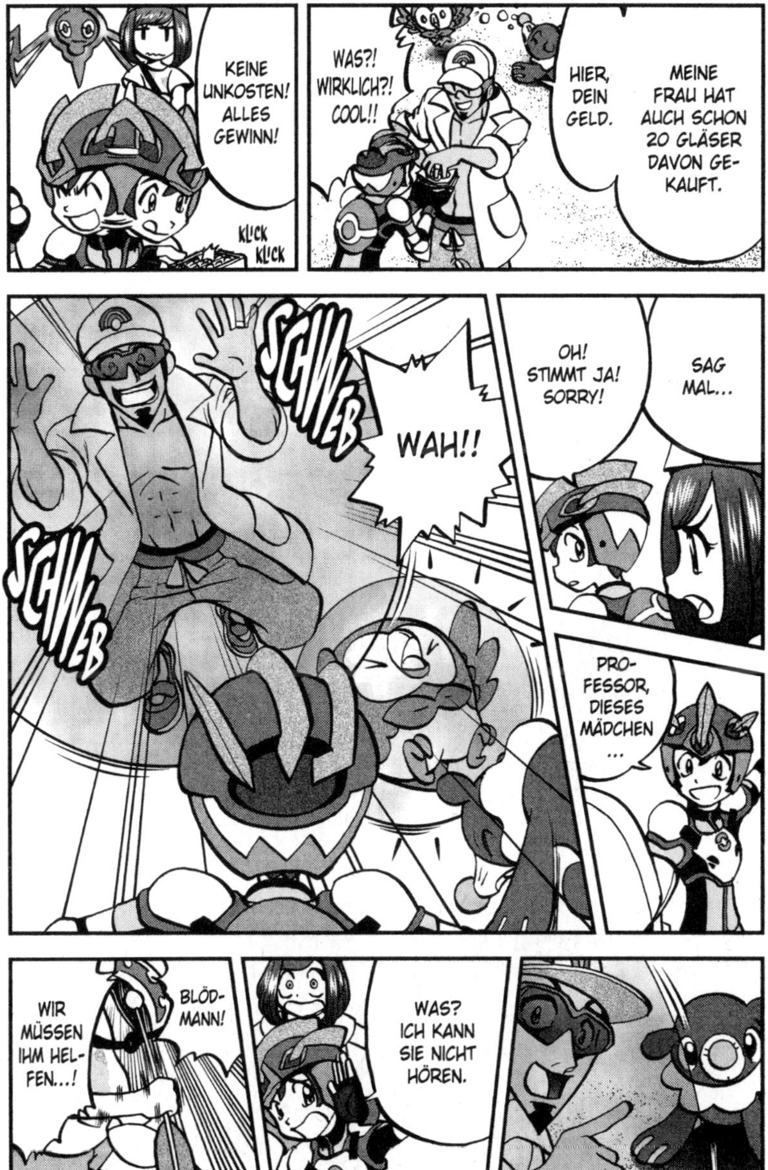
KEINE UNKOSTEN! ALLES GEWINN!
KLICK KLICK
WAS?! WIRKLICH?! COOL!!
MEINE FRAU HAT AUCH SCHON 20 GLÄSER DAVON GE-KAUFT.
HIER, DEIN GELD.
SAG MAL...
OH! STIMMT JA! SORRY!
PRO-FESSOR, DIESES MÄDCHEN ...
WAH!!
SCHWEB
SCHWEB
WAS? ICH KANN SIE NICHT HÖREN.
BLÖD-MANN!
WIR MÜSSEN IHM HEL-FEN...!

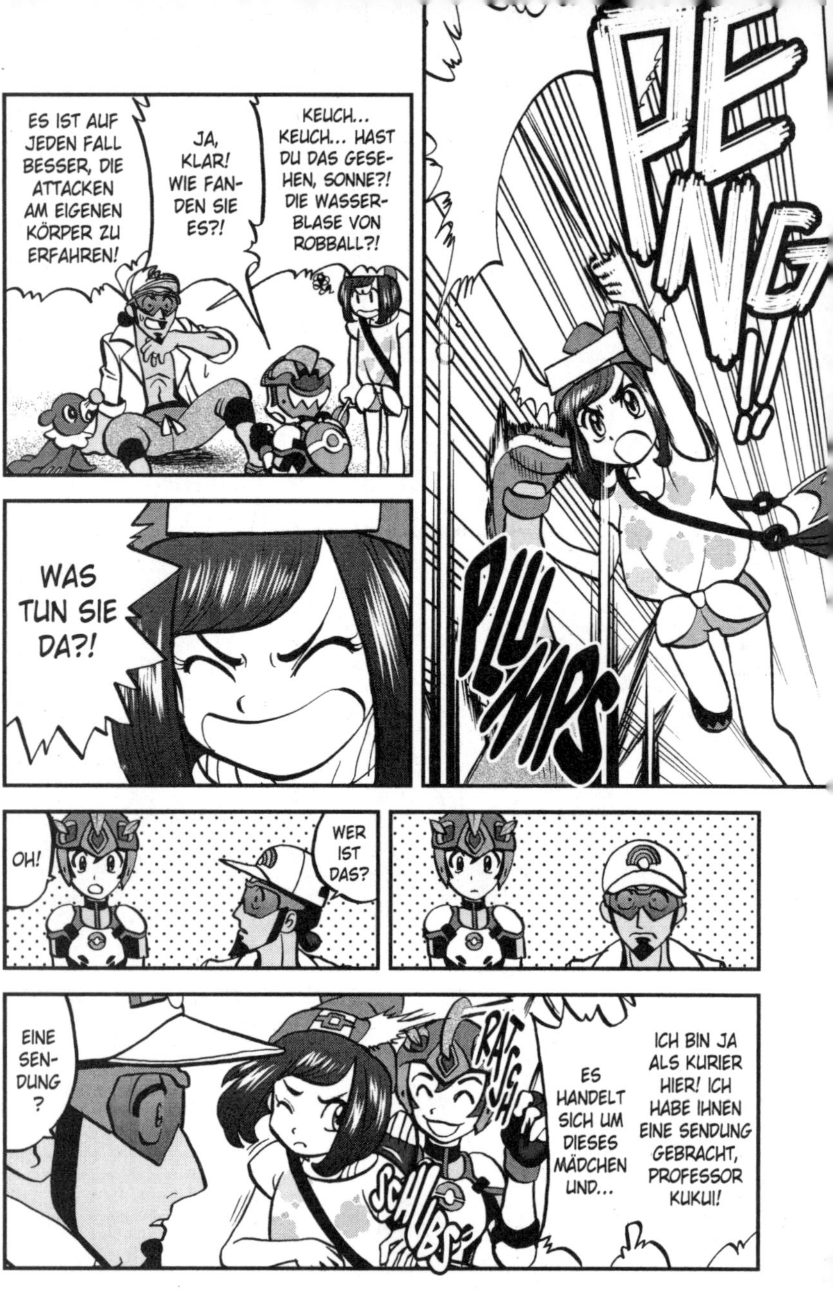
PENG!!
PLUMPS!
KEUCH… KEUCH… HAST DU DAS GESEHEN, SONNE?! DIE WASSERBLASE VON ROBBALL?!
JA, KLAR! WIE FANDEN SIE ES?!
ES IST AUF JEDEN FALL BESSER, DIE ATTACKEN AM EIGENEN KÖRPER ZU ERFAHREN!
WAS TUN SIE DA?!
WER IST DAS?
OH!
ICH BIN JA ALS KURIER HIER! ICH HABE IHNEN EINE SENDUNG GEBRACHT, PROFESSOR KUKUI!
RATSCH
ES HANDELT SICH UM DIESES MÄDCHEN UND…
SCHUBS
EINE SENDUNG?

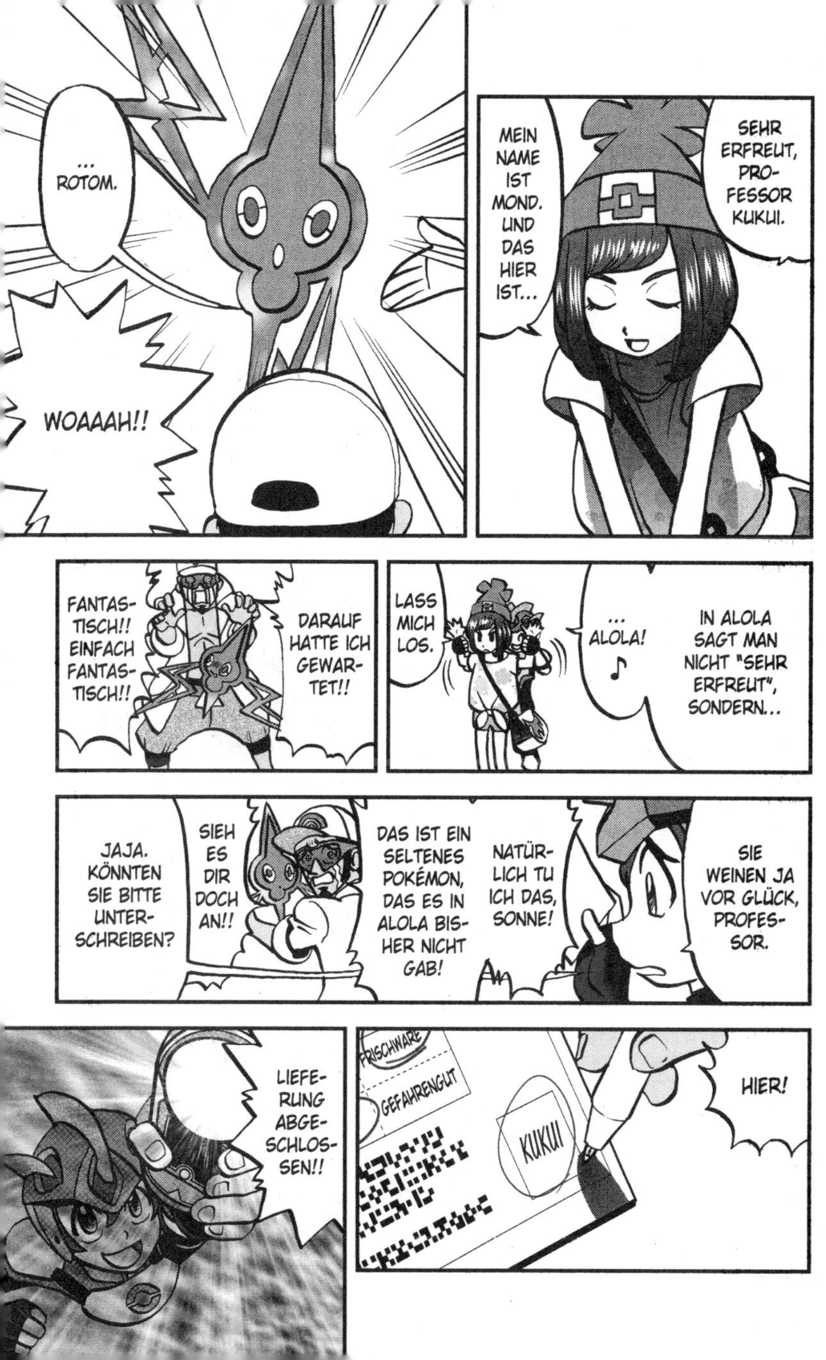
SEHR ERFREUT, PROFESSOR KUKUI.
MEIN NAME IST MOND. UND DAS HIER IST...
... ROTOM.
WOAAAH!!
IN ALOLA SAGT MAN NICHT "SEHR ERFREUT", SONDERN...
... ALOLA! ♪
LASS MICH LOS.
DARAUF HATTE ICH GEWARTET!!
FANTASTISCH!! EINFACH FANTASTISCH!!
SIE WEINEN JA VOR GLÜCK, PROFESSOR.
NATÜRLICH TU ICH DAS, SONNE!
DAS IST EIN SELTENES POKÉMON, DAS ES IN ALOLA BISHER NICHT GAB!
SIEH ES DIR DOCH AN!!
JAJA. KÖNNTEN SIE BITTE UNTERSCHREIBEN?
HIER!
FRISCHWARE
GEFAHRENGUT
KUKUI
LIEFERUNG ABGESCHLOSSEN!!

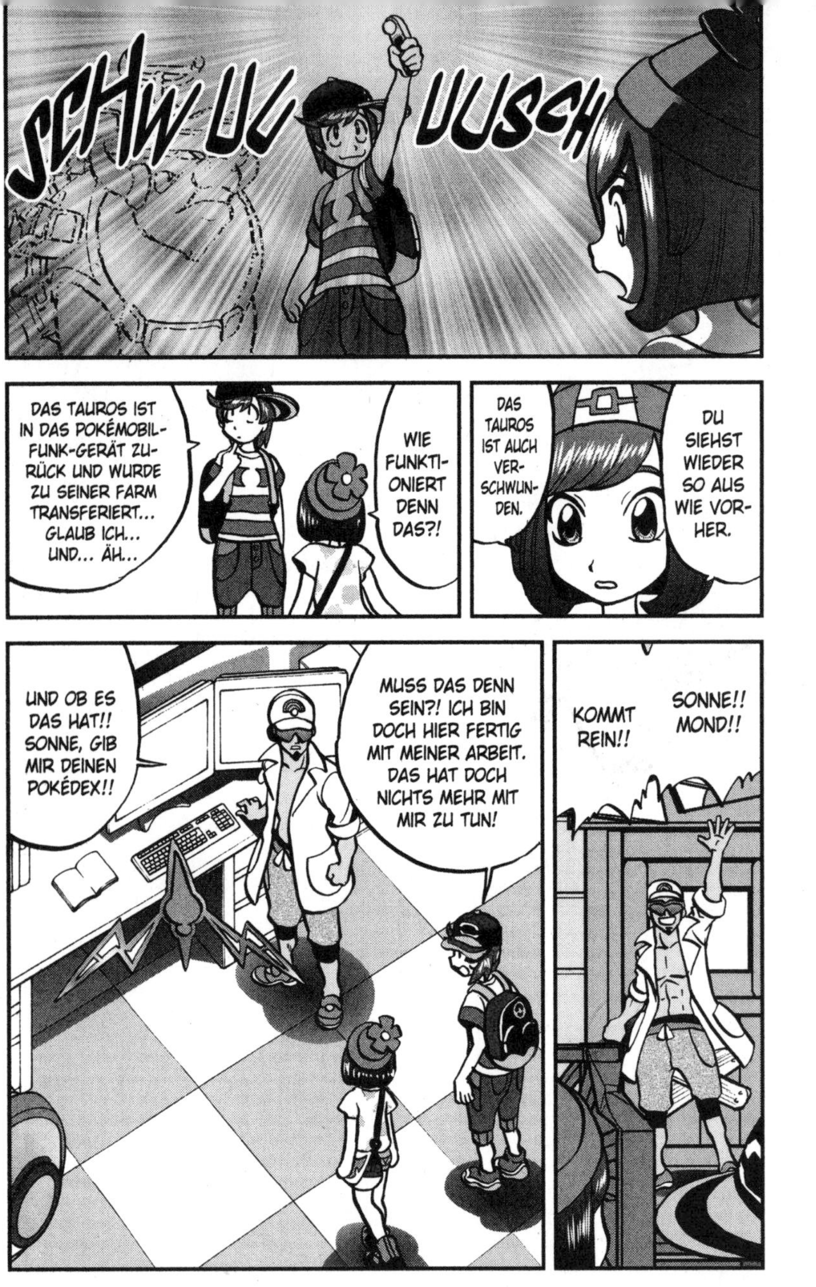
SCHWUUUUSCH
DU SIEHST WIEDER SO AUS WIE VORHER.
DAS TAUROS IST AUCH VERSCHWUNDEN.
WIE FUNKTIONIERT DENN DAS?!
DAS TAUROS IST IN DAS POKÉMOBIL-FUNK-GERÄT ZURÜCK UND WURDE ZU SEINER FARM TRANSFERIERT... GLAUB ICH... UND... ÄH...
SONNE!! MOND!!
KOMMT REIN!!
MUSS DAS DENN SEIN?! ICH BIN DOCH HIER FERTIG MIT MEINER ARBEIT. DAS HAT DOCH NICHTS MEHR MIT MIR ZU TUN!
UND OB ES DAS HAT!! SONNE, GIB MIR DEINEN POKÉDEX!!

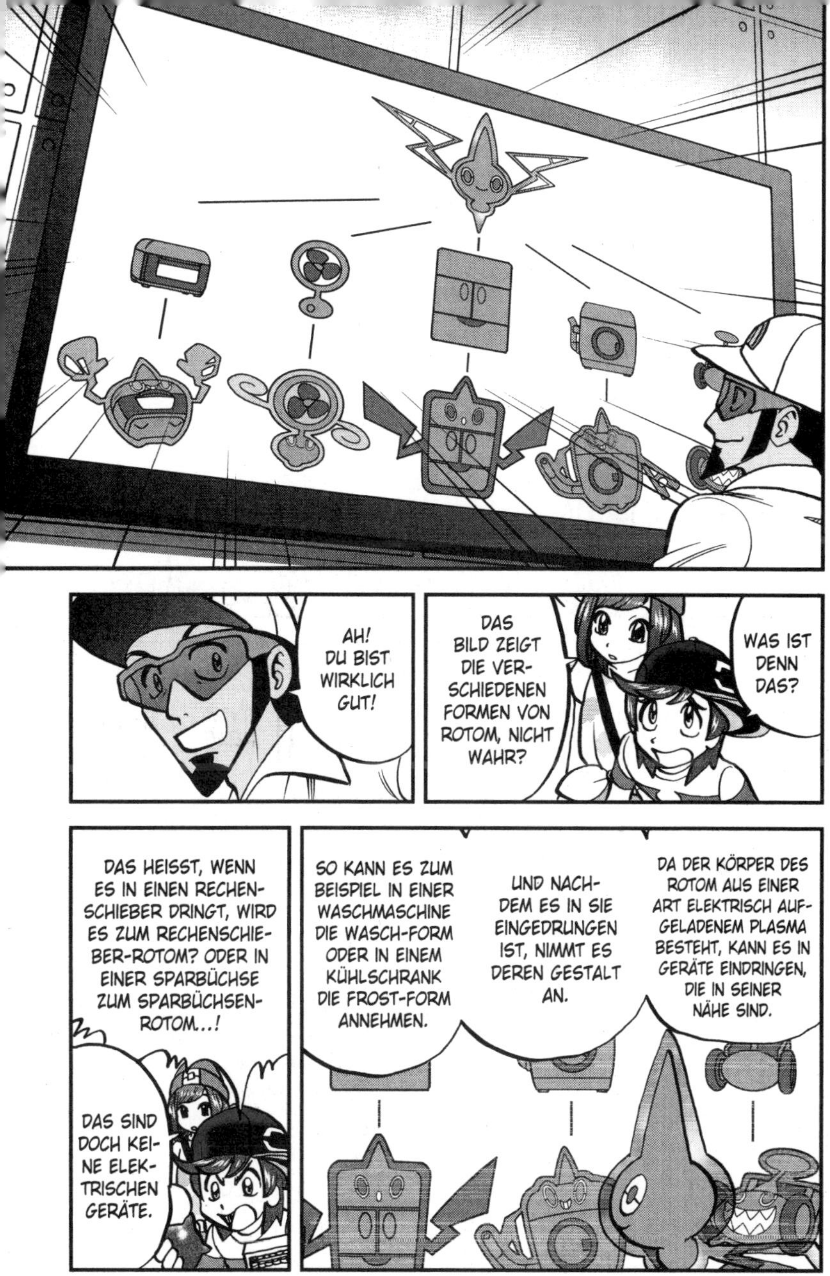
WAS IST DENN DAS?
DAS BILD ZEIGT DIE VERSCHIEDENEN FORMEN VON ROTOM, NICHT WAHR?
AH! DU BIST WIRKLICH GUT!
DA DER KÖRPER DES ROTOM AUS EINER ART ELEKTRISCH AUFGELADENEM PLASMA BESTEHT, KANN ES IN GERÄTE EINDRINGEN, DIE IN SEINER NÄHE SIND.
UND NACHDEM ES IN SIE EINGEDRUNGEN IST, NIMMT ES DEREN GESTALT AN.
SO KANN ES ZUM BEISPIEL IN EINER WASCHMASCHINE DIE WASCH-FORM ODER IN EINEM KÜHLSCHRANK DIE FROST-FORM ANNEHMEN.
DAS HEISST, WENN ES IN EINEN RECHENSCHIEBER DRINGT, WIRD ES ZUM RECHENSCHIEBER-ROTOM? ODER IN EINER SPARBÜCHSE ZUM SPARBÜCHSEN-ROTOM...!
DAS SIND DOCH KEINE ELEKTRISCHEN GERÄTE.

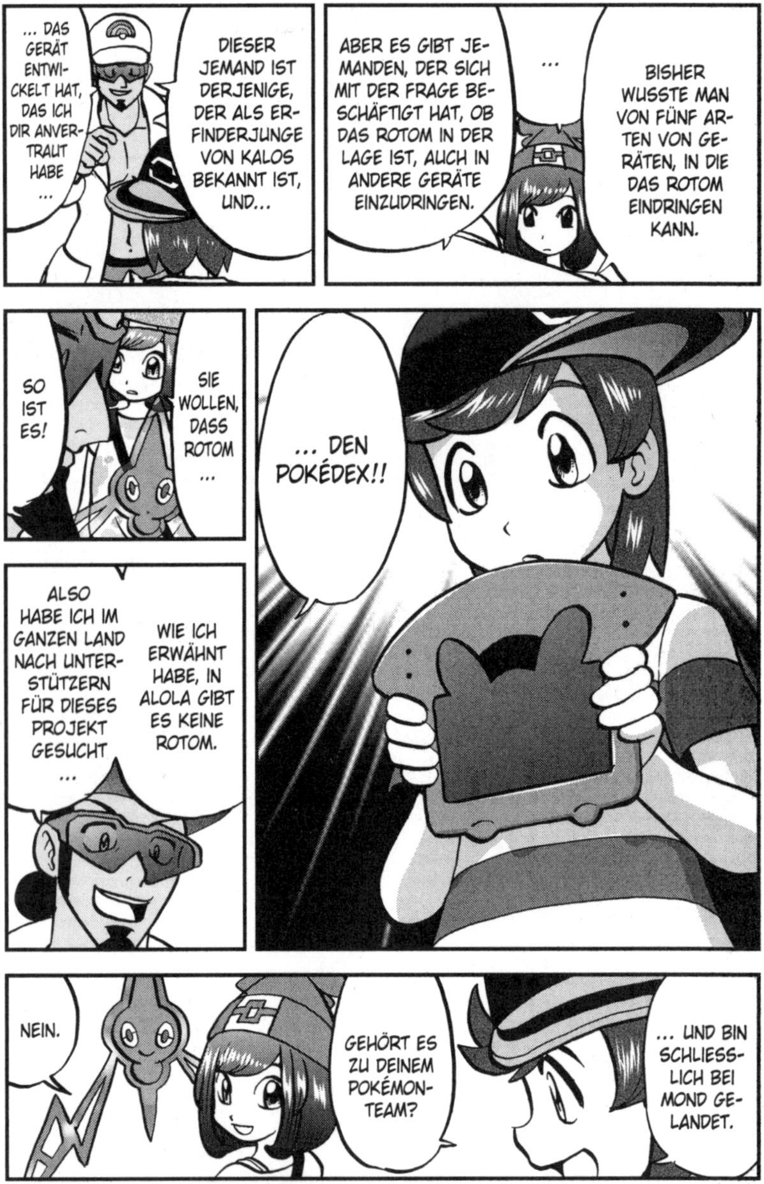
... DAS GERÄT ENTWICKELT HAT, DAS ICH DIR ANVERTRAUT HABE ...
DIESER JEMAND IST DERJENIGE, DER ALS ERFINDERJUNGE VON KALOS BEKANNT IST, UND...
ABER ES GIBT JEMANDEN, DER SICH MIT DER FRAGE BESCHÄFTIGT HAT, OB DAS ROTOM IN DER LAGE IST, AUCH IN ANDERE GERÄTE EINZUDRINGEN.
...
BISHER WUSSTE MAN VON FÜNF ARTEN VON GERÄTEN, IN DIE DAS ROTOM EINDRINGEN KANN.
SO IST ES!
SIE WOLLEN, DASS ROTOM ...
... DEN POKÉDEX!!
ALSO HABE ICH IM GANZEN LAND NACH UNTERSTÜTZERN FÜR DIESES PROJEKT GESUCHT ...
WIE ICH ERWÄHNT HABE, IN ALOLA GIBT ES KEINE ROTOM.
NEIN.
GEHÖRT ES ZU DEINEM POKÉMON-TEAM?
... UND BIN SCHLIESSLICH BEI MOND GELANDET.

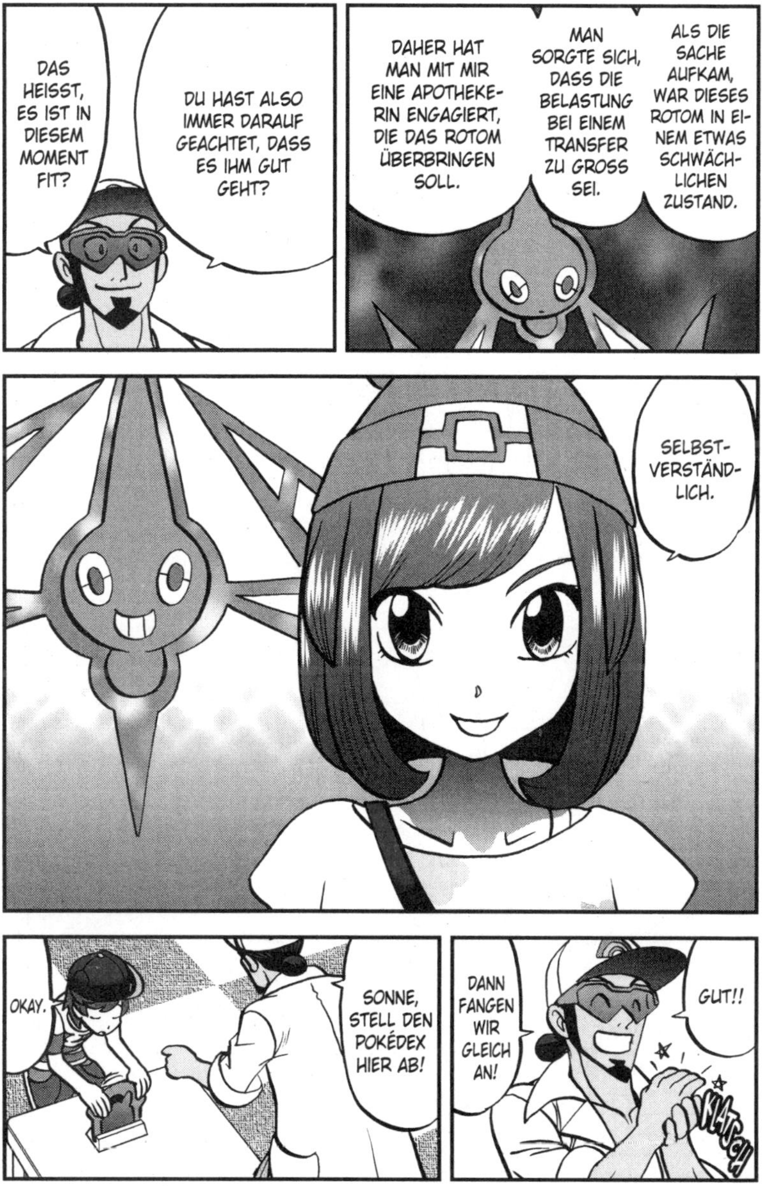

ALS DIE SACHE AUFKAM, WAR DIESES ROTOM IN EI-NEM ETWAS SCHWÄCH-LICHEN ZUSTAND.
MAN SORGTE SICH, DASS DIE BELASTUNG BEI EINEM TRANSFER ZU GROSS SEI.
DAHER HAT MAN MIT MIR EINE APOTHEKE-RIN ENGAGIERT, DIE DAS ROTOM ÜBERBRINGEN SOLL.
DU HAST ALSO IMMER DARAUF GEACHTET, DASS ES IHM GUT GEHT?
DAS HEISST, ES IST IN DIESEM MOMENT FIT?
SELBST-VERSTÄND-LICH.
GUT!!
KLATSCH
DANN FANGEN WIR GLEICH AN!
SONNE, STELL DEN POKÉDEX HIER AB!
OKAY.

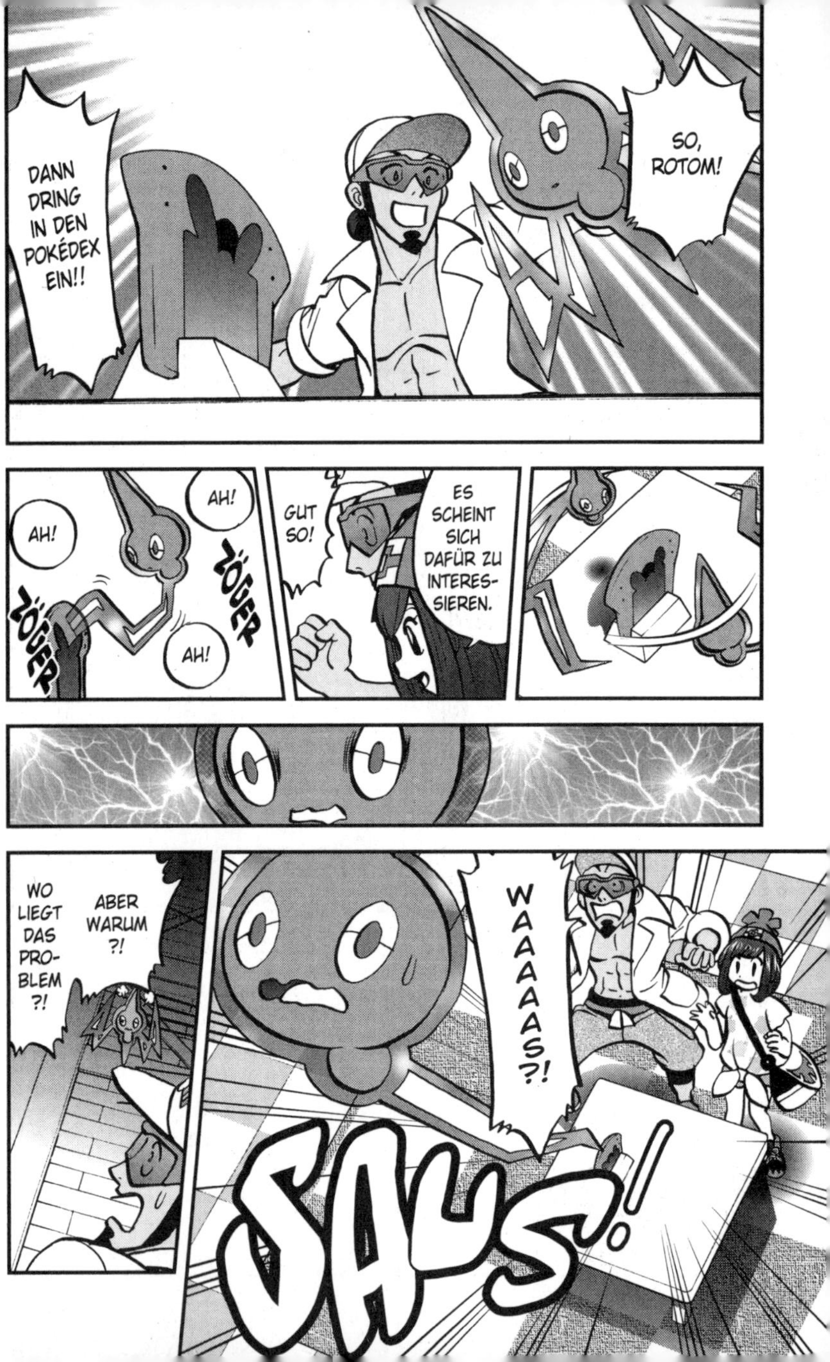
SO, ROTOM!
DANN DRING IN DEN POKÉDEX EIN!!
ES SCHEINT SICH DAFÜR ZU INTERES-SIEREN.
GUT SO!
AH!
AH!
ZÖGER
ZÖGER
AH!
WAAAAAAS?!
ABER WARUM?!
WO LIEGT DAS PRO-BLEM?!
SAUS!

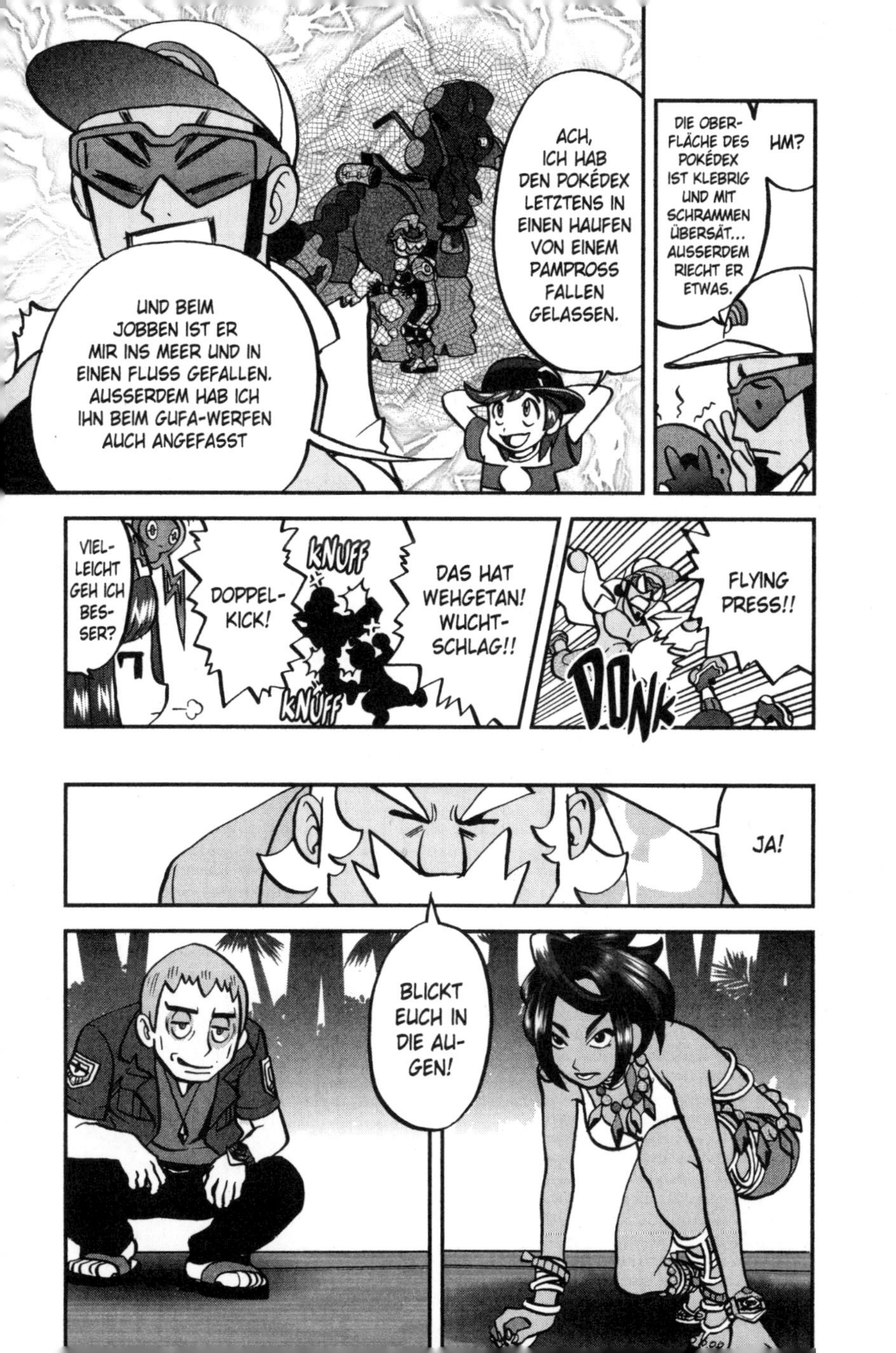
HM?
DIE OBERFLÄCHE DES POKÉDEX IST KLEBRIG UND MIT SCHRAMMEN ÜBERSÄT... AUSSERDEM RIECHT ER ETWAS.
ACH, ICH HAB DEN POKÉDEX LETZTENS IN EINEN HAUFEN VON EINEM PAMPROSS FALLEN GELASSEN.
UND BEIM JOBBEN IST ER MIR INS MEER UND IN EINEN FLUSS GEFALLEN. AUSSERDEM HAB ICH IHN BEIM GUFA-WERFEN AUCH ANGEFASST
FLYING PRESS!!
DONK
DAS HAT WEHGETAN! WUCHTSCHLAG!!
KNUFF
DOPPELKICK!
KNUFF
VIELLEICHT GEH ICH BESSER?
JA!
BLICKT EUCH IN DIE AUGEN!

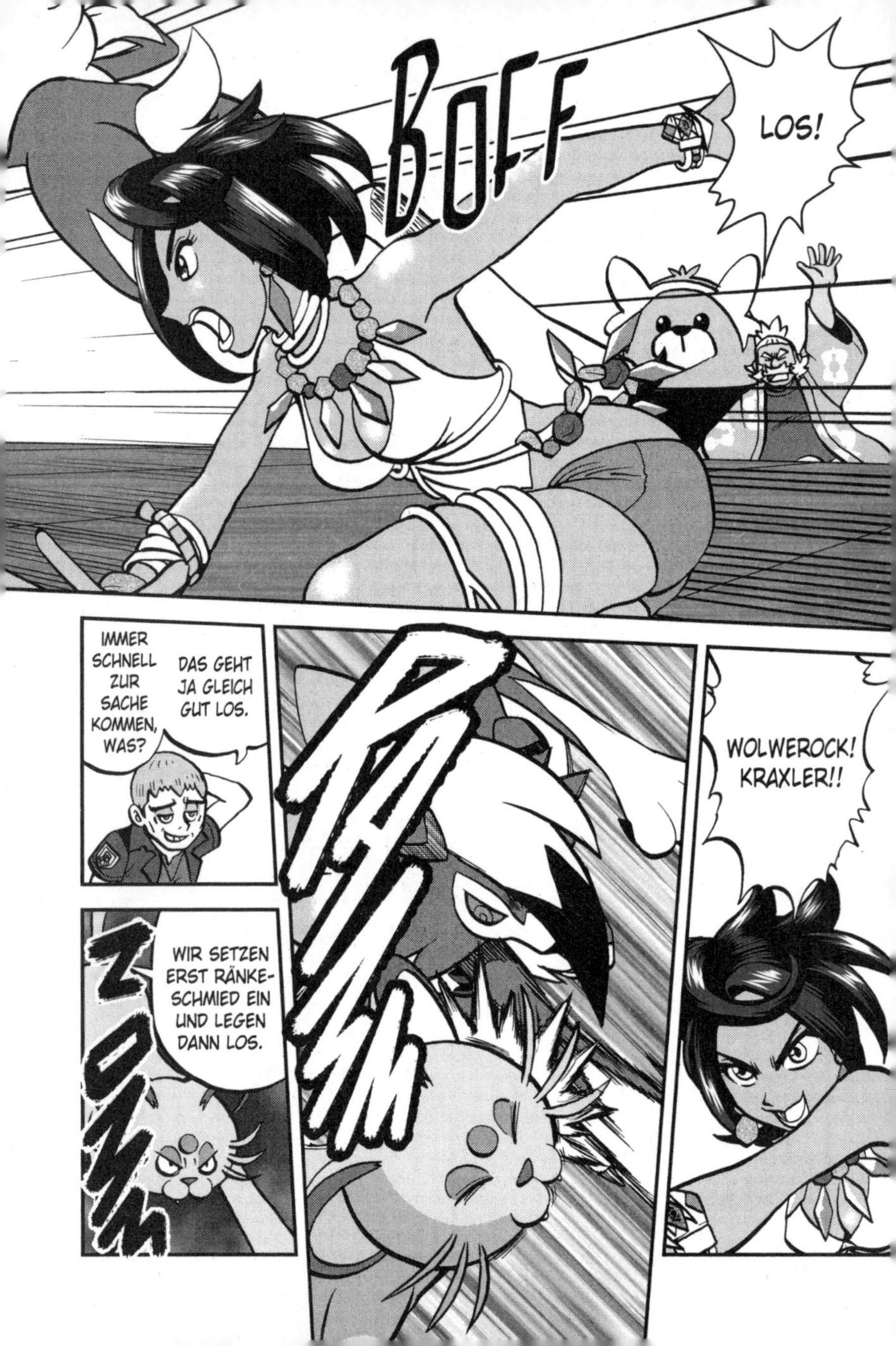

BOFF
LOS!
WOLWEROCK! KRAXLER!!
DAS GEHT JA GLEICH GUT LOS.
IMMER SCHNELL ZUR SACHE KOMMEN, WAS?
WIR SETZEN ERST RÄNKE-SCHMIED EIN UND LEGEN DANN LOS.

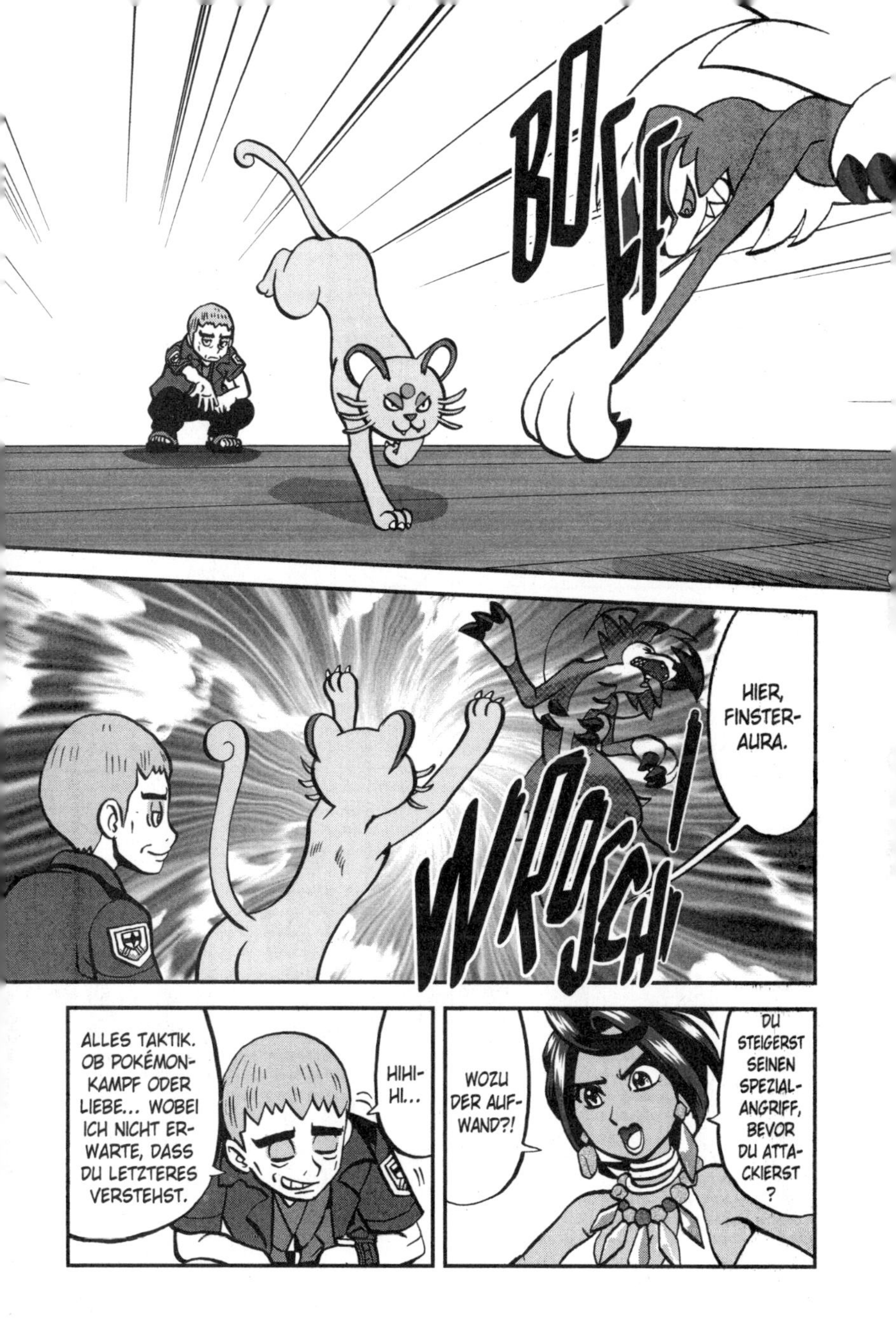
BOFF
HIER, FINSTER-AURA.
WROSCH!
DU STEIGERST SEINEN SPEZIAL-ANGRIFF, BEVOR DU ATTA-CKIERST?
WOZU DER AUF-WAND?!
HIHI-HI...
ALLES TAKTIK. OB POKÉMON-KAMPF ODER LIEBE... WOBEI ICH NICHT ER-WARTE, DASS DU LETZTERES VERSTEHST.

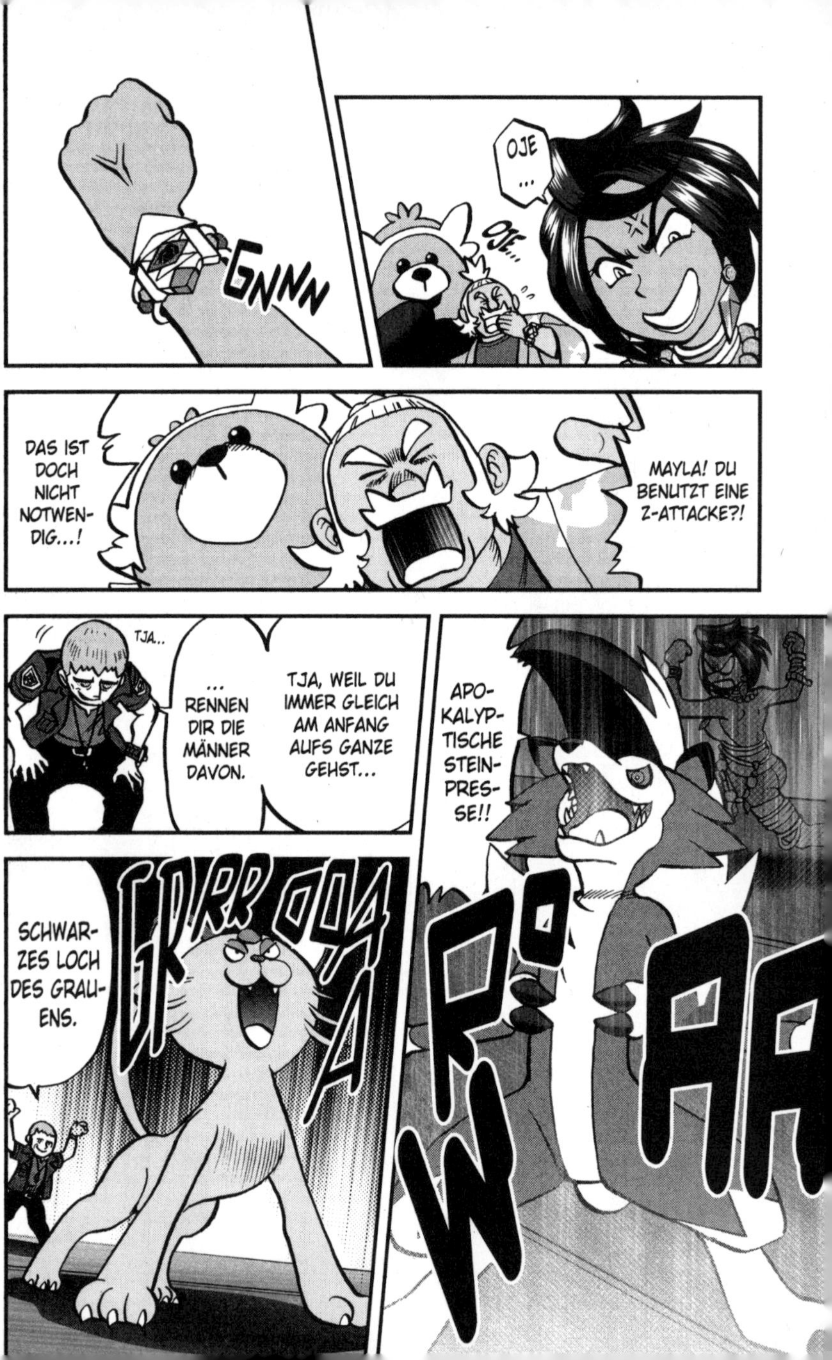

GNNN
OJE …
OJE…
DAS IST DOCH NICHT NOTWEN-DIG…!
MAYLA! DU BENUTZT EINE Z-ATTACKE?!
APO-KALYP-TISCHE STEIN-PRES-SE!!
TJA…
TJA, WEIL DU IMMER GLEICH AM ANFANG AUFS GANZE GEHST…
… RENNEN DIR DIE MÄNNER DAVON.
WROOAAR
GRRROOAA
SCHWAR-ZES LOCH DES GRAU-ENS.

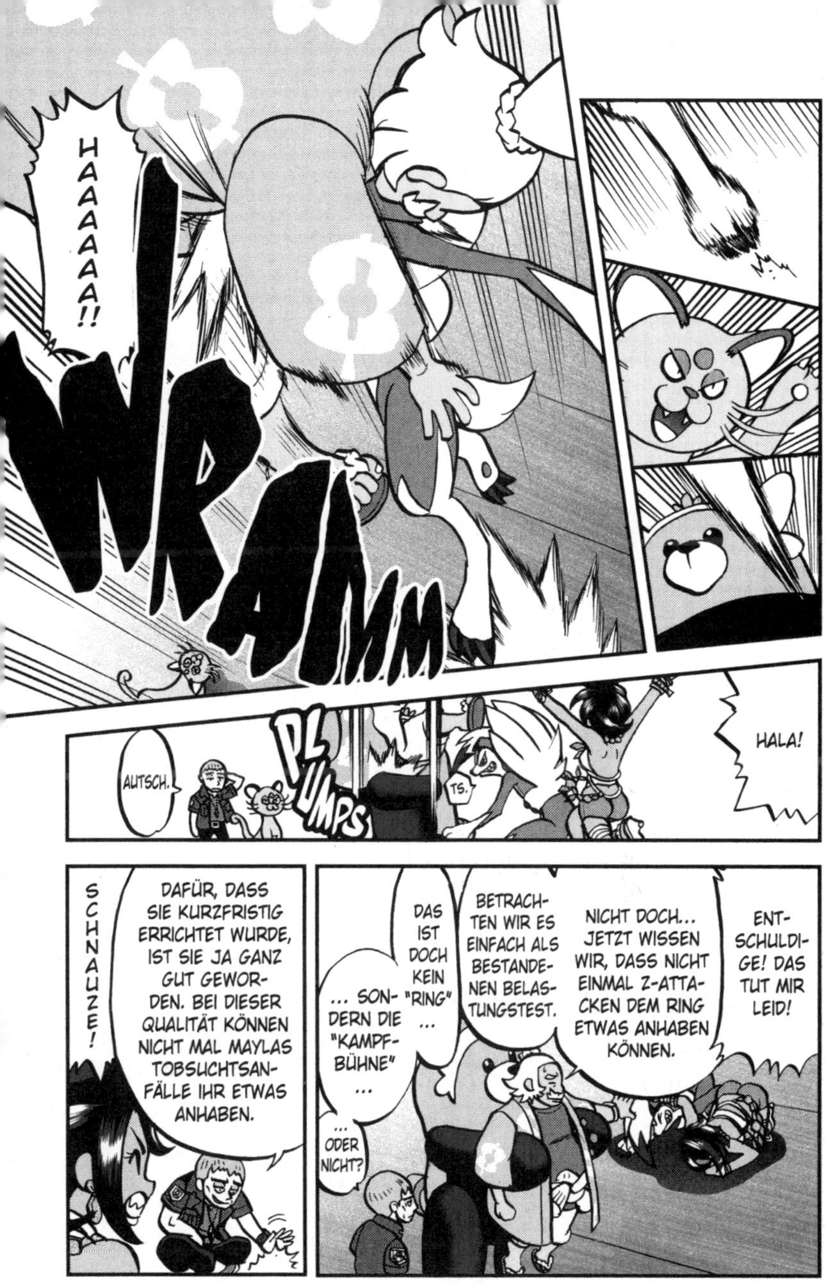
HAAAAAAAA!!
WRAMM
HALA!
TS.
PLUMPS
AUTSCH.
ENT-SCHULDI-GE! DAS TUT MIR LEID!
NICHT DOCH… JETZT WISSEN WIR, DASS NICHT EINMAL Z-ATTACKEN DEM RING ETWAS ANHABEN KÖNNEN.
BETRACHTEN WIR ES EINFACH ALS BESTANDENEN BELASTUNGSTEST.
DAS IST DOCH KEIN "RING" …
… SONDERN DIE "KAMPF-BÜHNE" …
… ODER NICHT?
DAFÜR, DASS SIE KURZFRISTIG ERRICHTET WURDE, IST SIE JA GANZ GUT GEWORDEN. BEI DIESER QUALITÄT KÖNNEN NICHT MAL MAYLAS TOBSUCHTSANFÄLLE IHR ETWAS ANHABEN.
SCHNAUZE!

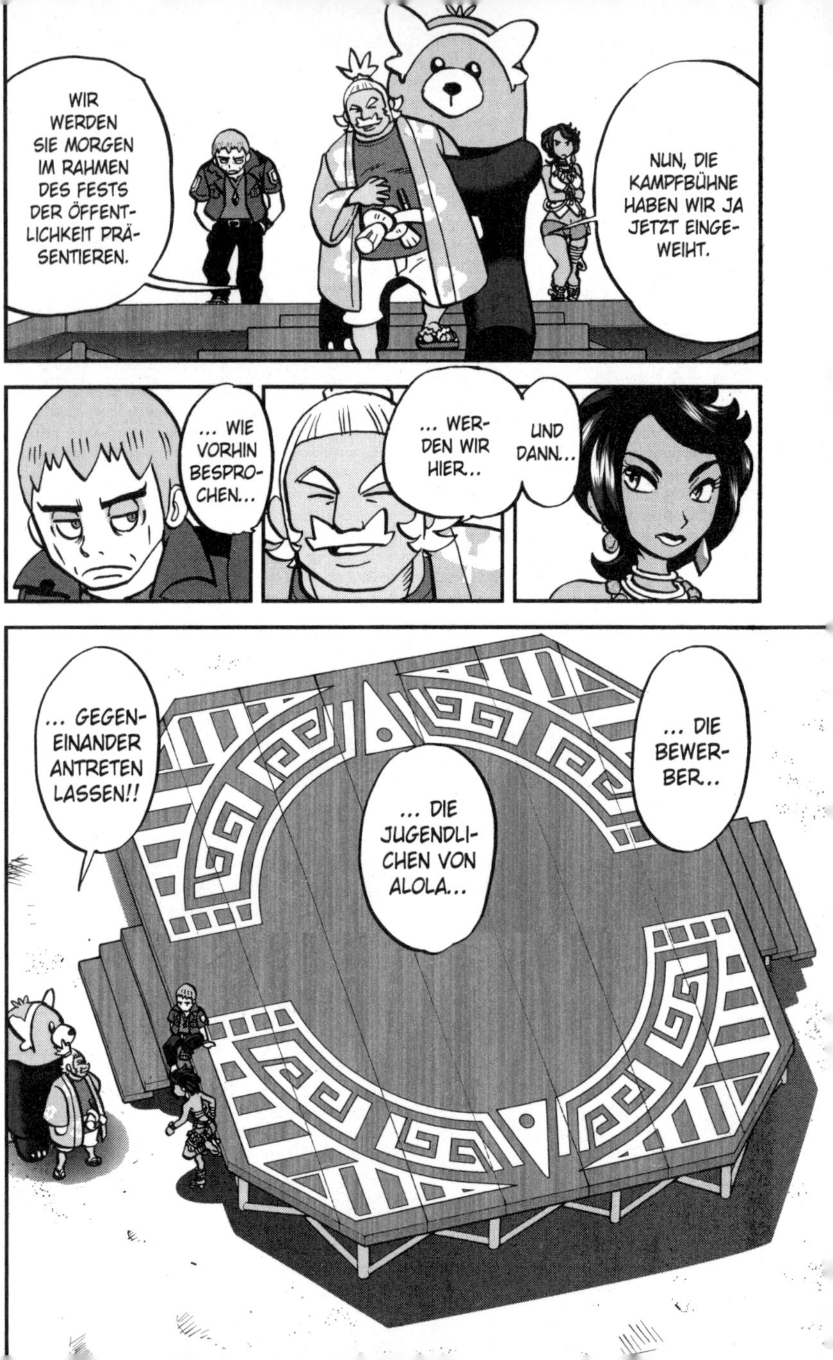
NUN, DIE KAMPFBÜHNE HABEN WIR JA JETZT EINGEWEIHT.
WIR WERDEN SIE MORGEN IM RAHMEN DES FESTS DER ÖFFENTLICHKEIT PRÄSENTIEREN.
UND DANN...
... WERDEN WIR HIER...
... WIE VORHIN BESPROCHEN...
... DIE BEWERBER...
... DIE JUGENDLICHEN VON ALOLA...
... GEGENEINANDER ANTRETEN LASSEN!!

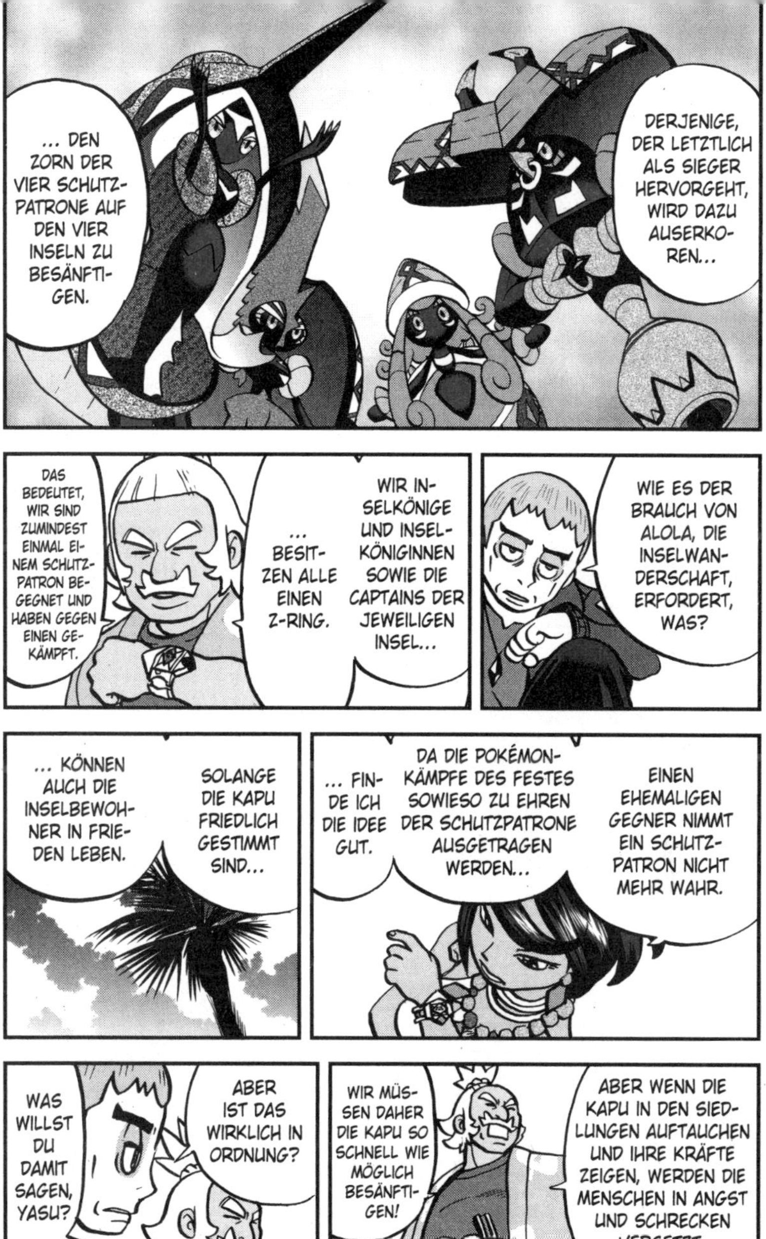
DERJENIGE, DER LETZTLICH ALS SIEGER HERVORGEHT, WIRD DAZU AUSERKOREN...
... DEN ZORN DER VIER SCHUTZPATRONE AUF DEN VIER INSELN ZU BESÄNFTIGEN.
WIE ES DER BRAUCH VON ALOLA, DIE INSELWANDERSCHAFT, ERFORDERT, WAS?
WIR INSELKÖNIGE UND INSELKÖNIGINNEN SOWIE DIE CAPTAINS DER JEWEILIGEN INSEL...
... BESITZEN ALLE EINEN Z-RING.
DAS BEDEUTET, WIR SIND ZUMINDEST EINMAL EINEM SCHUTZPATRON BEGEGNET UND HABEN GEGEN EINEN GEKÄMPFT.
EINEN EHEMALIGEN GEGNER NIMMT EIN SCHUTZPATRON NICHT MEHR WAHR.
DA DIE POKÉMON-KÄMPFE DES FESTES SOWIESO ZU EHREN DER SCHUTZPATRONE AUSGETRAGEN WERDEN...
... FINDE ICH DIE IDEE GUT.
SOLANGE DIE KAPU FRIEDLICH GESTIMMT SIND...
... KÖNNEN AUCH DIE INSELBEWOHNER IN FRIEDEN LEBEN.
ABER WENN DIE KAPU IN DEN SIEDLUNGEN AUFTAUCHEN UND IHRE KRÄFTE ZEIGEN, WERDEN DIE MENSCHEN IN ANGST UND SCHRECKEN VERSETZT.
WIR MÜSSEN DAHER DIE KAPU SO SCHNELL WIE MÖGLICH BESÄNFTIGEN!
ABER IST DAS WIRKLICH IN ORDNUNG?
WAS WILLST DU DAMIT SAGEN, YASU?

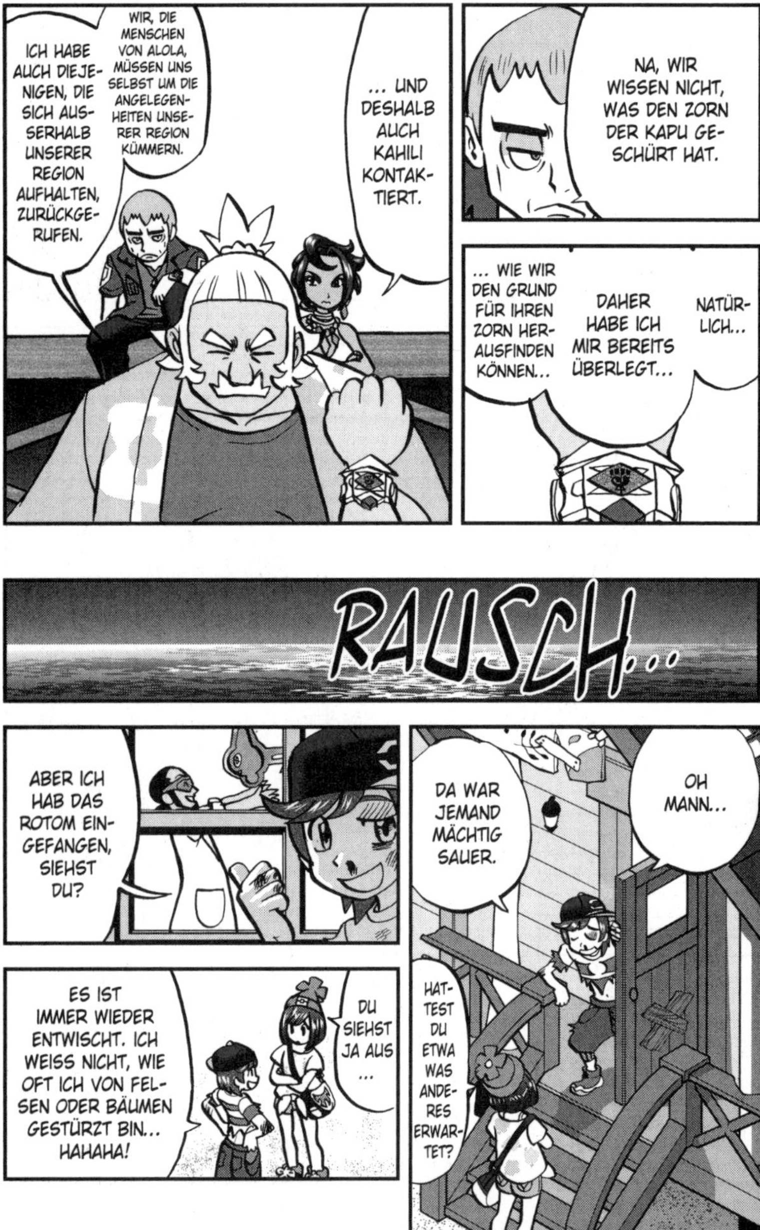
NA, WIR WISSEN NICHT, WAS DEN ZORN DER KAPU GESCHÜRT HAT.
NATÜRLICH...
DAHER HABE ICH MIR BEREITS ÜBERLEGT...
... WIE WIR DEN GRUND FÜR IHREN ZORN HERAUSFINDEN KÖNNEN...
... UND DESHALB AUCH KAHILI KONTAKTIERT.
WIR, DIE MENSCHEN VON ALOLA, MÜSSEN UNS SELBST UM DIE ANGELEGENHEITEN UNSERER REGION KÜMMERN.
ICH HABE AUCH DIEJENIGEN, DIE SICH AUSSERHALB UNSERER REGION AUFHALTEN, ZURÜCKGERUFEN.
RAUSCH...
OH MANN...
DA WAR JEMAND MÄCHTIG SAUER.
HATTEST DU ETWA WAS ANDERES ERWARTET?
ABER ICH HAB DAS ROTOM EINGEFANGEN, SIEHST DU?
DU SIEHST JA AUS ...
ES IST IMMER WIEDER ENTWISCHT. ICH WEISS NICHT, WIE OFT ICH VON FELSEN ODER BÄUMEN GESTÜRZT BIN... HAHAHA!

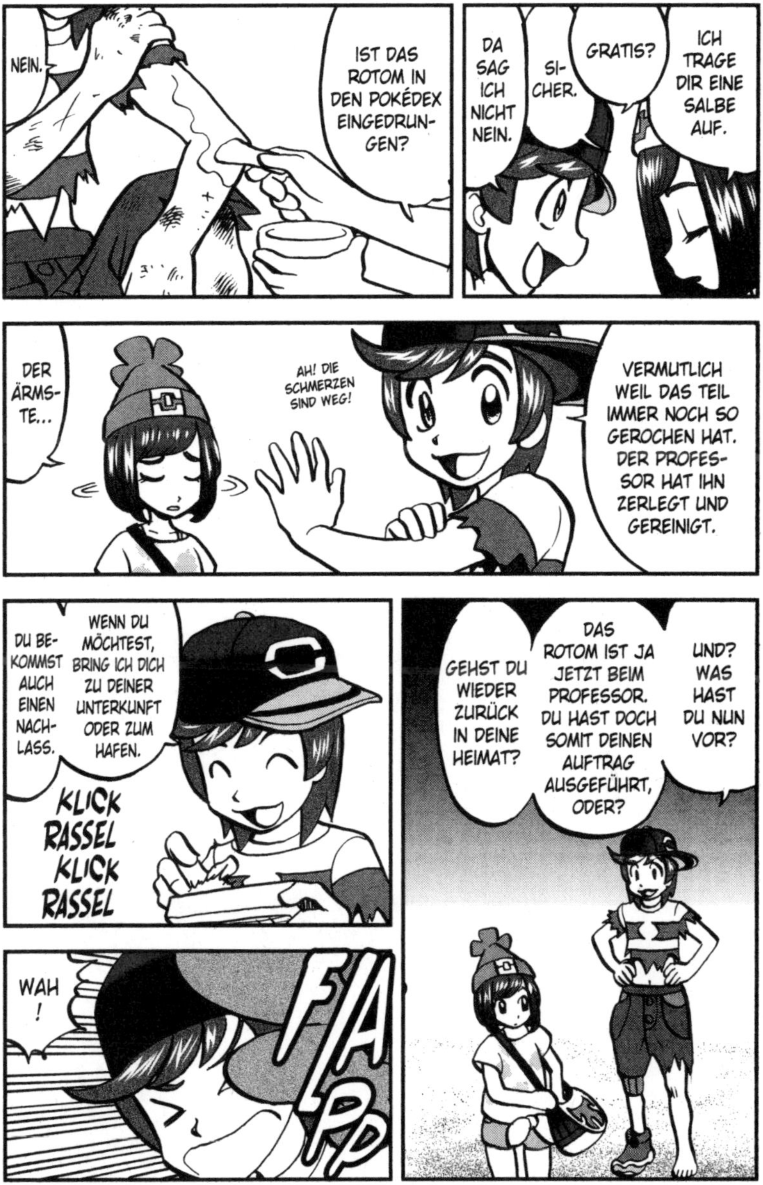
ICH TRAGE DIR EINE SALBE AUF.
GRATIS?
SICHER.
DA SAG ICH NICHT NEIN.
IST DAS ROTOM IN DEN POKÉDEX EINGEDRUNGEN?
NEIN.
VERMUTLICH WEIL DAS TEIL IMMER NOCH SO GEROCHEN HAT. DER PROFESSOR HAT IHN ZERLEGT UND GEREINIGT.
AH! DIE SCHMERZEN SIND WEG!
DER ÄRMSTE...
UND? WAS HAST DU NUN VOR?
DAS ROTOM IST JA JETZT BEIM PROFESSOR. DU HAST DOCH SOMIT DEINEN AUFTRAG AUSGEFÜHRT, ODER?
GEHST DU WIEDER ZURÜCK IN DEINE HEIMAT?
WENN DU MÖCHTEST, BRING ICH DICH ZU DEINER UNTERKUNFT ODER ZUM HAFEN.
DU BEKOMMST AUCH EINEN NACHLASS.
KLICK RASSEL KLICK RASSEL
FLAPP
WAH!

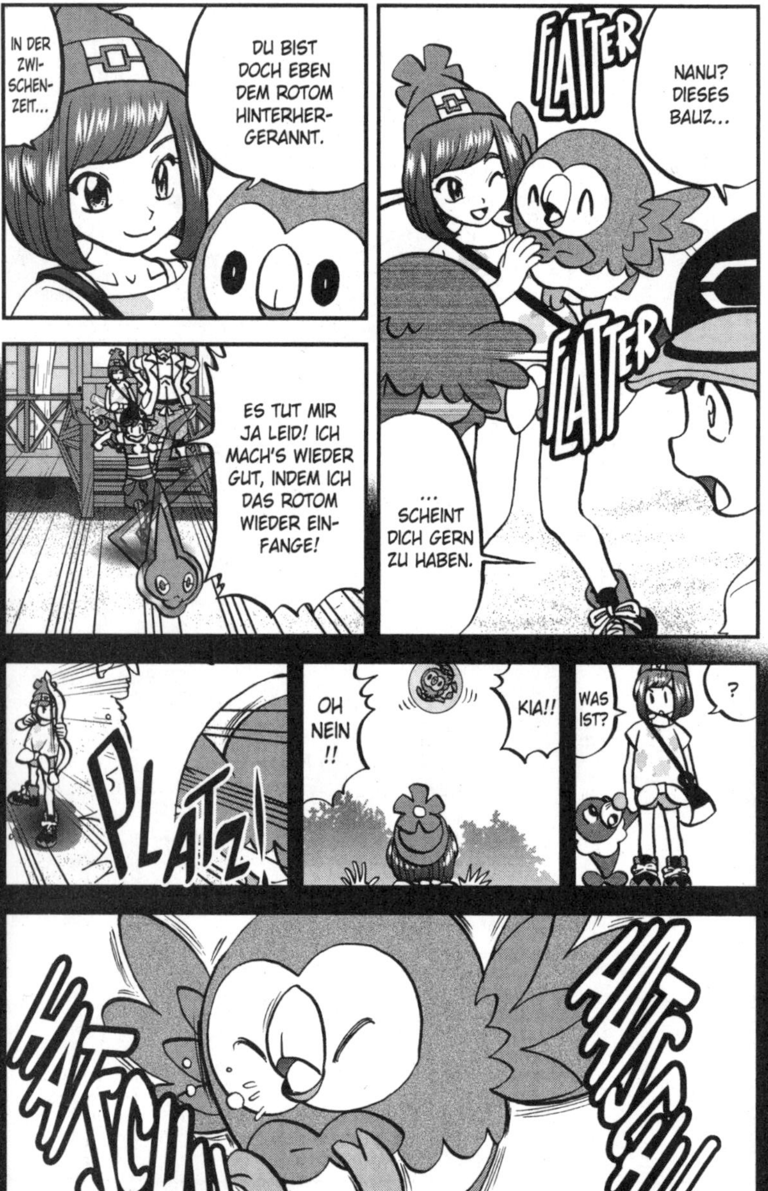
FLATTER
NANU? DIESES BAUZ…
FLATTER
… SCHEINT DICH GERN ZU HABEN.
DU BIST DOCH EBEN DEM ROTOM HINTERHER-GERANNT.
IN DER ZWI-SCHEN-ZEIT…
ES TUT MIR JA LEID! ICH MACH'S WIEDER GUT, INDEM ICH DAS ROTOM WIEDER EIN-FANGE!
?
WAS IST?
KIA!!
OH NEIN !!
PLATZ!
HATSCHI!
HATSCHI!

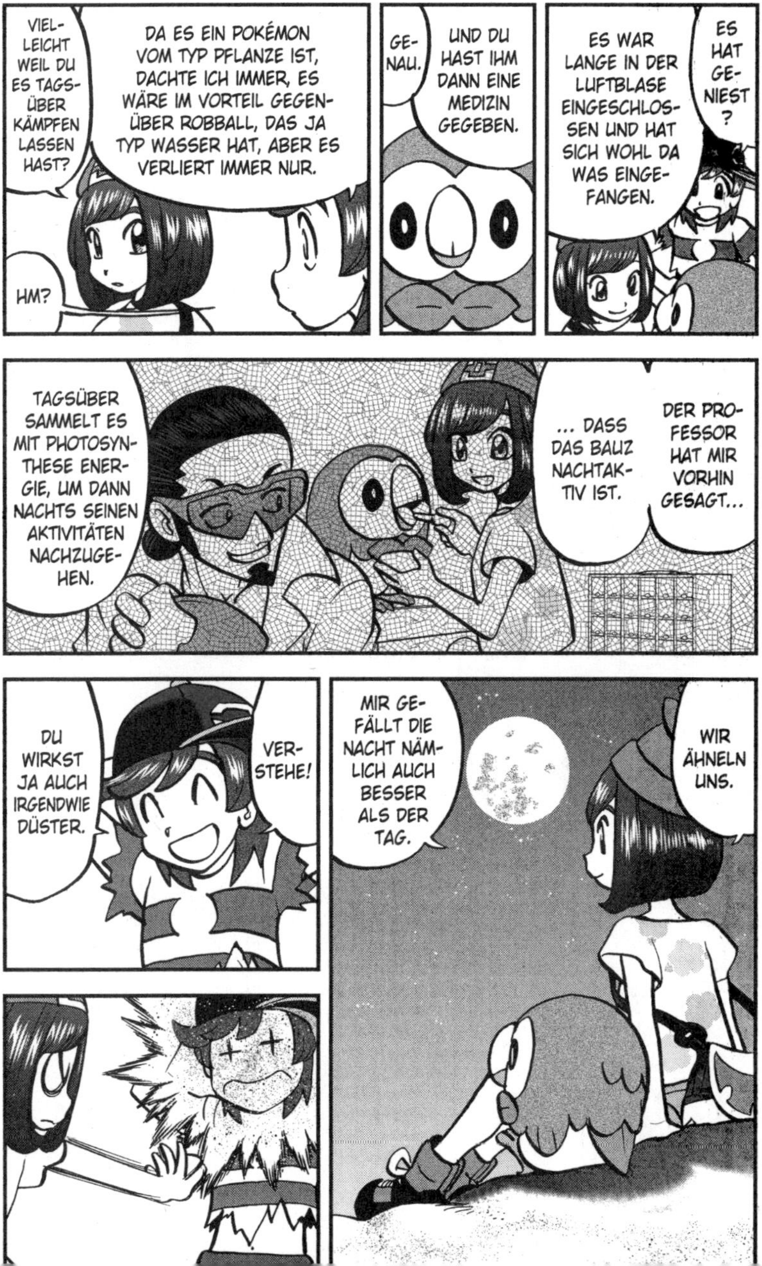
ES HAT GENIEST?
ES WAR LANGE IN DER LUFTBLASE EINGESCHLOSSEN UND HAT SICH WOHL DA WAS EINGEFANGEN.
UND DU HAST IHM DANN EINE MEDIZIN GEGEBEN.
GENAU.
DA ES EIN POKÉMON VOM TYP PFLANZE IST, DACHTE ICH IMMER, ES WÄRE IM VORTEIL GEGENÜBER ROBBALL, DAS JA TYP WASSER HAT, ABER ES VERLIERT IMMER NUR.
VIELLEICHT WEIL DU ES TAGSÜBER KÄMPFEN LASSEN HAST?
HM?
DER PROFESSOR HAT MIR VORHIN GESAGT…
… DASS DAS BAUZ NACHTAKTIV IST.
TAGSÜBER SAMMELT ES MIT PHOTOSYNTHESE ENERGIE, UM DANN NACHTS SEINEN AKTIVITÄTEN NACHZUGEHEN.
WIR ÄHNELN UNS.
MIR GEFÄLLT DIE NACHT NÄMLICH AUCH BESSER ALS DER TAG.
VERSTEHE!
DU WIRKST JA AUCH IRGENDWIE DÜSTER.

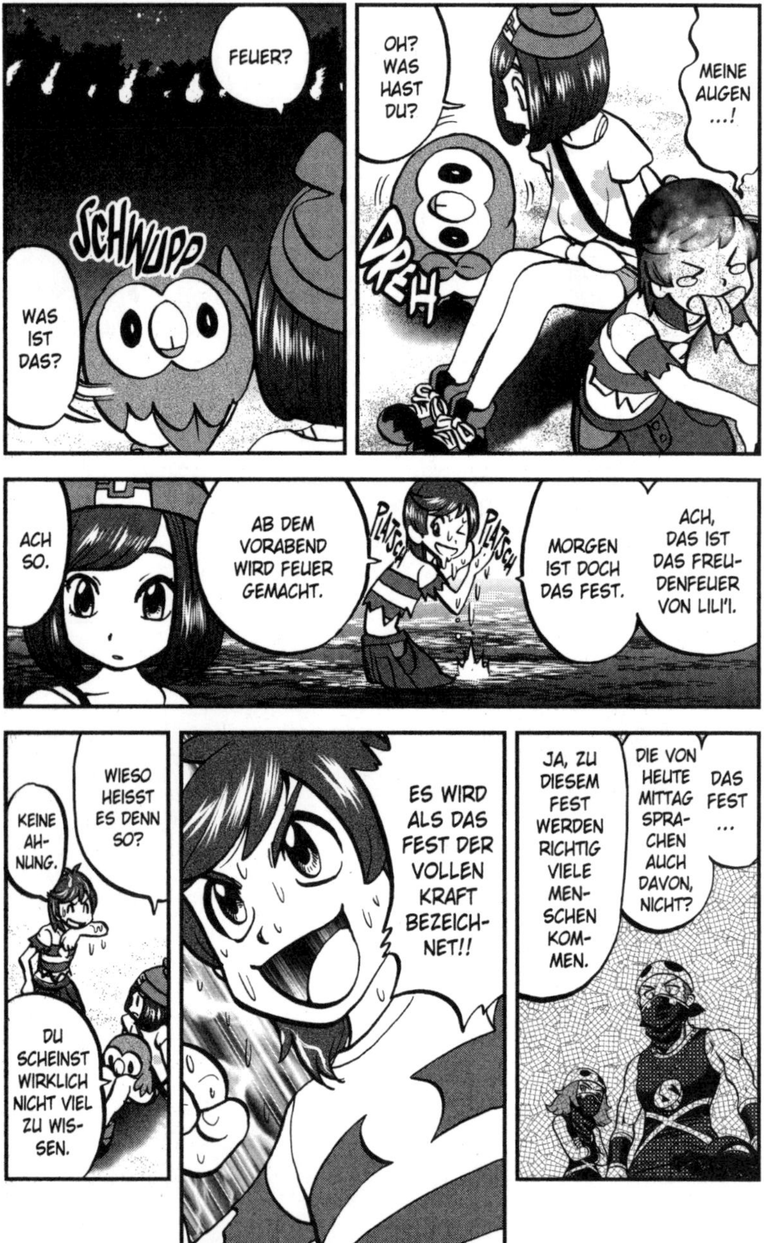
MEINE AUGEN ...!
OH? WAS HAST DU?
DREH
SCHWUPP
WAS IST DAS?
FEUER?
ACH, DAS IST DAS FREUDENFEUER VON LILI'I.
MORGEN IST DOCH DAS FEST.
PLATSCH
PLATSCH
AB DEM VORABEND WIRD FEUER GEMACHT.
ACH SO.
DAS FEST ...
DIE VON HEUTE MITTAG SPRACHEN AUCH DAVON, NICHT?
JA, ZU DIESEM FEST WERDEN RICHTIG VIELE MENSCHEN KOMMEN.
ES WIRD ALS DAS FEST DER VOLLEN KRAFT BEZEICHNET!!
WIESO HEISST ES DENN SO?
KEINE AHNUNG.
DU SCHEINST WIRKLICH NICHT VIEL ZU WISSEN.

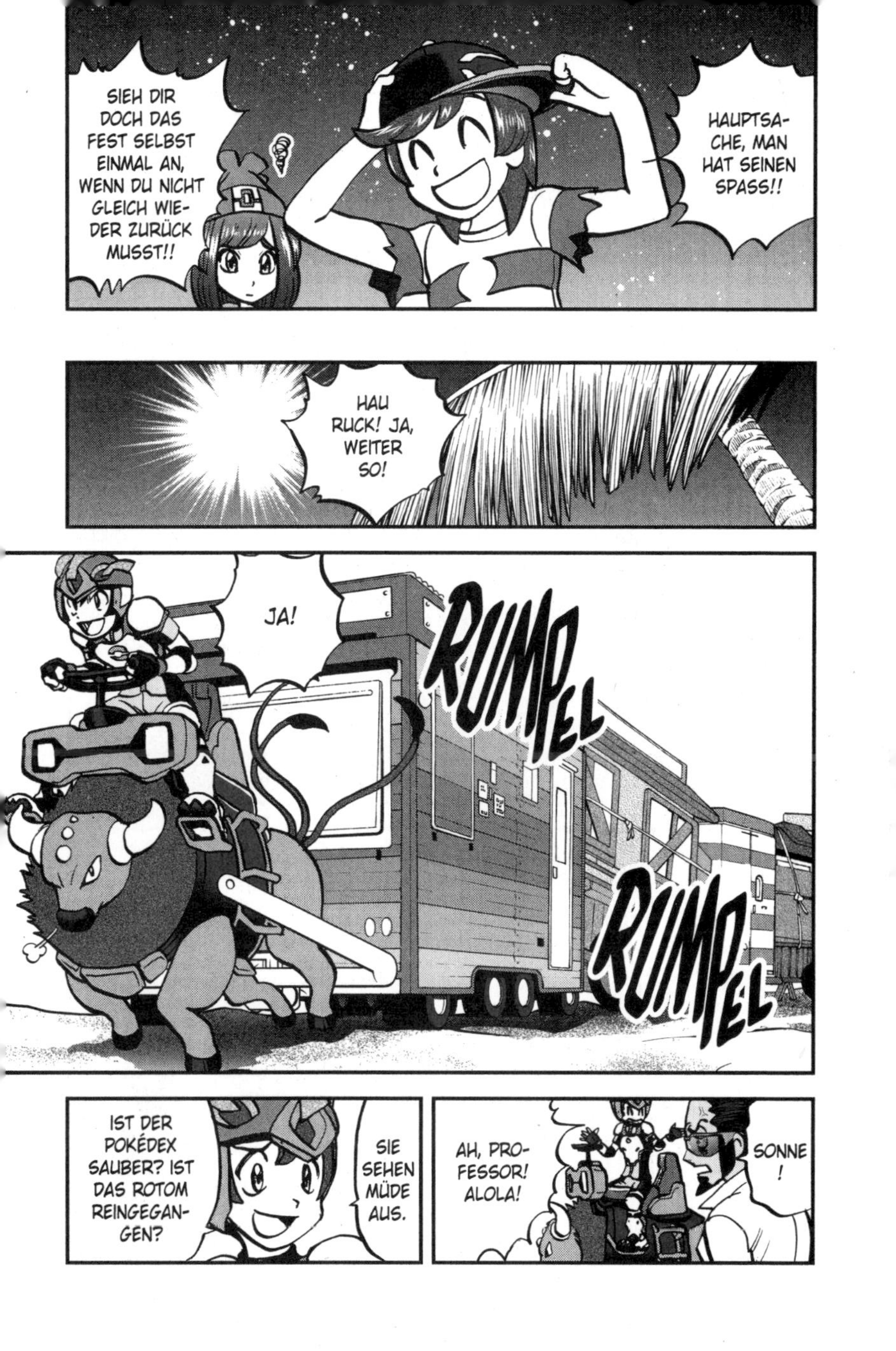
HAUPTSACHE, MAN HAT SEINEN SPASS!!
SIEH DIR DOCH DAS FEST SELBST EINMAL AN, WENN DU NICHT GLEICH WIEDER ZURÜCK MUSST!!
HAU RUCK! JA, WEITER SO!
JA!
RUMPEL
RUMPEL
SONNE!
AH, PROFESSOR! ALOLA!
SIE SEHEN MÜDE AUS.
IST DER POKÉDEX SAUBER? IST DAS ROTOM REINGEGANGEN?

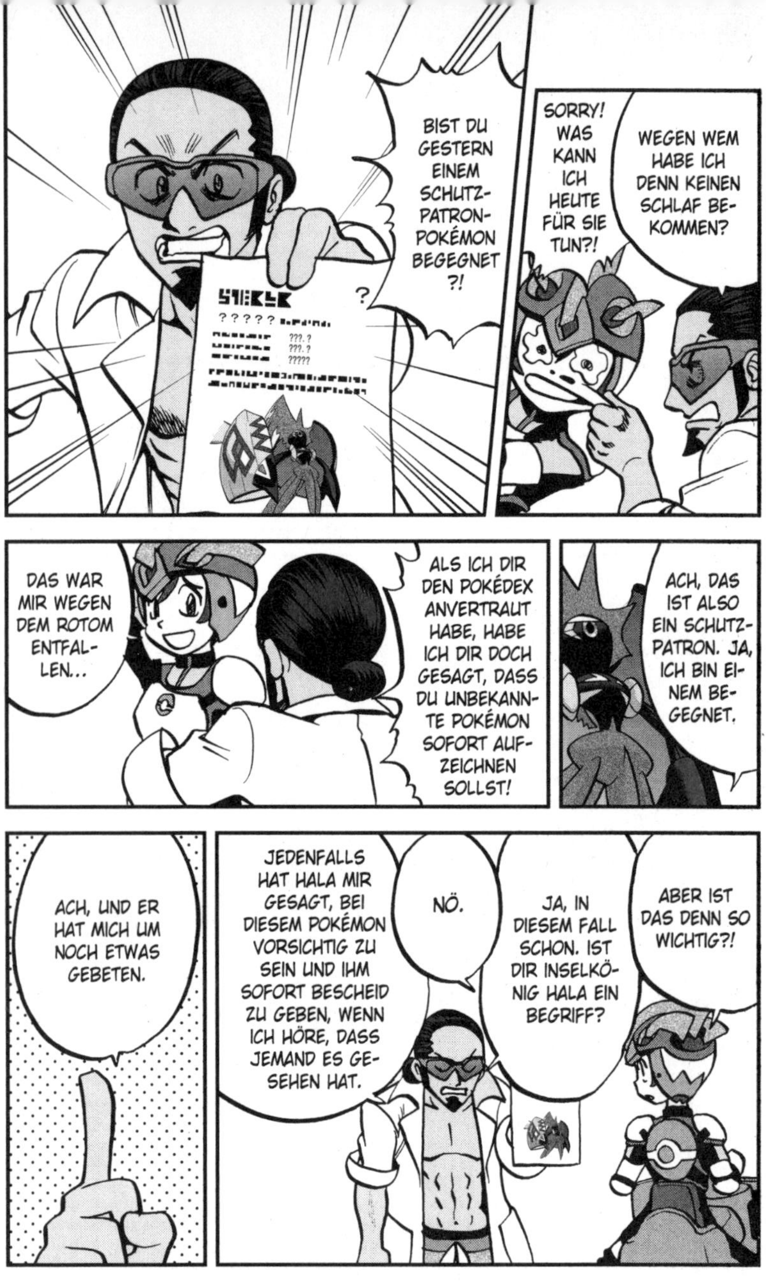

WEGEN WEM HABE ICH DENN KEINEN SCHLAF BEKOMMEN?
SORRY! WAS KANN ICH HEUTE FÜR SIE TUN?!
BIST DU GESTERN EINEM SCHUTZPATRON-POKÉMON BEGEGNET?!
ACH, DAS IST ALSO EIN SCHUTZPATRON. JA, ICH BIN EINEM BEGEGNET.
ALS ICH DIR DEN POKÉDEX ANVERTRAUT HABE, HABE ICH DIR DOCH GESAGT, DASS DU UNBEKANNTE POKÉMON SOFORT AUFZEICHNEN SOLLST!
DAS WAR MIR WEGEN DEM ROTOM ENTFALLEN...
ABER IST DAS DENN SO WICHTIG?!
JA, IN DIESEM FALL SCHON. IST DIR INSELKÖNIG HALA EIN BEGRIFF?
NÖ.
JEDENFALLS HAT HALA MIR GESAGT, BEI DIESEM POKÉMON VORSICHTIG ZU SEIN UND IHM SOFORT BESCHEID ZU GEBEN, WENN ICH HÖRE, DASS JEMAND ES GESEHEN HAT.
ACH, UND ER HAT MICH UM NOCH ETWAS GEBETEN.

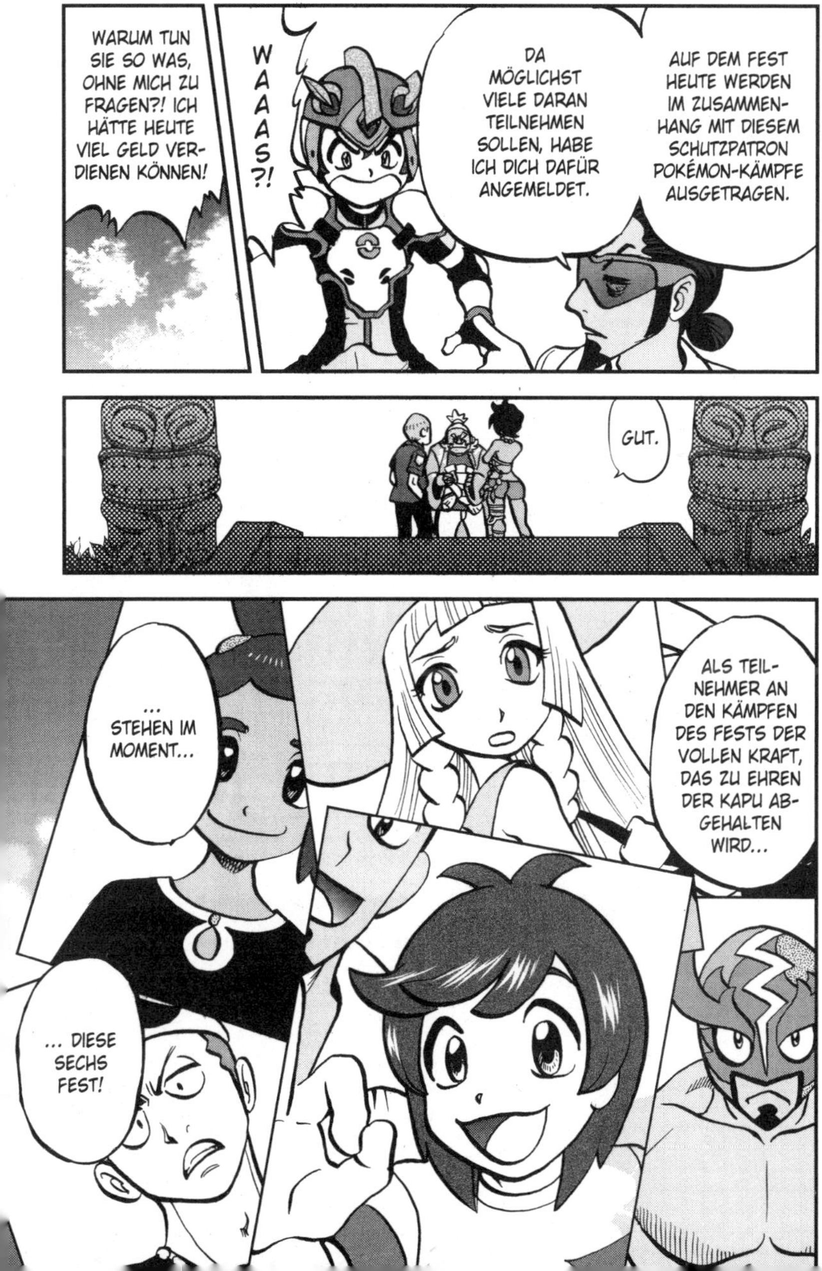
AUF DEM FEST HEUTE WERDEN IM ZUSAMMEN-HANG MIT DIESEM SCHUTZPATRON POKÉMON-KÄMPFE AUSGETRAGEN.
DA MÖGLICHST VIELE DARAN TEILNEHMEN SOLLEN, HABE ICH DICH DAFÜR ANGEMELDET.
WAAAAS?!
WARUM TUN SIE SO WAS, OHNE MICH ZU FRAGEN?! ICH HÄTTE HEUTE VIEL GELD VER-DIENEN KÖNNEN!
GUT.
ALS TEIL-NEHMER AN DEN KÄMPFEN DES FESTS DER VOLLEN KRAFT, DAS ZU EHREN DER KAPU AB-GEHALTEN WIRD…
… STEHEN IM MOMENT…
… DIESE SECHS FEST!

FESTE

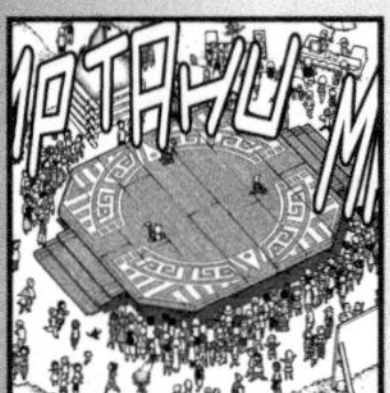

FESTE GENIESSEN EINE HOHE STELLUNG BEI DEN MENSCHEN IN DER ALOLA-REGION. FÜR SIE IST DIE ZEIT, IN DER SIE SICH UNTER FREIEM HIMMEL VERSAMMELN, UM GEMEINSAM ZU ESSEN UND ZU SINGEN, SEHR WICHTIG. AUF MANCHEN FESTEN WERDEN AUCH POKÉMON-KÄMPFE AUSGETRAGEN, DIE DAZU DIENEN, DIE GEMEINSCHAFT ZUSAMMENZUSCHWEISSEN. ♪

ALOLA-TOURISTENFÜHRER 3

EPISODE 4 TURNIER MIT SECHS TEILNEHMERN

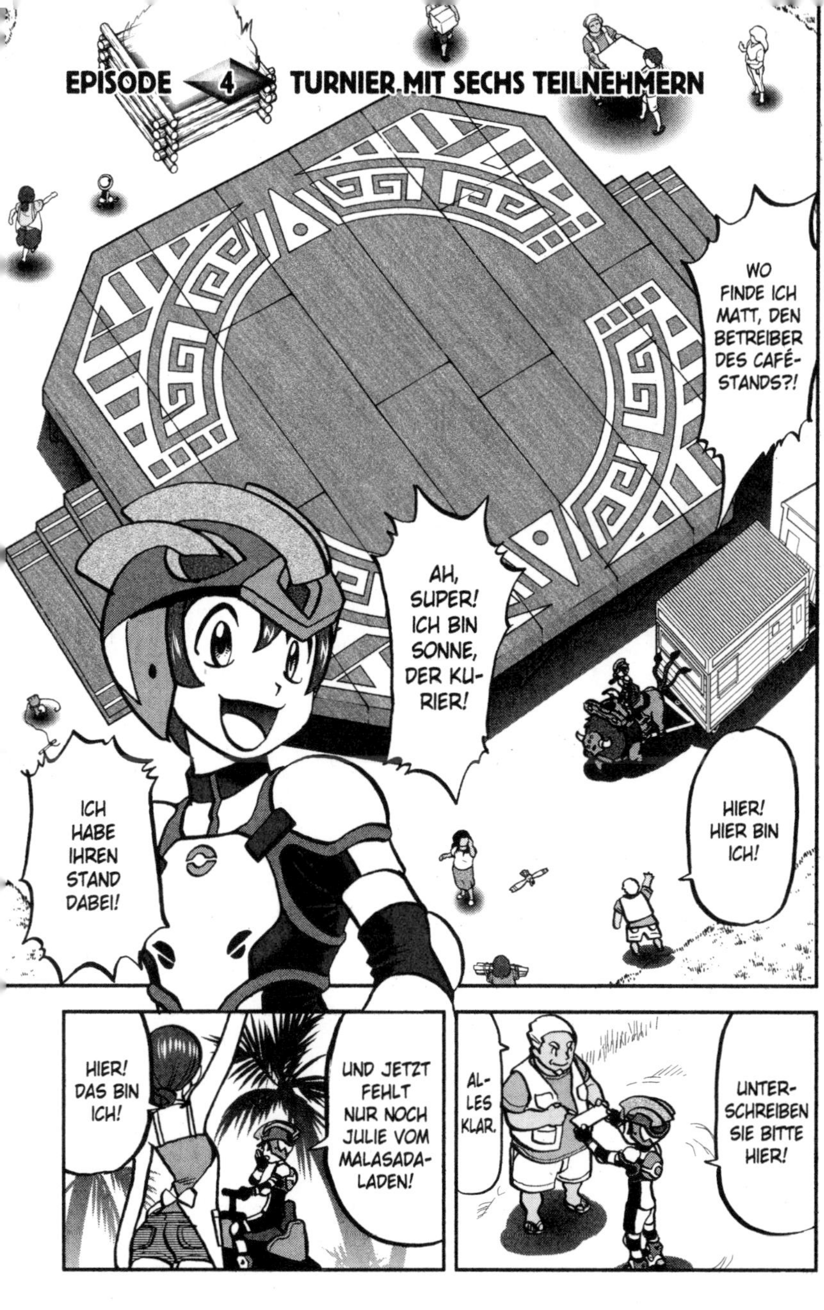

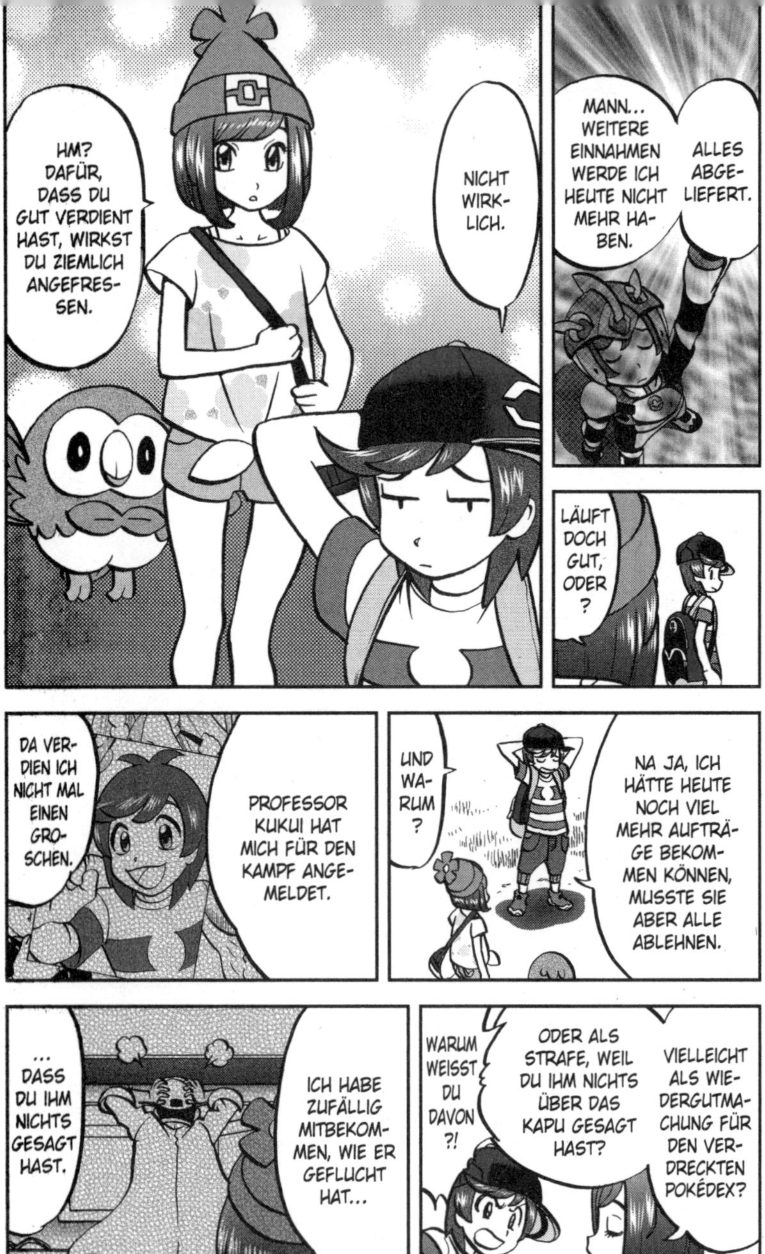
ALLES ABGELIEFERT.
MANN… WEITERE EINNAHMEN WERDE ICH HEUTE NICHT MEHR HABEN.
LÄUFT DOCH GUT, ODER?
NICHT WIRKLICH.
HM? DAFÜR, DASS DU GUT VERDIENT HAST, WIRKST DU ZIEMLICH ANGEFRESSEN.
NA JA, ICH HÄTTE HEUTE NOCH VIEL MEHR AUFTRÄGE BEKOMMEN KÖNNEN, MUSSTE SIE ABER ALLE ABLEHNEN.
UND WARUM?
PROFESSOR KUKUI HAT MICH FÜR DEN KAMPF ANGEMELDET.
DA VERDIEN ICH NICHT MAL EINEN GROSCHEN.
VIELLEICHT ALS WIEDERGUTMACHUNG FÜR DEN VERDRECKTEN POKÉDEX?
ODER ALS STRAFE, WEIL DU IHM NICHTS ÜBER DAS KAPU GESAGT HAST?
WARUM WEISST DU DAVON?!
ICH HABE ZUFÄLLIG MITBEKOMMEN, WIE ER GEFLUCHT HAT…
… DASS DU IHM NICHTS GESAGT HAST.

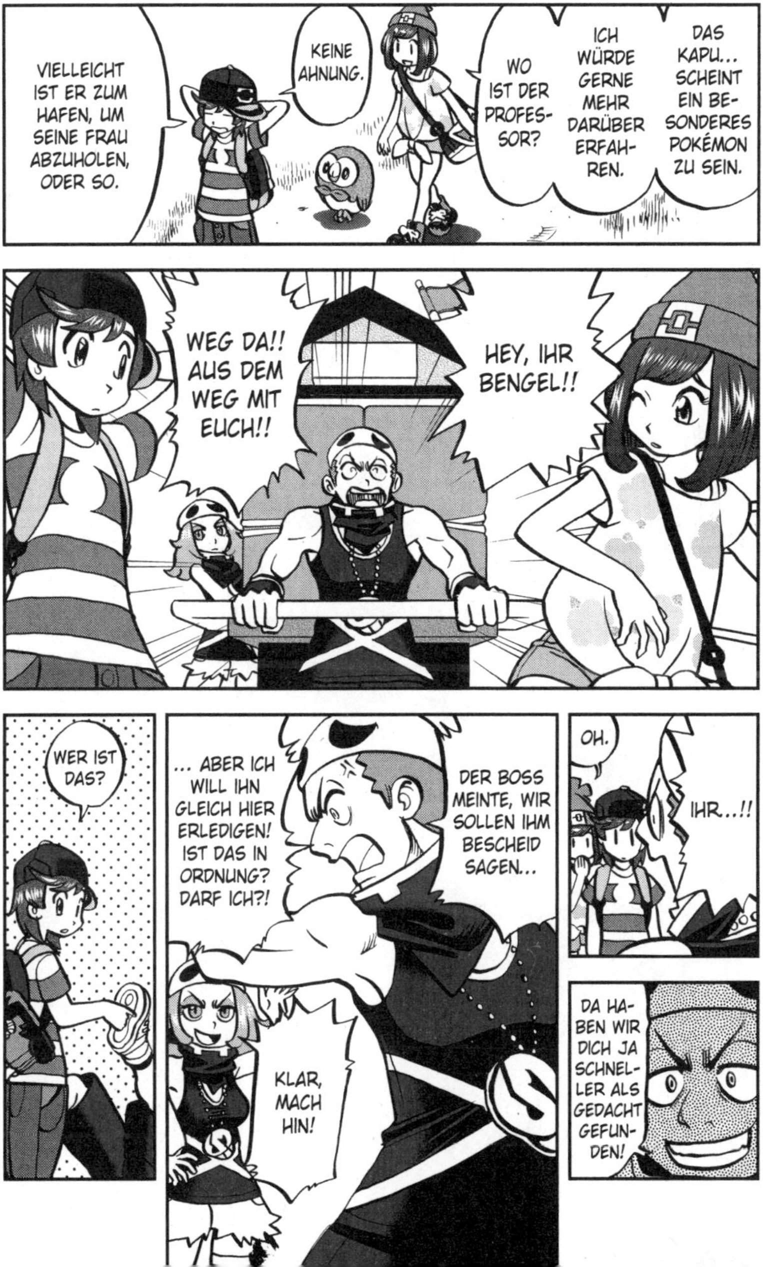
DAS KAPU... SCHEINT EIN BESONDERES POKÉMON ZU SEIN.
ICH WÜRDE GERNE MEHR DARÜBER ERFAHREN.
WO IST DER PROFESSOR?
KEINE AHNUNG.
VIELLEICHT IST ER ZUM HAFEN, UM SEINE FRAU ABZUHOLEN, ODER SO.
HEY, IHR BENGEL!!
WEG DA!! AUS DEM WEG MIT EUCH!!
OH.
IHR...!!
DA HABEN WIR DICH JA SCHNELLER ALS GEDACHT GEFUNDEN!
DER BOSS MEINTE, WIR SOLLEN IHM BESCHEID SAGEN...
... ABER ICH WILL IHN GLEICH HIER ERLEDIGEN! IST DAS IN ORDNUNG? DARF ICH?!
KLAR, MACH HIN!
WER IST DAS?

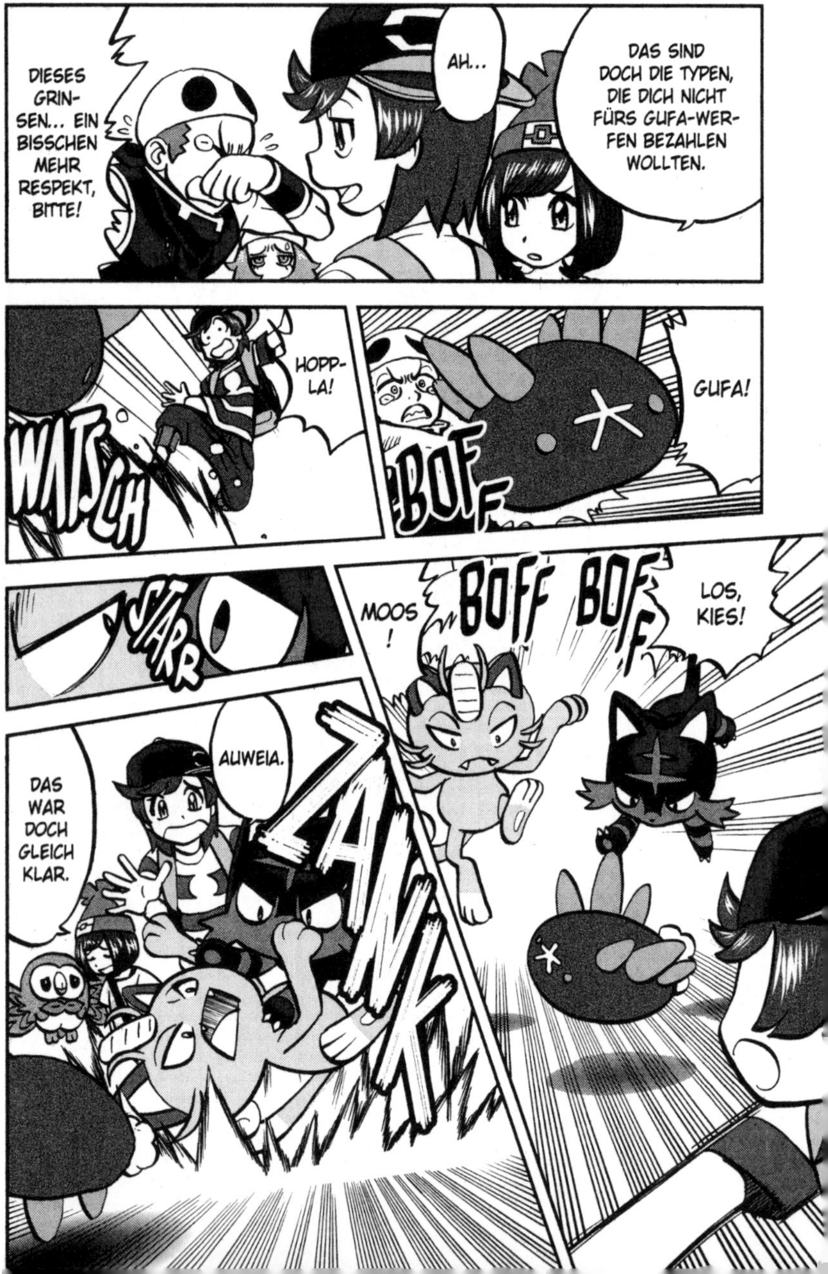
DIESES GRIN-SEN... EIN BISSCHEN MEHR RESPEKT, BITTE!
AH...
DAS SIND DOCH DIE TYPEN, DIE DICH NICHT FÜRS GUFA-WER-FEN BEZAHLEN WOLLTEN.
HOPP-LA!
WATSCH
GUFA!
BOFF
STARR
LOS, KIES!
BOFF BOFF
MOOS!
AUWEIA.
DAS WAR DOCH GLEICH KLAR.
ZANK

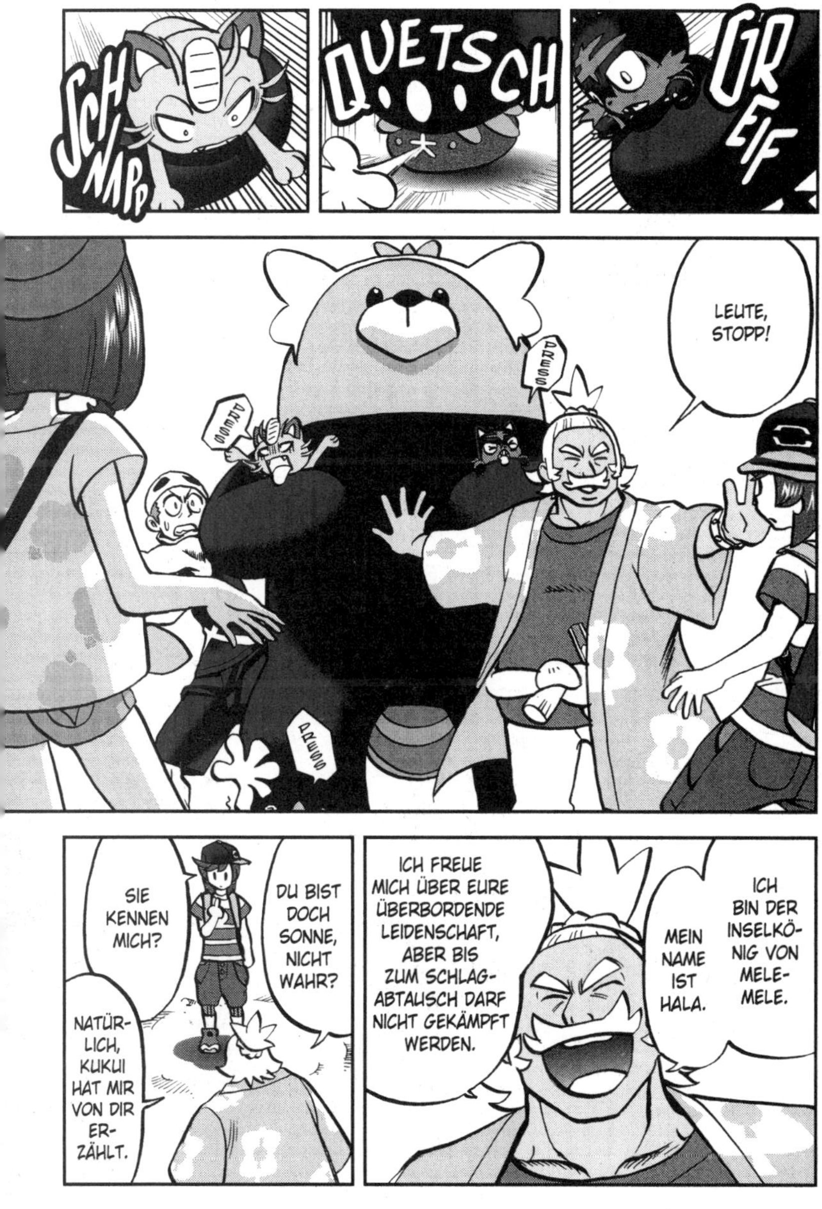
SCHNAPP
QUETSCH
GREIF
PRESS
PRESS
PRESS
LEUTE, STOPP!
SIE KENNEN MICH?
DU BIST DOCH SONNE, NICHT WAHR?
NATÜRLICH, KUKUI HAT MIR VON DIR ERZÄHLT.
ICH FREUE MICH ÜBER EURE ÜBERBORDENDE LEIDENSCHAFT, ABER BIS ZUM SCHLAGABTAUSCH DARF NICHT GEKÄMPFT WERDEN.
MEIN NAME IST HALA.
ICH BIN DER INSELKÖNIG VON MELE-MELE.

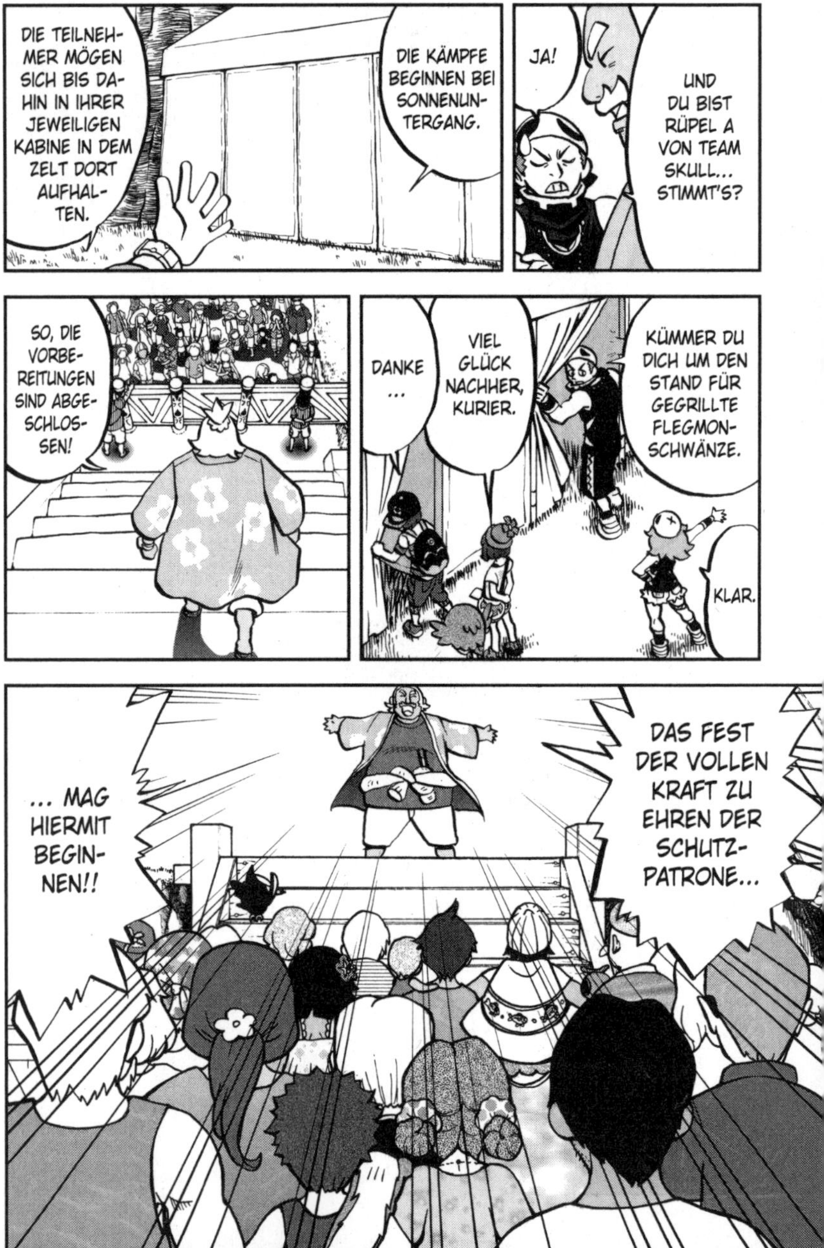

UND DU BIST RÜPEL A VON TEAM SKULL... STIMMT'S?
JA!
DIE KÄMPFE BEGINNEN BEI SONNENUNTERGANG.
DIE TEILNEHMER MÖGEN SICH BIS DAHIN IN IHRER JEWEILIGEN KABINE IN DEM ZELT DORT AUFHALTEN.
KÜMMER DU DICH UM DEN STAND FÜR GEGRILLTE FLEGMON-SCHWÄNZE.
KLAR.
VIEL GLÜCK NACHHER, KURIER.
DANKE ...
SO, DIE VORBEREITUNGEN SIND ABGESCHLOSSEN!
DAS FEST DER VOLLEN KRAFT ZU EHREN DER SCHUTZPATRONE...
... MAG HIERMIT BEGINNEN!!

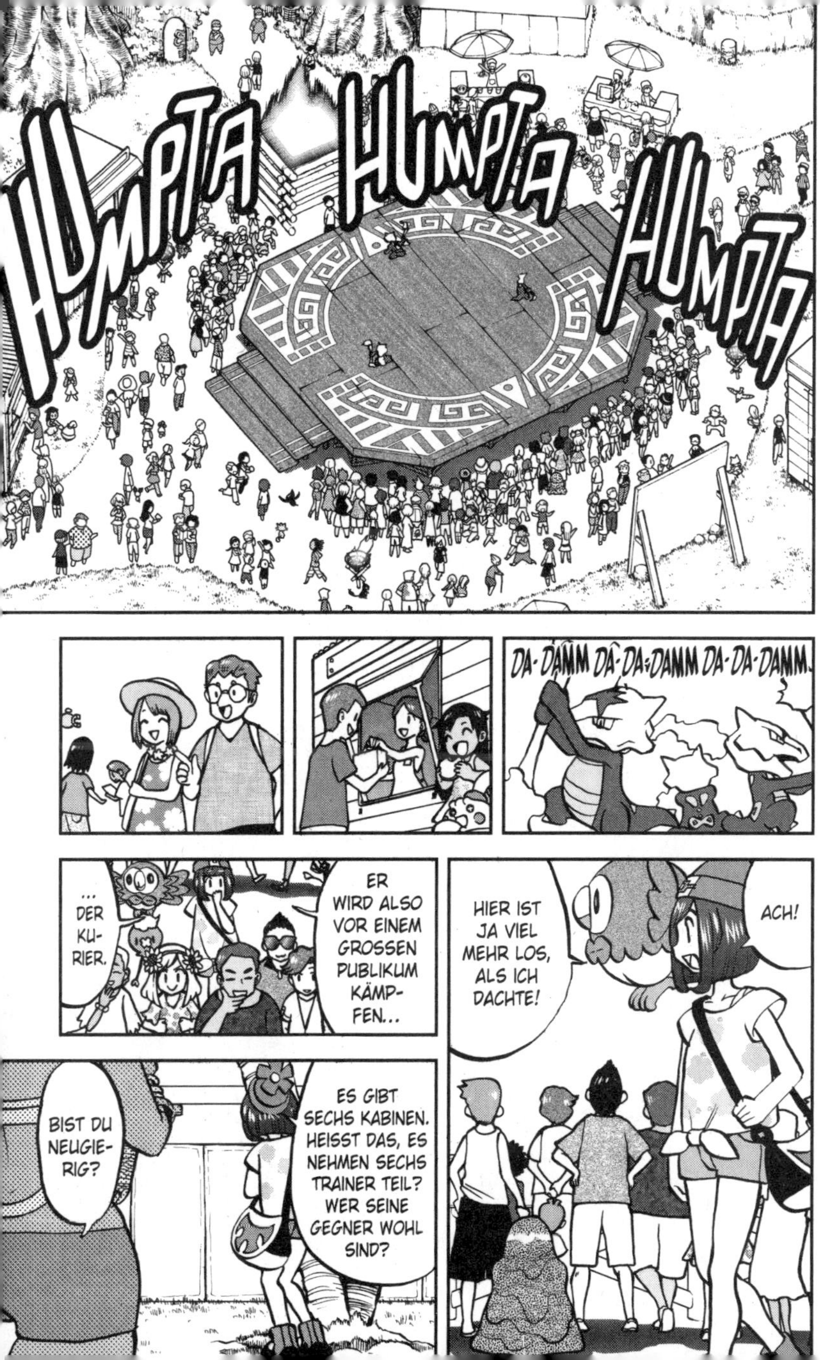

HUMPTA HUMPTA HUMPTA
DA-DAMM DA-DA-DAMM DA-DA-DAMM
... DER KURIER.
ER WIRD ALSO VOR EINEM GROSSEN PUBLIKUM KÄMPFEN...
HIER IST JA VIEL MEHR LOS, ALS ICH DACHTE!
ACH!
BIST DU NEUGIERIG?
ES GIBT SECHS KABINEN. HEISST DAS, ES NEHMEN SECHS TRAINER TEIL? WER SEINE GEGNER WOHL SIND?

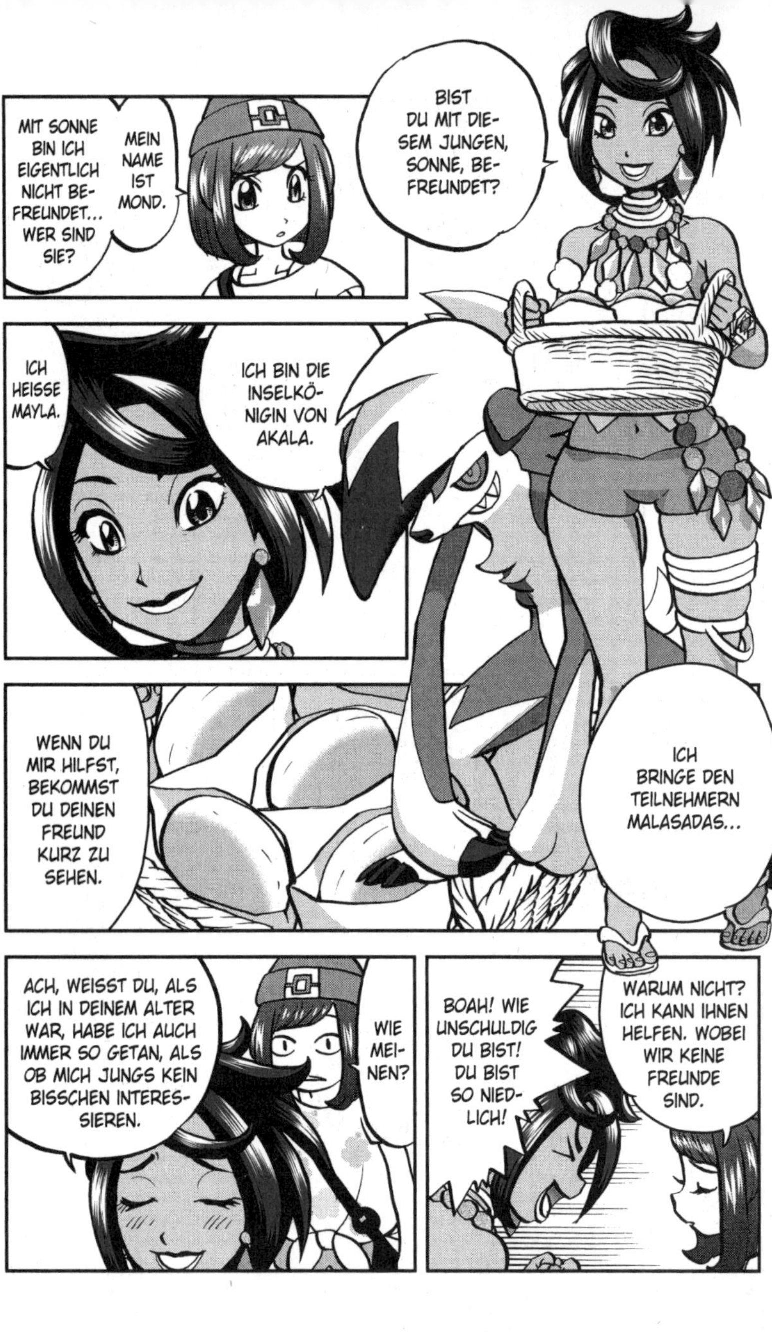
BIST DU MIT DIESEM JUNGEN, SONNE, BEFREUNDET?
MEIN NAME IST MOND.
MIT SONNE BIN ICH EIGENTLICH NICHT BEFREUNDET… WER SIND SIE?
ICH BIN DIE INSELKÖNIGIN VON AKALA.
ICH HEISSE MAYLA.
ICH BRINGE DEN TEILNEHMERN MALASADAS…
WENN DU MIR HILFST, BEKOMMST DU DEINEN FREUND KURZ ZU SEHEN.
WARUM NICHT? ICH KANN IHNEN HELFEN. WOBEI WIR KEINE FREUNDE SIND.
BOAH! WIE UNSCHULDIG DU BIST! DU BIST SO NIEDLICH!
WIE MEINEN?
ACH, WEISST DU, ALS ICH IN DEINEM ALTER WAR, HABE ICH AUCH IMMER SO GETAN, ALS OB MICH JUNGS KEIN BISSCHEN INTERESSIEREN.

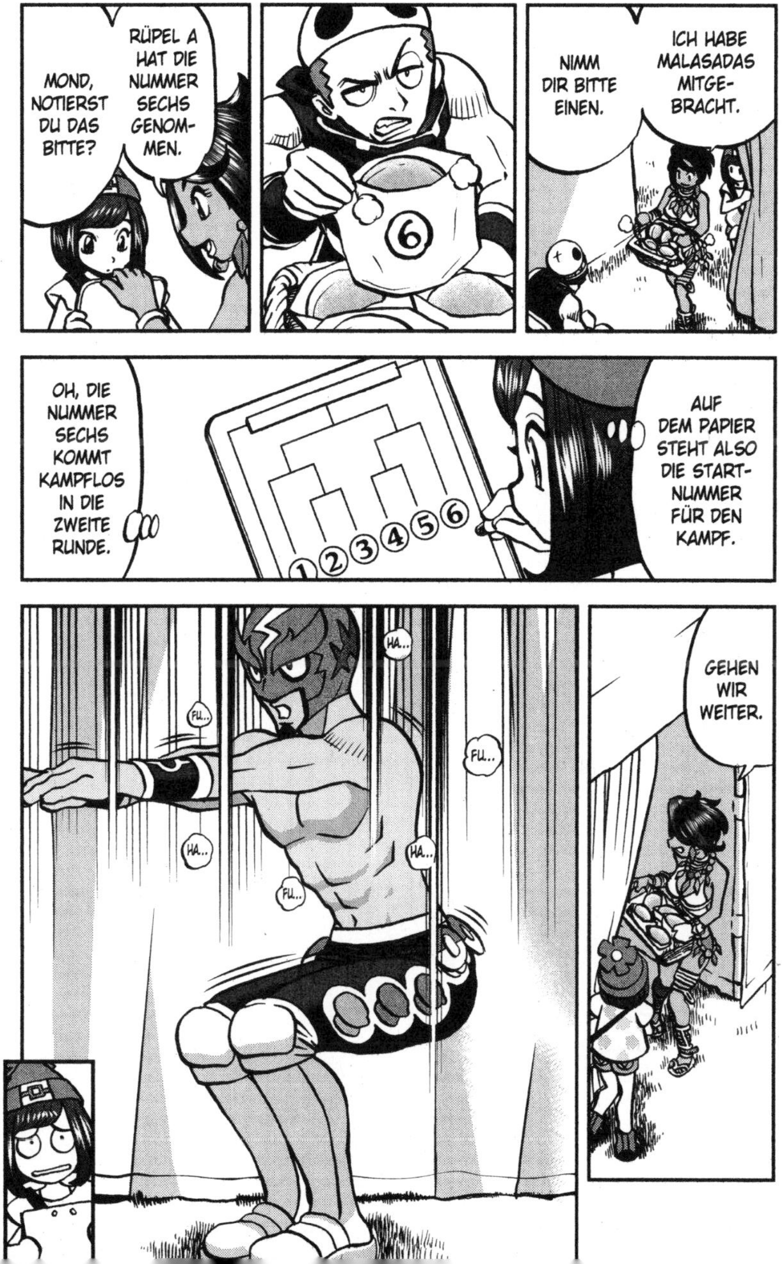
ICH HABE MALASADAS MITGE-BRACHT.
NIMM DIR BITTE EINEN.
RÜPEL A HAT DIE NUMMER SECHS GENOM-MEN.
MOND, NOTIERST DU DAS BITTE?
AUF DEM PAPIER STEHT ALSO DIE START-NUMMER FÜR DEN KAMPF.
OH, DIE NUMMER SECHS KOMMT KAMPFLOS IN DIE ZWEITE RUNDE.
GEHEN WIR WEITER.
HA...
FU...
FU...
HA...
HA...
FU...

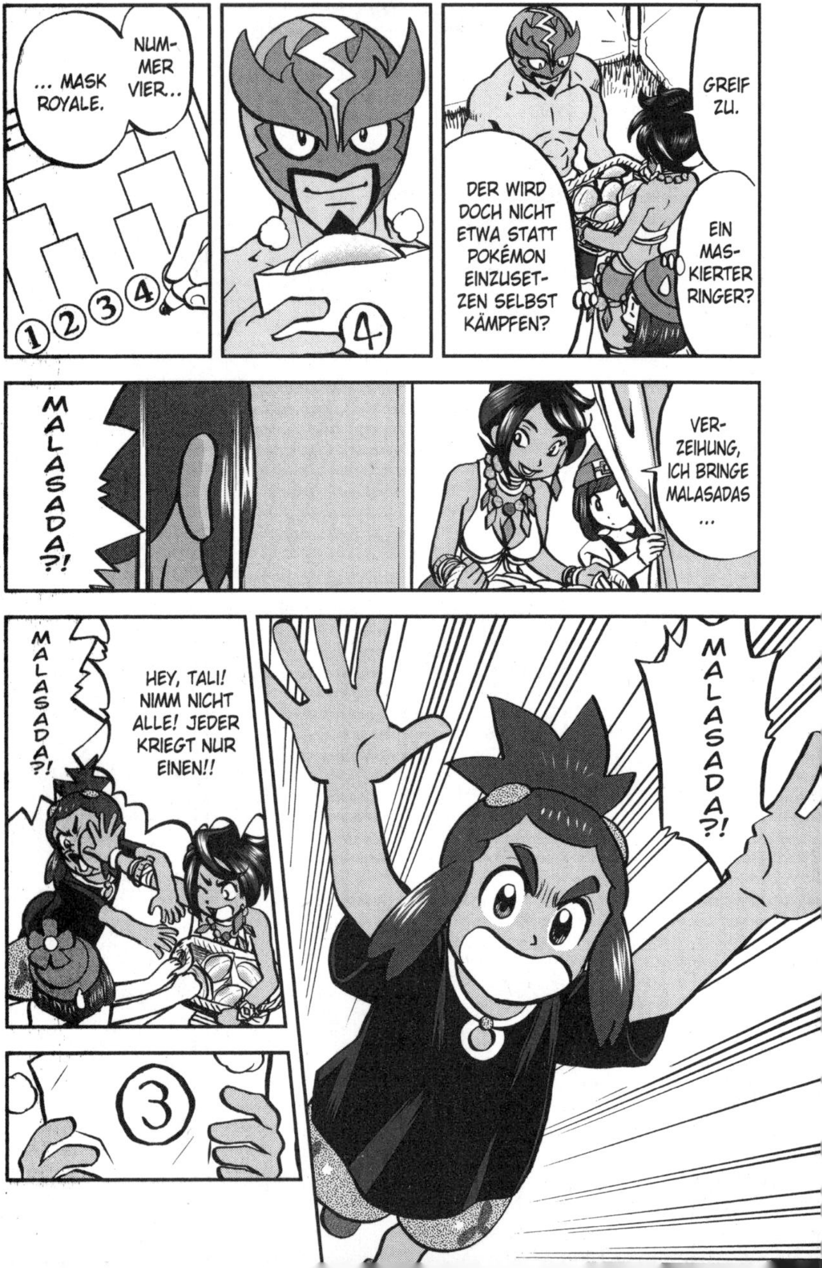
NUMMER VIER...
... MASK ROYALE.
GREIF ZU.
DER WIRD DOCH NICHT ETWA STATT POKÉMON EINZUSETZEN SELBST KÄMPFEN?
EIN MASKIERTER RINGER?
VERZEIHUNG, ICH BRINGE MALASADAS ...
MALASADA?!
MALASADA?!
HEY, TALI! NIMM NICHT ALLE! JEDER KRIEGT NUR EINEN!!
MALASADA?!

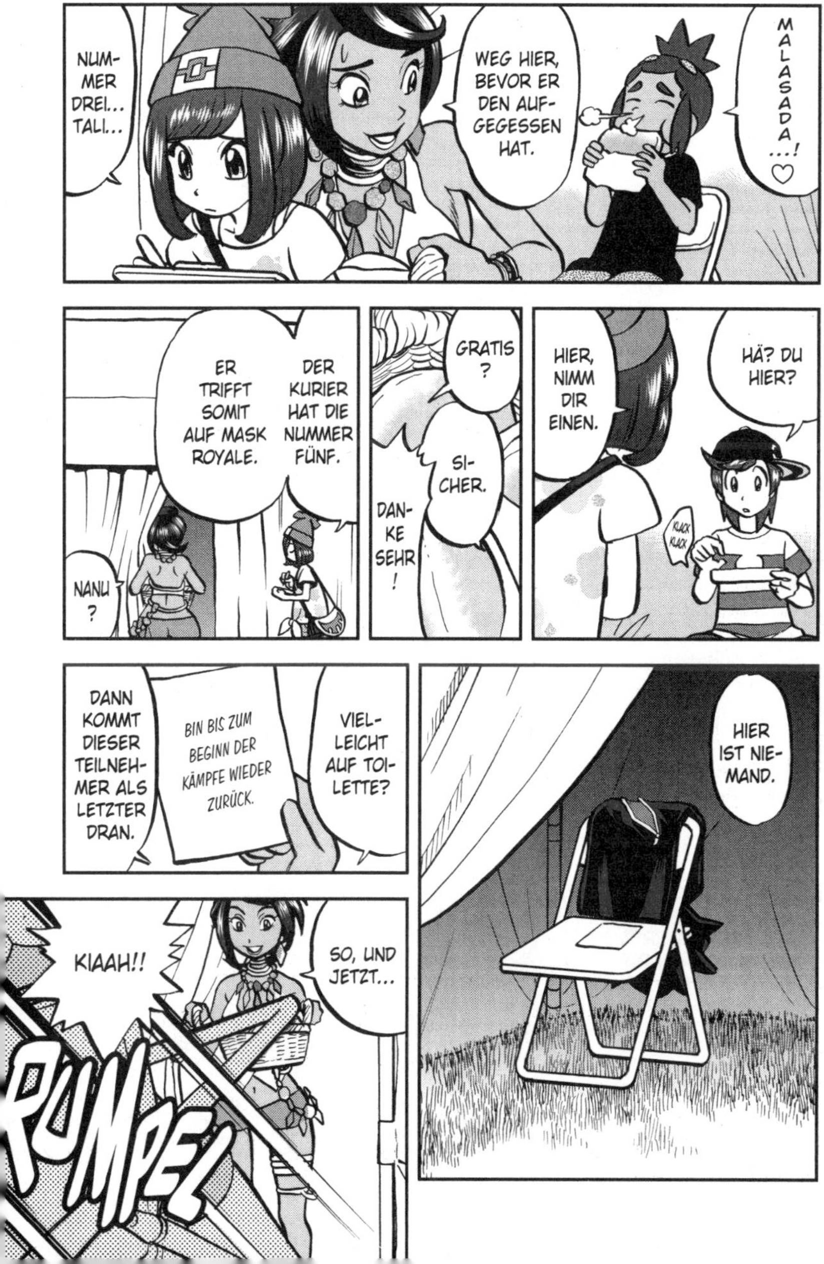
MALASADA...! ♡
WEG HIER, BEVOR ER DEN AUFGEGESSEN HAT.
NUMMER DREI... TALI...
HÄ? DU HIER?
KLACK KLACK
HIER, NIMM DIR EINEN.
GRATIS?
SICHER.
DANKE SEHR!
DER KURIER HAT DIE NUMMER FÜNF.
ER TRIFFT SOMIT AUF MASK ROYALE.
NANU?
HIER IST NIEMAND.
VIELLEICHT AUF TOILETTE?
BIN BIS ZUM BEGINN DER KÄMPFE WIEDER ZURÜCK.
DANN KOMMT DIESER TEILNEHMER ALS LETZTER DRAN.
SO, UND JETZT...
KIAAH!!
RUMPEL

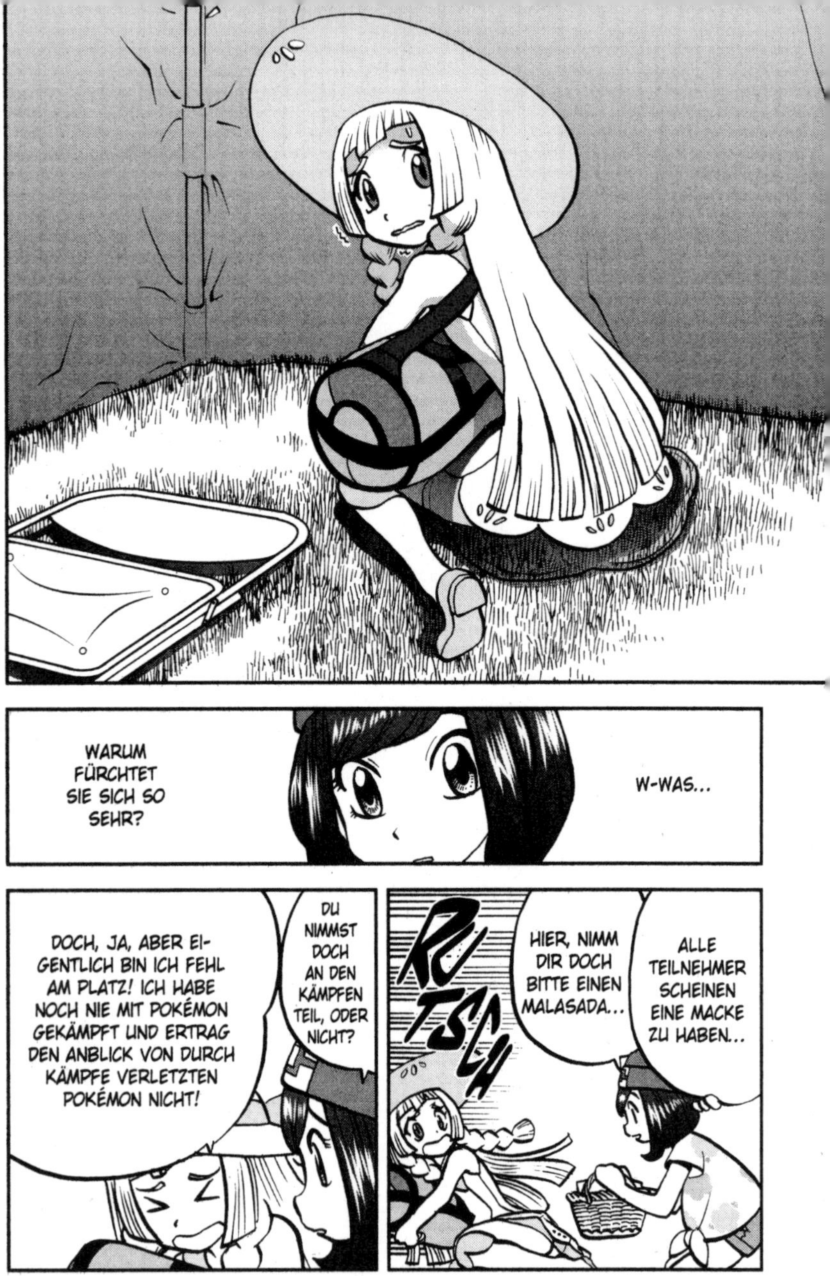
W-WAS…
WARUM FÜRCHTET SIE SICH SO SEHR?
ALLE TEILNEHMER SCHEINEN EINE MACKE ZU HABEN…
HIER, NIMM DIR DOCH BITTE EINEN MALASADA…
RUTSCH
DU NIMMST DOCH AN DEN KÄMPFEN TEIL, ODER NICHT?
DOCH, JA, ABER EI-GENTLICH BIN ICH FEHL AM PLATZ! ICH HABE NOCH NIE MIT POKÉMON GEKÄMPFT UND ERTRAG DEN ANBLICK VON DURCH KÄMPFE VERLETZTEN POKÉMON NICHT!

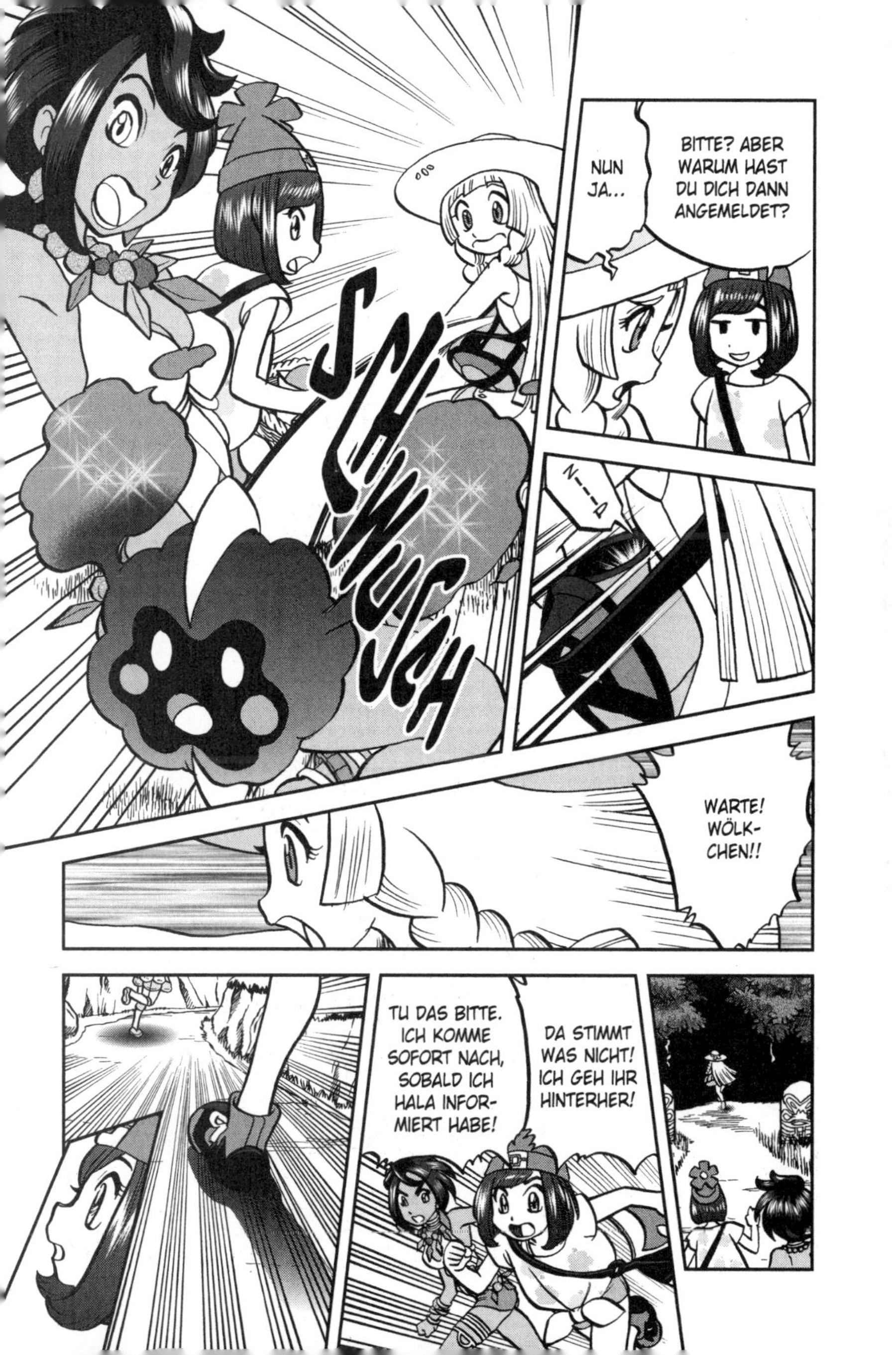
SCHWUSCH
BITTE? ABER WARUM HAST DU DICH DANN ANGEMELDET?
NUN JA…
N---A
WARTE! WÖLK-CHEN!!
DA STIMMT WAS NICHT! ICH GEH IHR HINTERHER!
TU DAS BITTE. ICH KOMME SOFORT NACH, SOBALD ICH HALA INFOR-MIERT HABE!

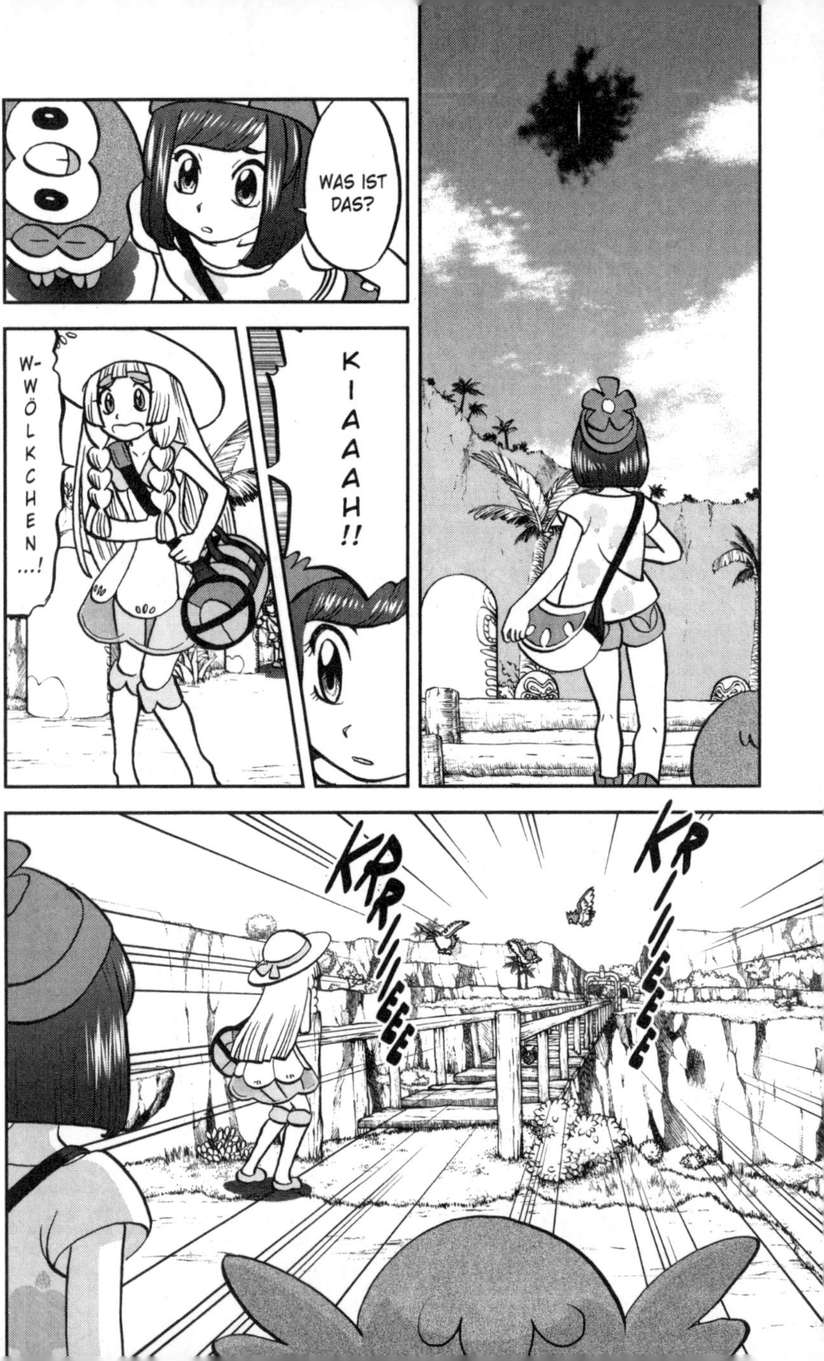
WAS IST DAS?
KIAAAAH!!
W-WÖLKCHEN ...!
KRRIIIIEEEE
KRIIIIEEEE

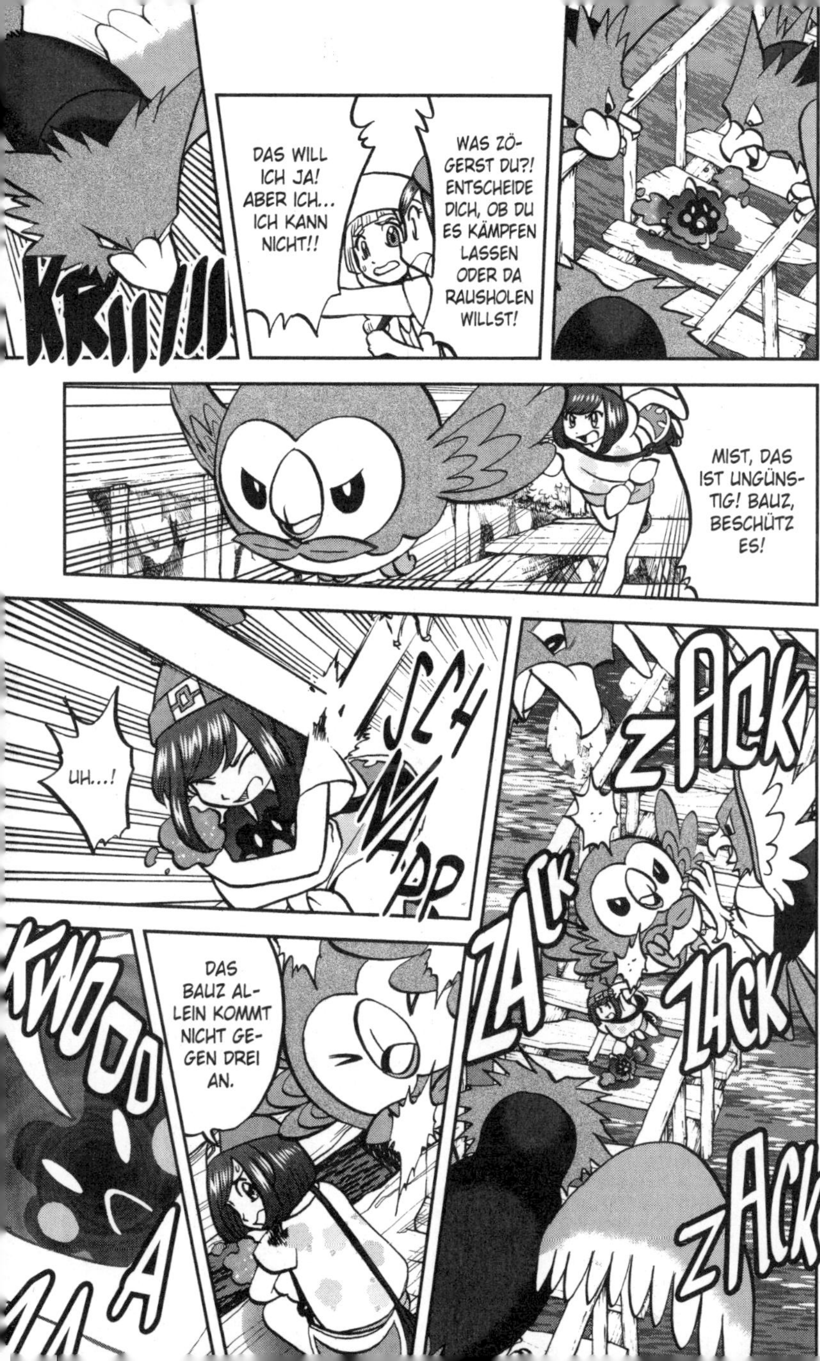
KRIIII
WAS ZÖGERST DU?! ENTSCHEIDE DICH, OB DU ES KÄMPFEN LASSEN ODER DA RAUSHOLEN WILLST!
DAS WILL ICH JA! ABER ICH... ICH KANN NICHT!!
MIST, DAS IST UNGÜNSTIG! BAUZ, BESCHÜTZ ES!
SCHNAPP
UH...!
ZACK
ZACK
ZACK
ZACK
KNOOOA
DAS BAUZ ALLEIN KOMMT NICHT GEGEN DREI AN.

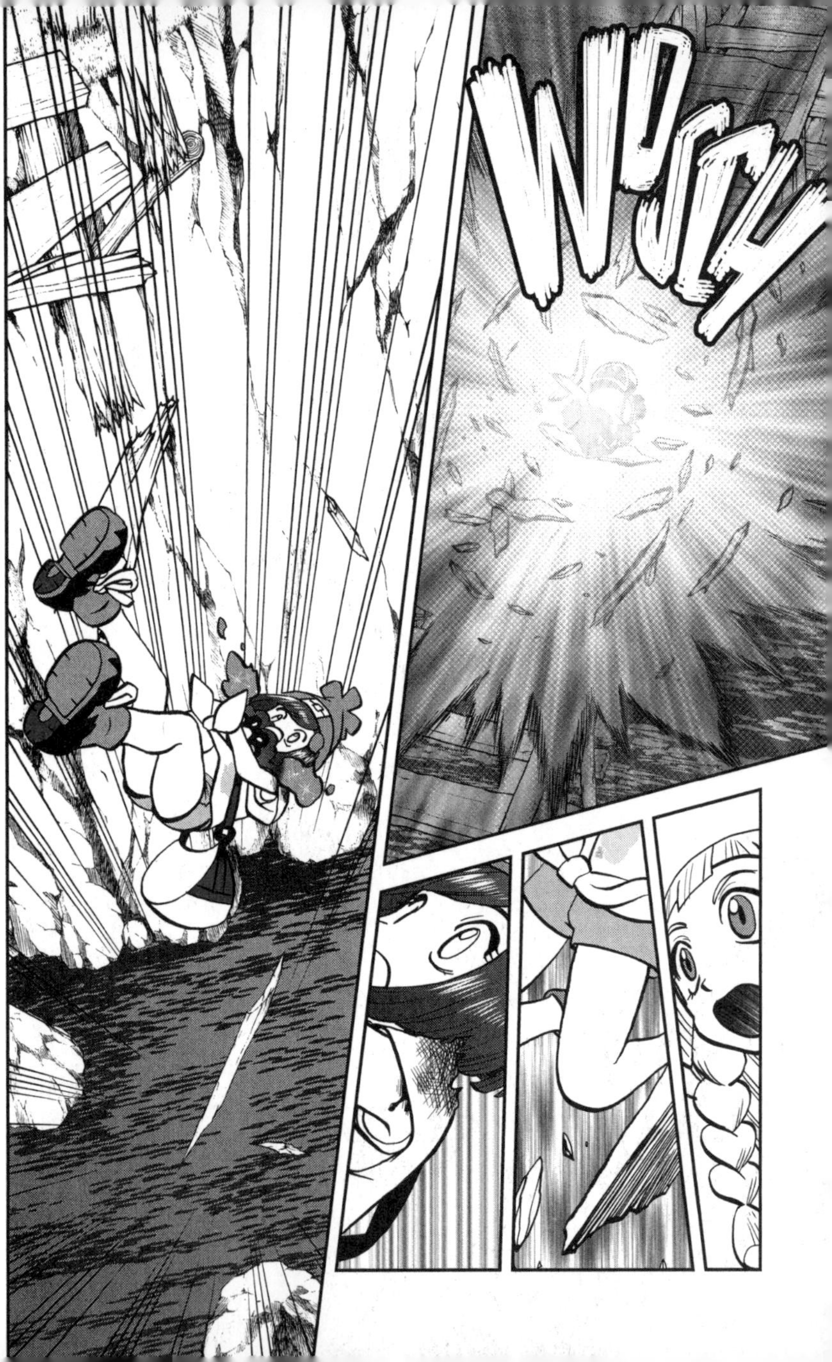
WOOSH

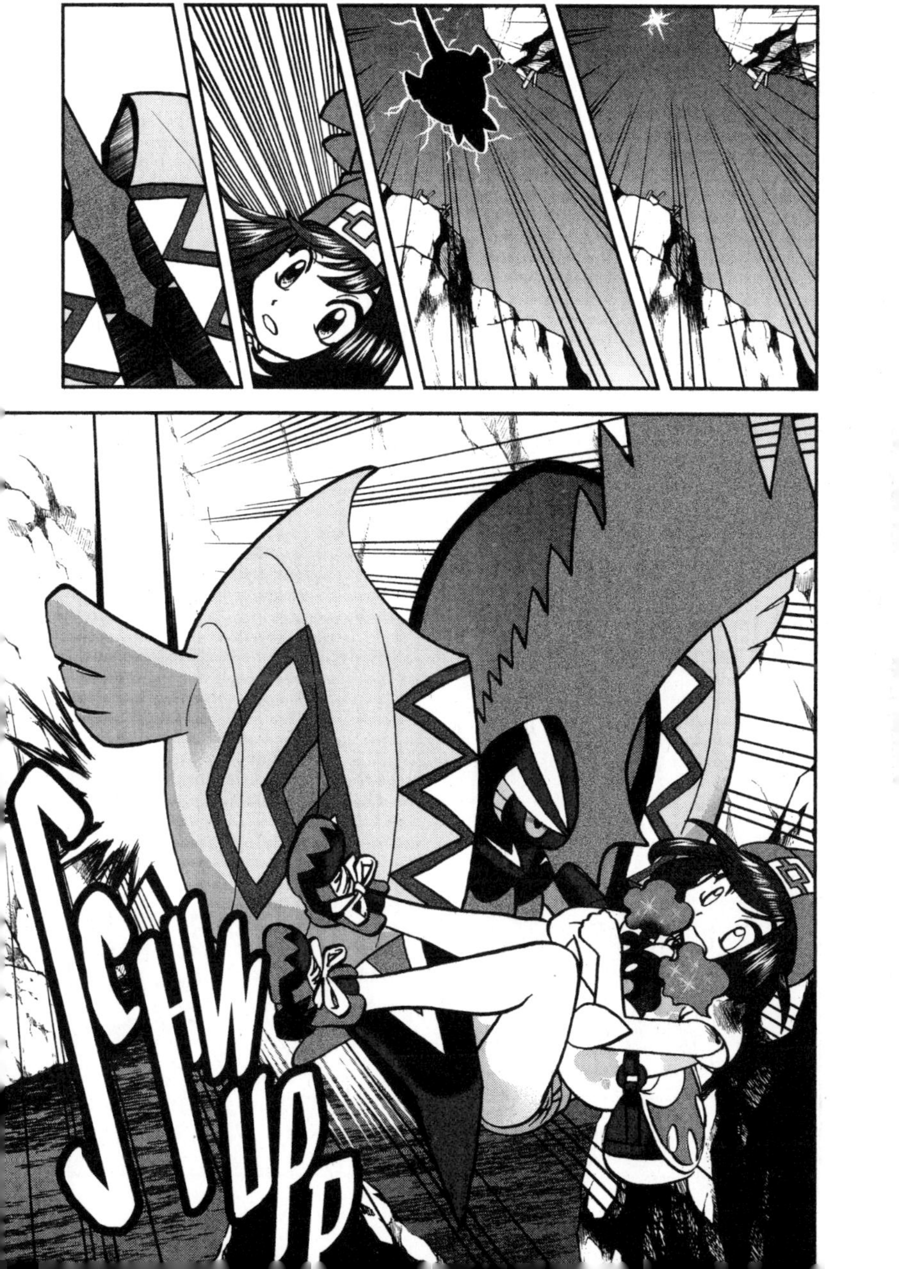
SCHWUPP

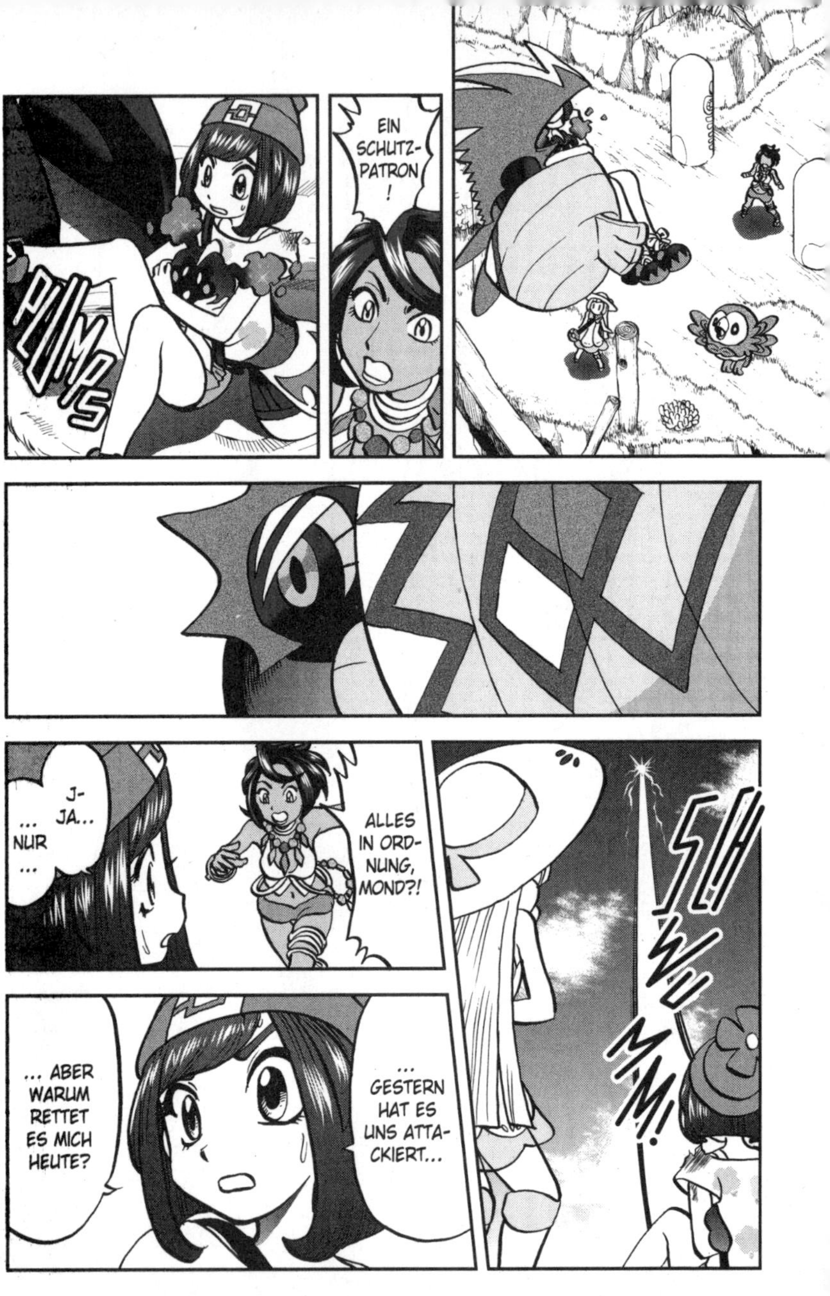

EIN SCHUTZPATRON!
PLUMPS
SCHWUMM!
ALLES IN ORDNUNG, MOND?!
J-JA... ...NUR...
...GESTERN HAT ES UNS ATTACKIERT...
...ABER WARUM RETTET ES MICH HEUTE?

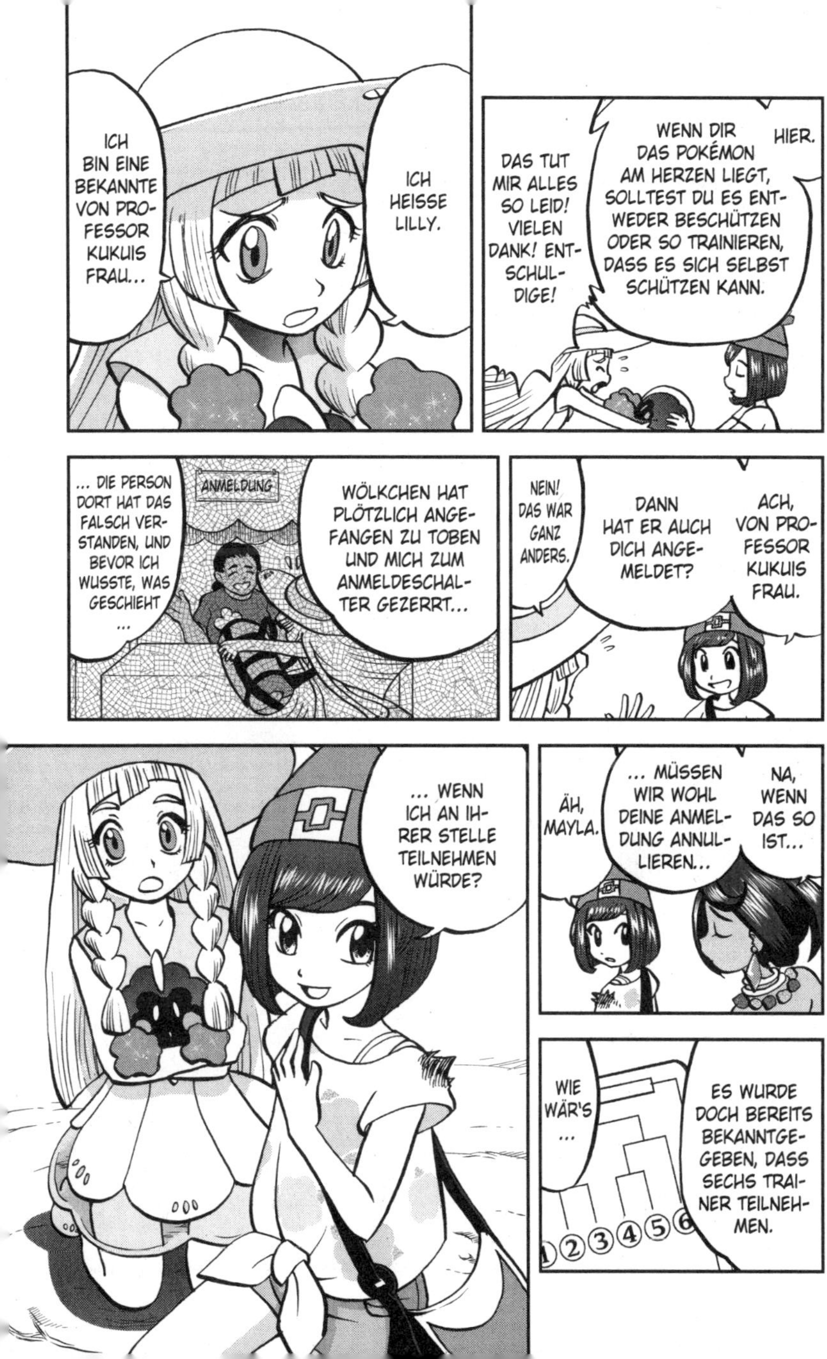
HIER.
WENN DIR DAS POKÉMON AM HERZEN LIEGT, SOLLTEST DU ES ENTWEDER BESCHÜTZEN ODER SO TRAINIEREN, DASS ES SICH SELBST SCHÜTZEN KANN.
DAS TUT MIR ALLES SO LEID! VIELEN DANK! ENTSCHULDIGE!
ICH HEISSE LILLY.
ICH BIN EINE BEKANNTE VON PROFESSOR KUKUIS FRAU…
ACH, VON PROFESSOR KUKUIS FRAU.
DANN HAT ER AUCH DICH ANGEMELDET?
NEIN! DAS WAR GANZ ANDERS.
WÖLKCHEN HAT PLÖTZLICH ANGEFANGEN ZU TOBEN UND MICH ZUM ANMELDESCHALTER GEZERRT…
ANMELDUNG
… DIE PERSON DORT HAT DAS FALSCH VERSTANDEN, UND BEVOR ICH WUSSTE, WAS GESCHIEHT …
NA, WENN DAS SO IST…
… MÜSSEN WIR WOHL DEINE ANMELDUNG ANNULIEREN…
ÄH, MAYLA.
ES WURDE DOCH BEREITS BEKANNTGEGEBEN, DASS SECHS TRAINER TEILNEHMEN.
WIE WÄR'S …
… WENN ICH AN IHRER STELLE TEILNEHMEN WÜRDE?

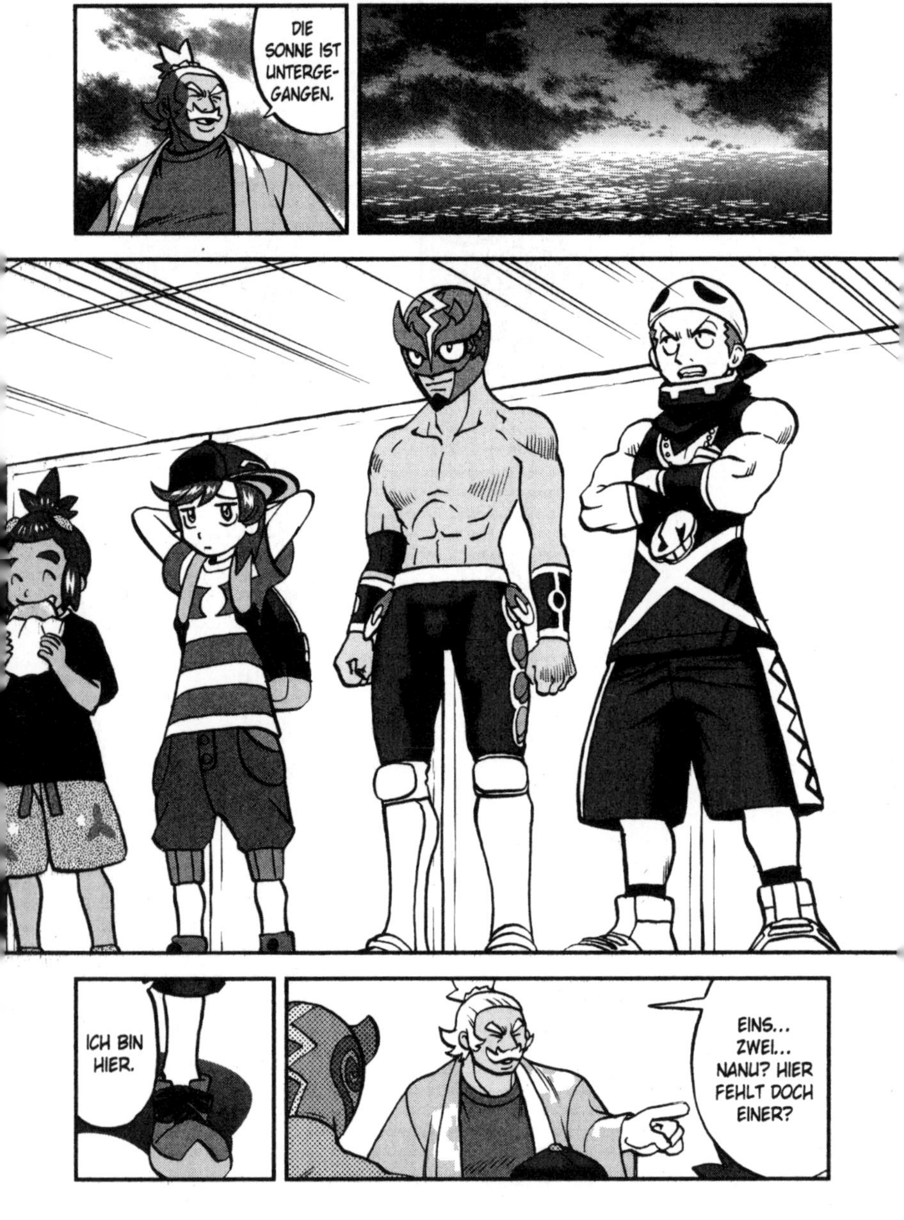
DIE SONNE IST UNTERGE-GANGEN.
ICH BIN HIER.
EINS... ZWEI... NANU? HIER FEHLT DOCH EINER?

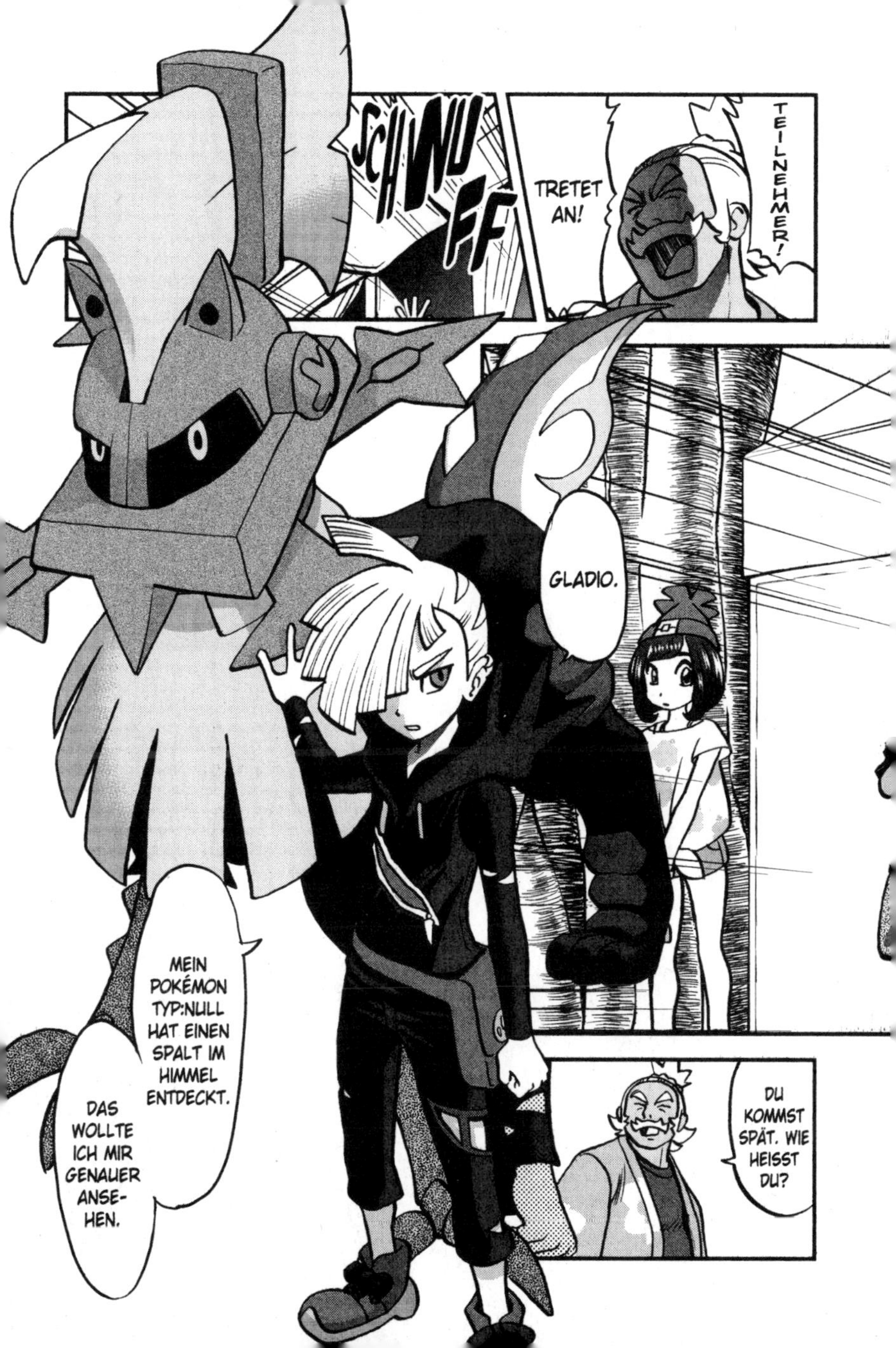
SCHWUFF
TEILNEHMER!
TRETET AN!
GLADIO.
DU KOMMST SPÄT. WIE HEISST DU?
MEIN POKÉMON TYP:NULL HAT EINEN SPALT IM HIMMEL ENTDECKT.
DAS WOLLTE ICH MIR GENAUER ANSE-HEN.

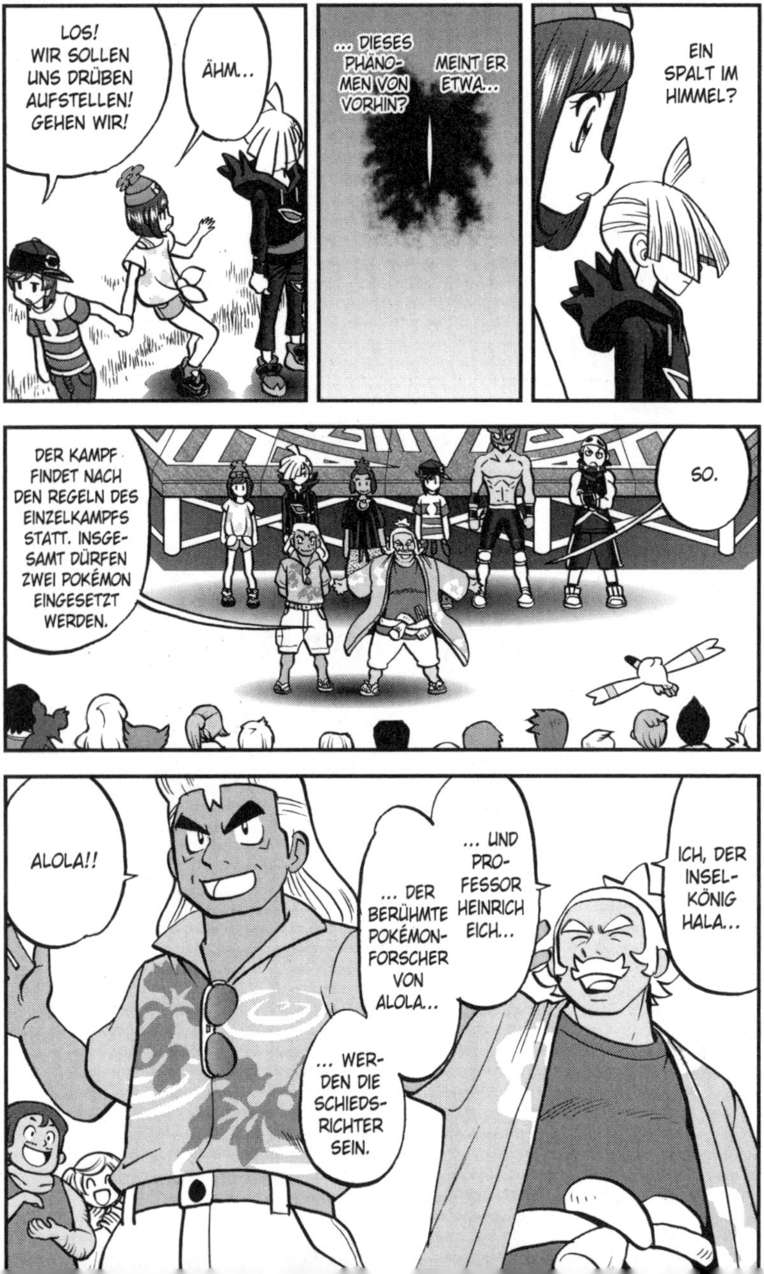
LOS! WIR SOLLEN UNS DRÜBEN AUFSTELLEN! GEHEN WIR!
ÄHM...
MEINT ER ETWA...
... DIESES PHÄNO-MEN VON VORHIN?
EIN SPALT IM HIMMEL?
SO.
DER KAMPF FINDET NACH DEN REGELN DES EINZELKAMPFS STATT. INSGE-SAMT DÜRFEN ZWEI POKÉMON EINGESETZT WERDEN.
ALOLA!!
ICH, DER INSEL-KÖNIG HALA...
... UND PRO-FESSOR HEINRICH EICH...
... DER BERÜHMTE POKÉMON-FORSCHER VON ALOLA...
... WER-DEN DIE SCHIEDS-RICHTER SEIN.

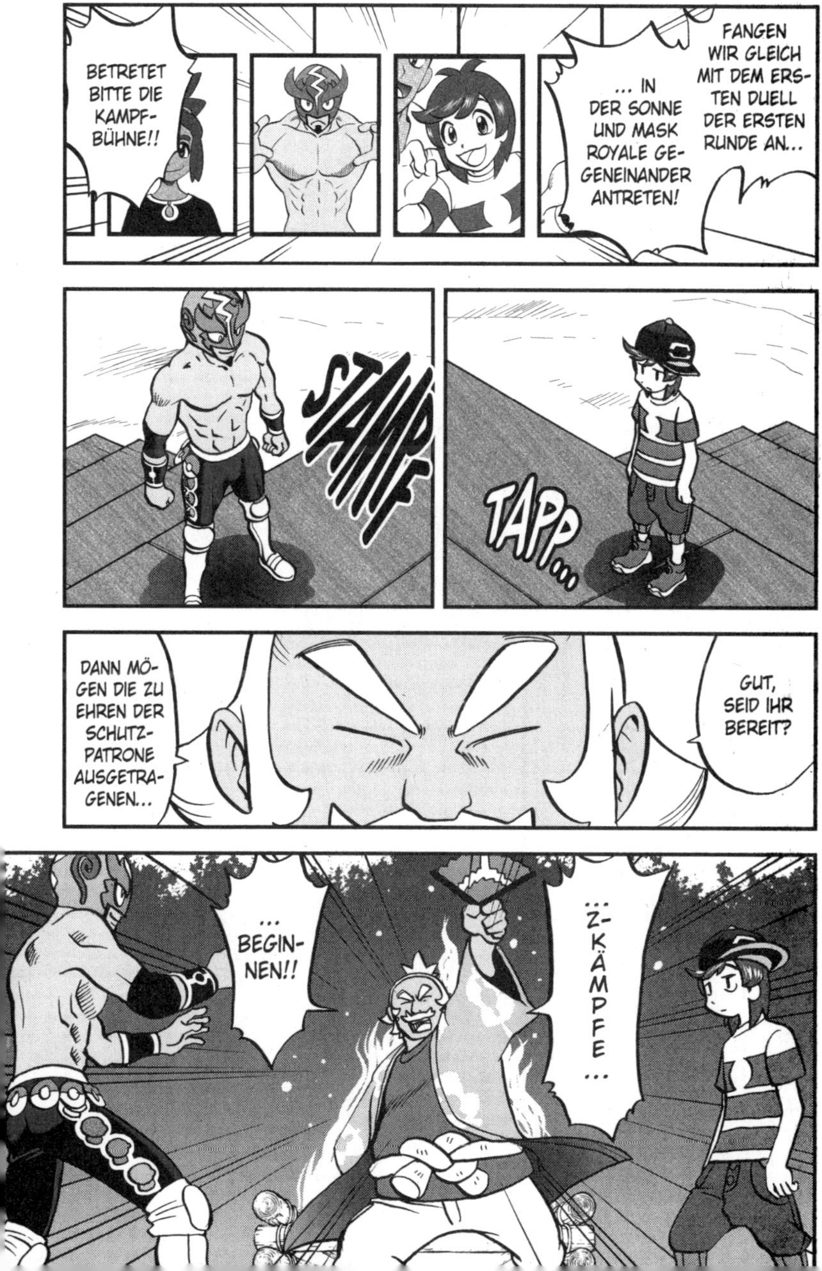
FANGEN WIR GLEICH MIT DEM ERS-TEN DUELL DER ERSTEN RUNDE AN...
... IN DER SONNE UND MASK ROYALE GE-GENEINANDER ANTRETEN!
BETRETET BITTE DIE KAMPF-BÜHNE!!
TAPP...
STAMPF
GUT, SEID IHR BEREIT?
DANN MÖ-GEN DIE ZU EHREN DER SCHUTZ-PATRONE AUSGETRA-GENEN...
...Z-KÄMPFE...
... BEGIN-NEN!!

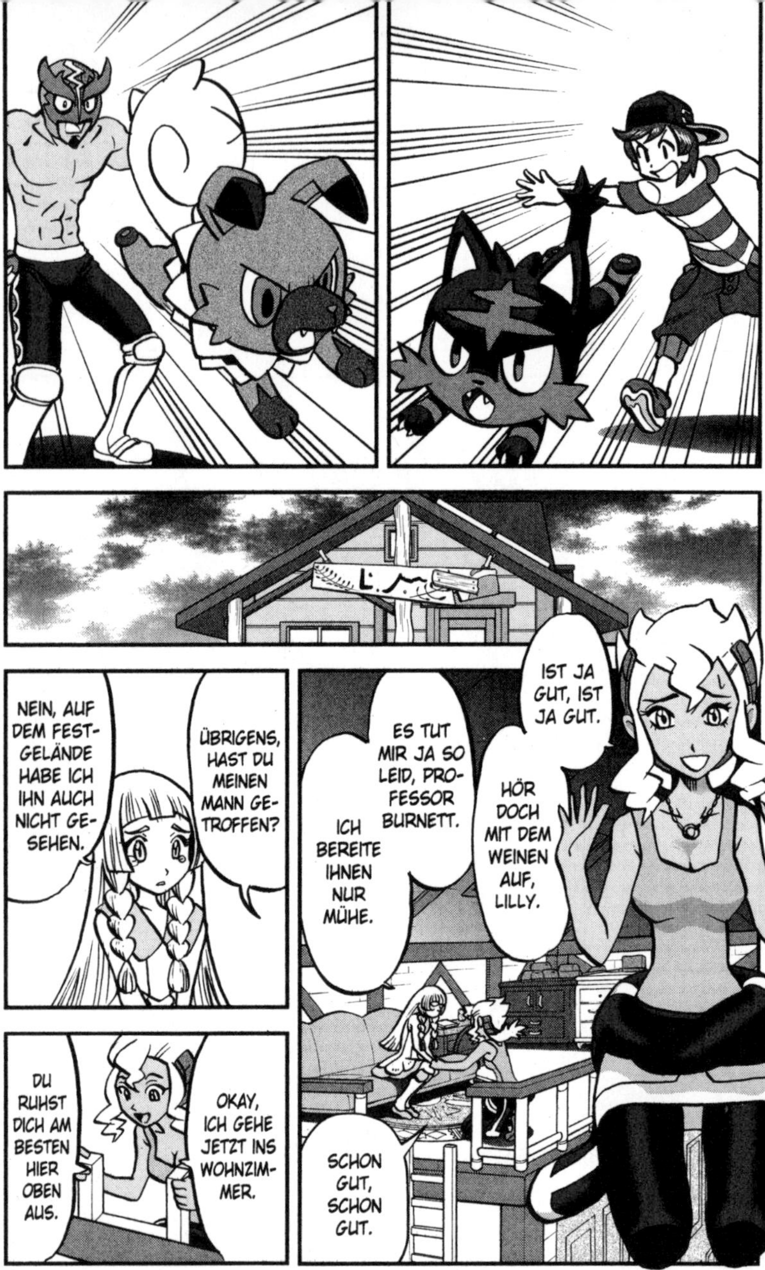
IST JA GUT, IST JA GUT.
HÖR DOCH MIT DEM WEINEN AUF, LILLY.
ES TUT MIR JA SO LEID, PROFESSOR BURNETT.
ICH BEREITE IHNEN NUR MÜHE.
SCHON GUT, SCHON GUT.
ÜBRIGENS, HAST DU MEINEN MANN GETROFFEN?
NEIN, AUF DEM FESTGELÄNDE HABE ICH IHN AUCH NICHT GESEHEN.
OKAY, ICH GEHE JETZT INS WOHNZIMMER.
DU RUHST DICH AM BESTEN HIER OBEN AUS.

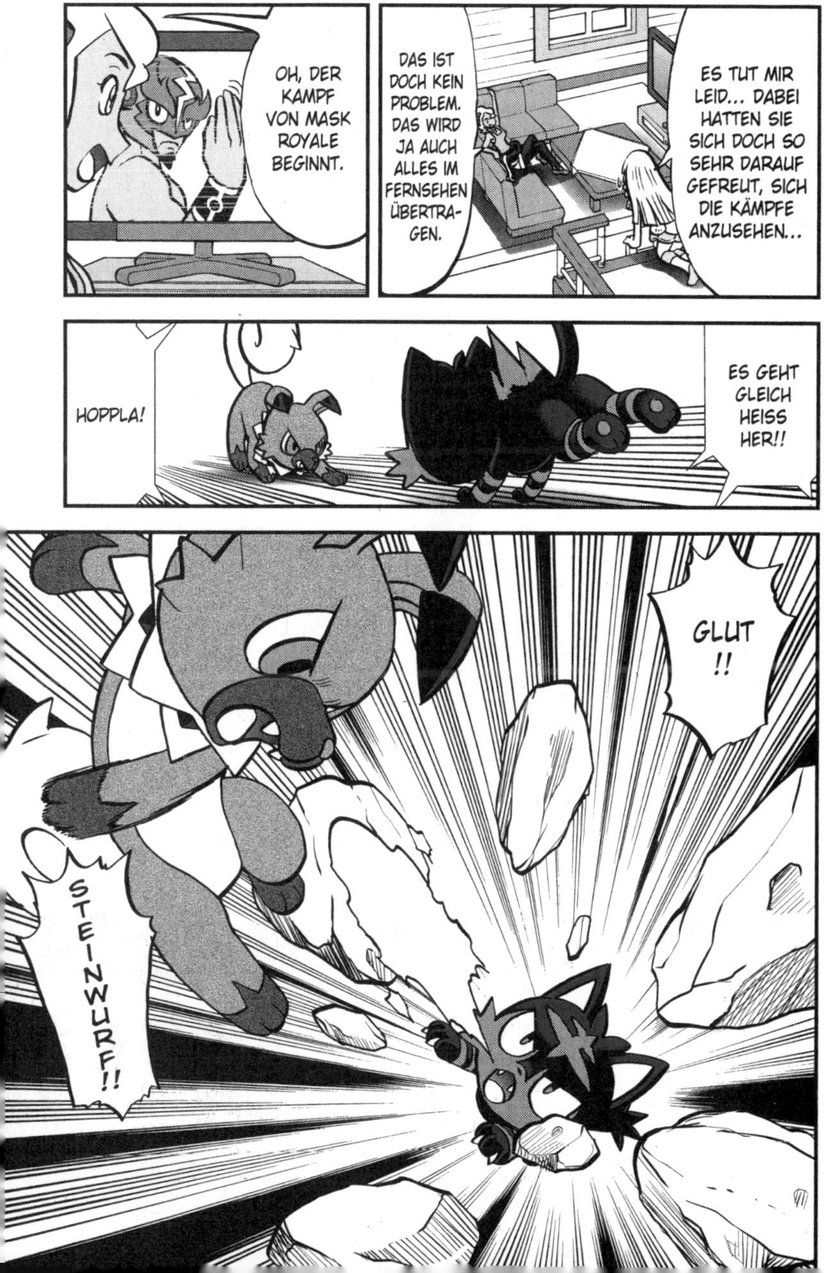
OH, DER KAMPF VON MASK ROYALE BEGINNT.
DAS IST DOCH KEIN PROBLEM. DAS WIRD JA AUCH ALLES IM FERNSEHEN ÜBERTRA-GEN.
ES TUT MIR LEID... DABEI HATTEN SIE SICH DOCH SO SEHR DARAUF GEFREUT, SICH DIE KÄMPFE ANZUSEHEN...
ES GEHT GLEICH HEISS HER!!
HOPPLA!
GLUT!!
STEINWURF!!

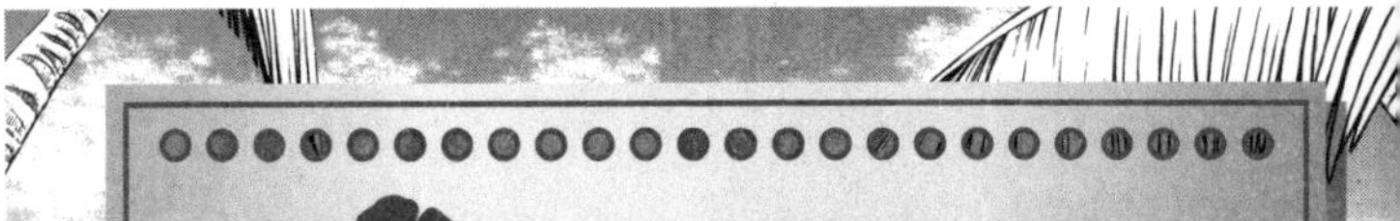
MALASADA
MALASADAS SIND FRITTIERTE BROTE UND EINE SPEZIALITÄT VON ALOLA. SIE SIND ÄUSSERST SCHMACKHAFT UND SOWOHL BEI POKÉMON-TRAINERN ALS AUCH BEI DEN POKÉMON SELBST SEHR BELIEBT. AUF JEDER INSEL GIBT ES EINEN MALASADA-LADEN. ES GIBT UNTERSCHIED-LICHE SORTEN, UND JEDES POKÉMON FAVORISIERT EINE EIGENE GESCHMACKSRICHTUNG.
WELCHE GESCHMACKSRICHTUNG DIE POKÉMON DEINES TEAMS WOHL AM MEISTEN MÖGEN?♪
ALOLA-TOURISTENFÜHRER 4

EPISODE 5 BEKANNTGABE DER SIEGESPRÄMIE

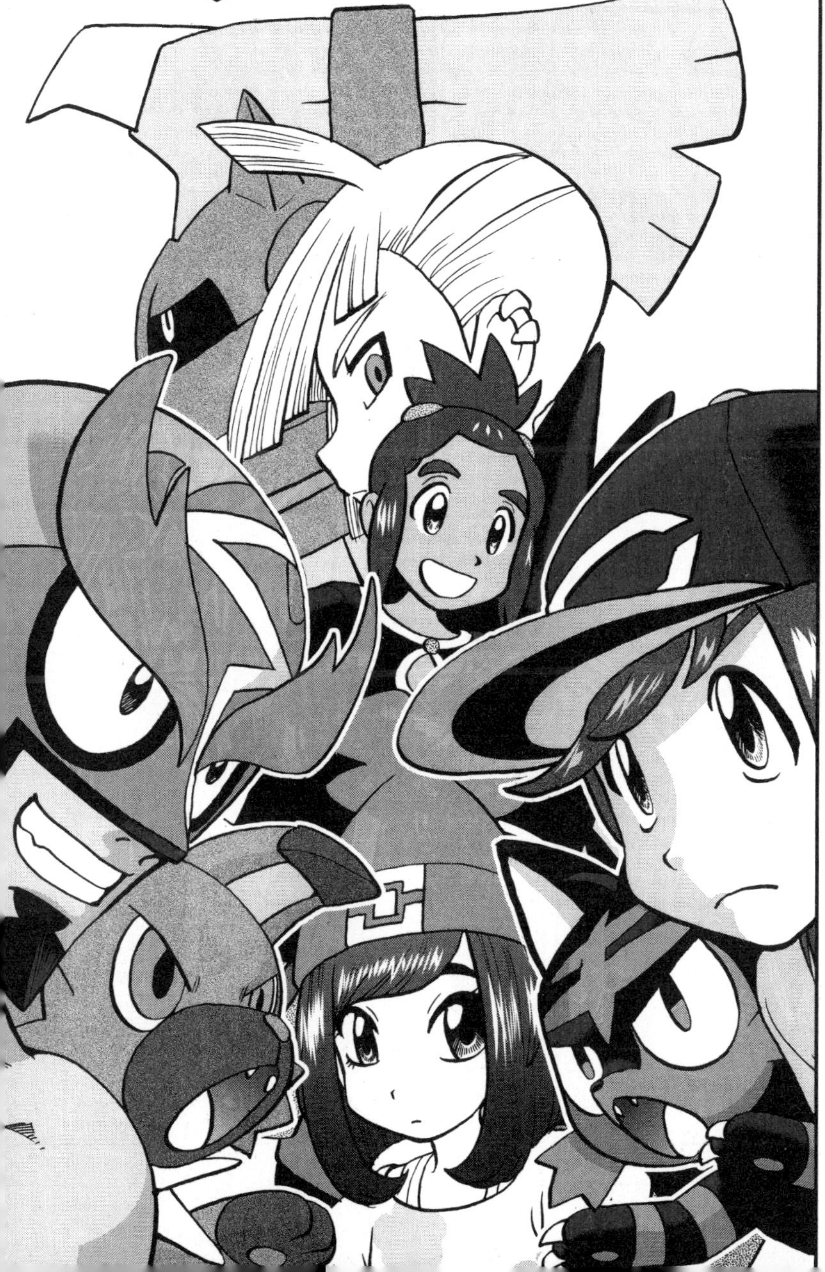

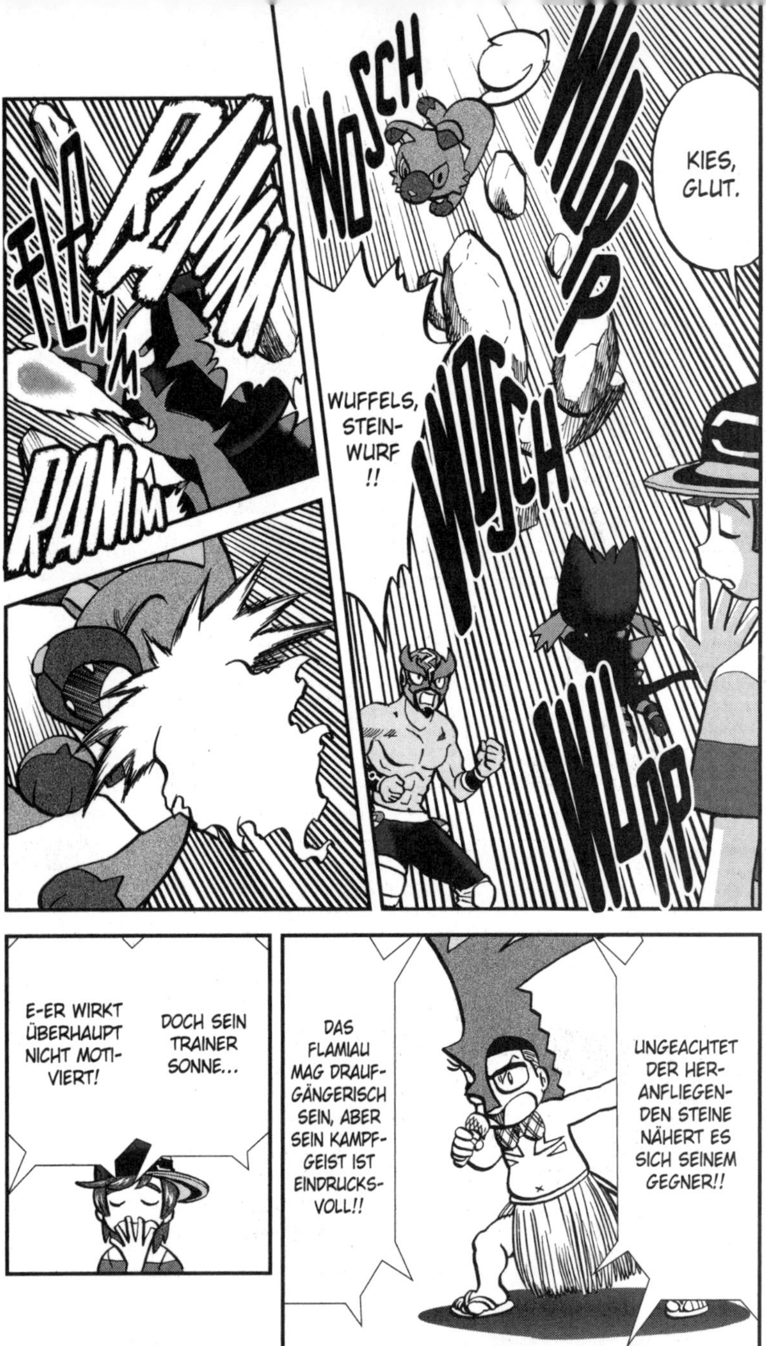

KIES, GLUT.
WUPP
WOSCH
WUFFELS, STEIN-WURF!!
WOSCH
WUPP
FLAMM
RAMM
UNGEACHTET DER HER-ANFLIEGEN-DEN STEINE NÄHERT ES SICH SEINEM GEGNER!!
DAS FLAMIAU MAG DRAUF-GÄNGERISCH SEIN, ABER SEIN KAMPF-GEIST IST EINDRUCKS-VOLL!!
DOCH SEIN TRAINER SONNE...
E-ER WIRKT ÜBERHAUPT NICHT MOTI-VIERT!

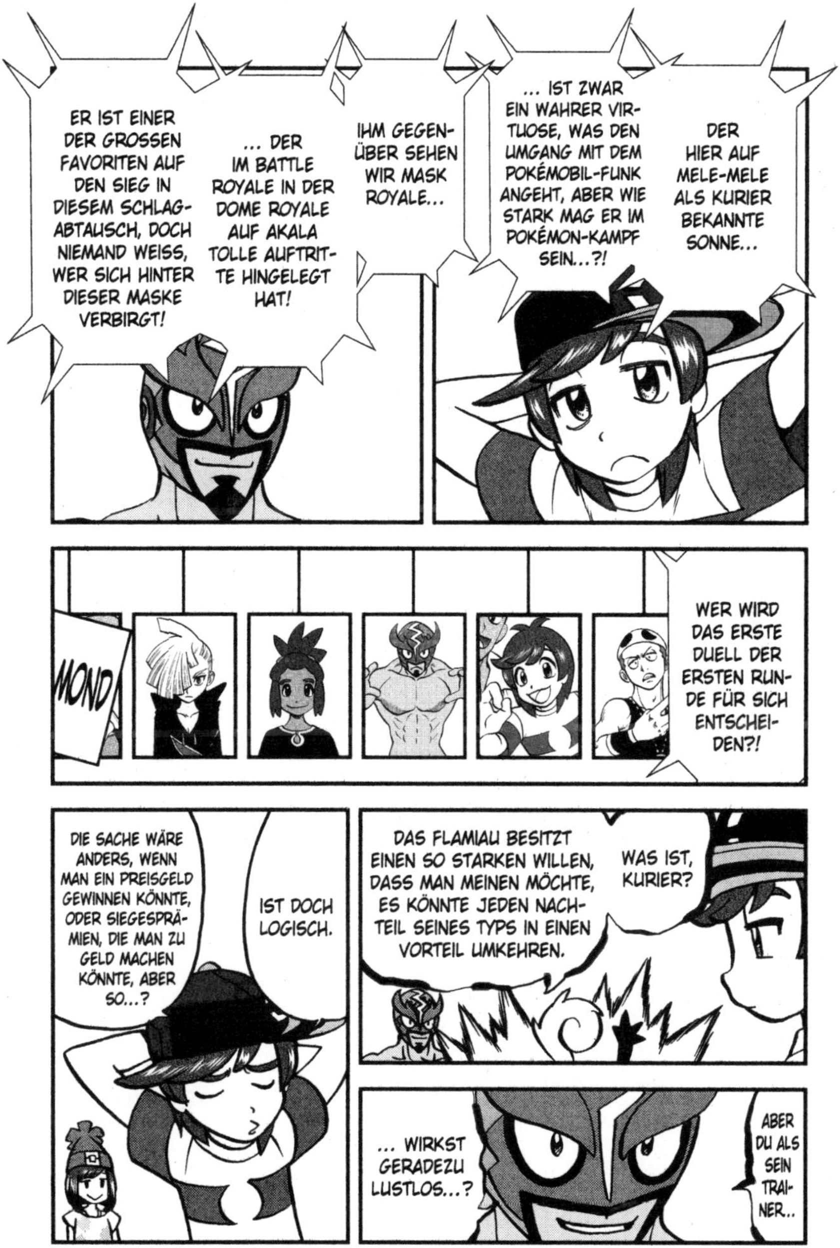
DER HIER AUF MELE-MELE ALS KURIER BEKANNTE SONNE...
... IST ZWAR EIN WAHRER VIRTUOSE, WAS DEN UMGANG MIT DEM POKÉMOBIL-FUNK ANGEHT, ABER WIE STARK MAG ER IM POKÉMON-KAMPF SEIN...?!
IHM GEGENÜBER SEHEN WIR MASK ROYALE...
... DER IM BATTLE ROYALE IN DER DOME ROYALE AUF AKALA TOLLE AUFTRITTE HINGELEGT HAT!
ER IST EINER DER GROSSEN FAVORITEN AUF DEN SIEG IN DIESEM SCHLAGABTAUSCH, DOCH NIEMAND WEISS, WER SICH HINTER DIESER MASKE VERBIRGT!
WER WIRD DAS ERSTE DUELL DER ERSTEN RUNDE FÜR SICH ENTSCHEIDEN?!
MOND
WAS IST, KURIER?
DAS FLAMIAU BESITZT EINEN SO STARKEN WILLEN, DASS MAN MEINEN MÖCHTE, ES KÖNNTE JEDEN NACHTEIL SEINES TYPS IN EINEN VORTEIL UMKEHREN.
ABER DU ALS SEIN TRAINER..
... WIRKST GERADEZU LUSTLOS...?
IST DOCH LOGISCH.
DIE SACHE WÄRE ANDERS, WENN MAN EIN PREISGELD GEWINNEN KÖNNTE, ODER SIEGESPRÄMIEN, DIE MAN ZU GELD MACHEN KÖNNTE, ABER SO...?

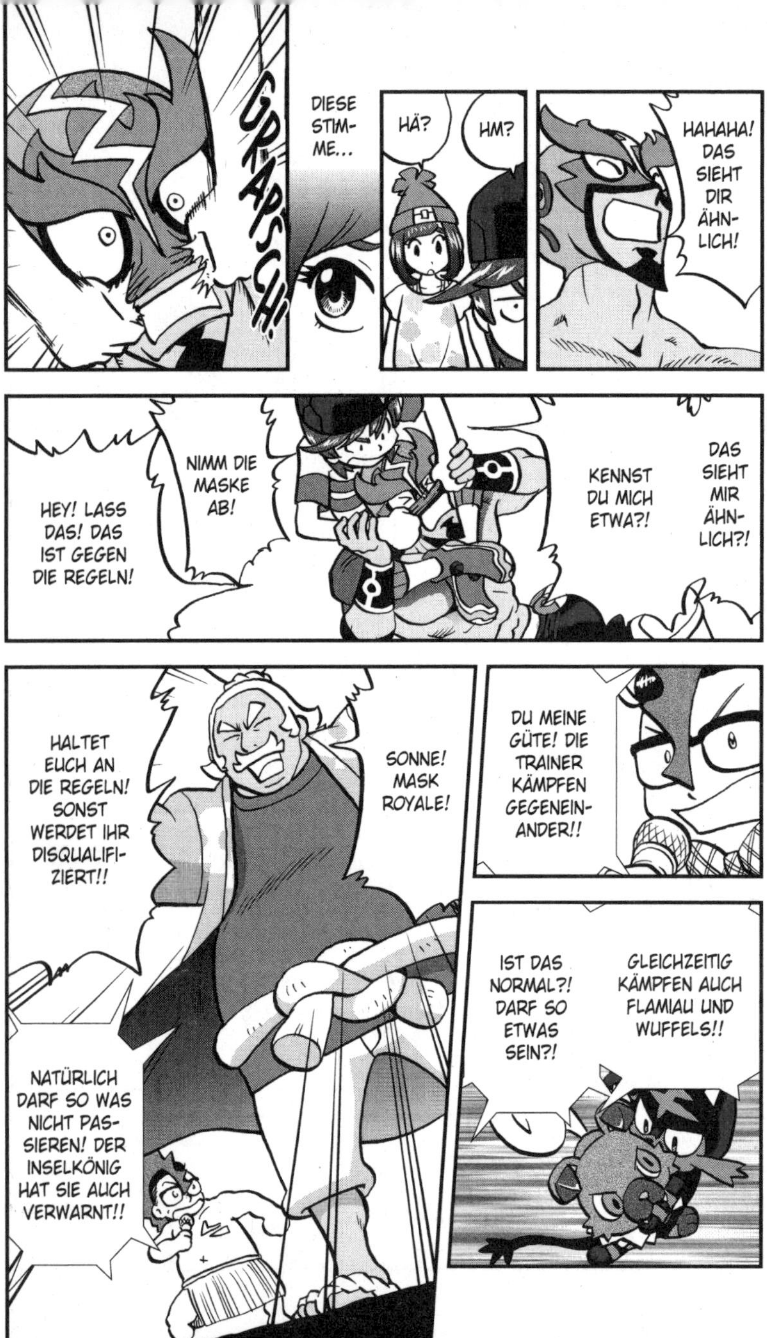
HAHAHA! DAS SIEHT DIR ÄHNLICH!
HM?
HÄ?
DIESE STIMME…
GRAPSCH!
DAS SIEHT MIR ÄHNLICH?!
KENNST DU MICH ETWA?!
NIMM DIE MASKE AB!
HEY! LASS DAS! DAS IST GEGEN DIE REGELN!
DU MEINE GÜTE! DIE TRAINER KÄMPFEN GEGENEINANDER!!
GLEICHZEITIG KÄMPFEN AUCH FLAMIAU UND WUFFELS!!
IST DAS NORMAL?! DARF SO ETWAS SEIN?!
SONNE! MASK ROYALE!
HALTET EUCH AN DIE REGELN! SONST WERDET IHR DISQUALIFIZIERT!!
NATÜRLICH DARF SO WAS NICHT PASSIEREN! DER INSELKÖNIG HAT SIE AUCH VERWARNT!!

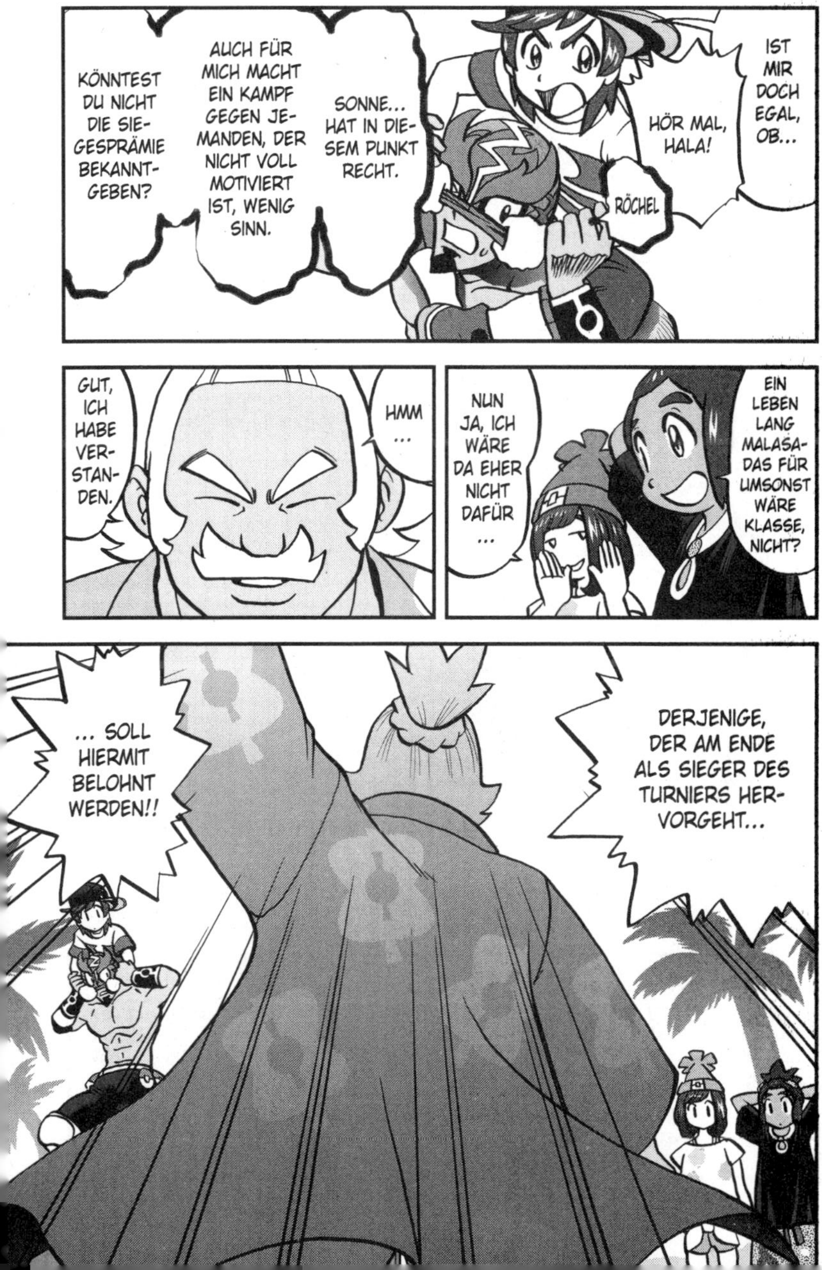
IST MIR DOCH EGAL, OB...
HÖR MAL, HALA!
RÖCHEL
SONNE... HAT IN DIESEM PUNKT RECHT.
AUCH FÜR MICH MACHT EIN KAMPF GEGEN JEMANDEN, DER NICHT VOLL MOTIVIERT IST, WENIG SINN.
KÖNNTEST DU NICHT DIE SIEGESPRÄMIE BEKANNTGEBEN?
EIN LEBEN LANG MALASADAS FÜR UMSONST WÄRE KLASSE, NICHT?
NUN JA, ICH WÄRE DA EHER NICHT DAFÜR ...
HMM ...
GUT, ICH HABE VERSTANDEN.
DERJENIGE, DER AM ENDE ALS SIEGER DES TURNIERS HERVORGEHT...
... SOLL HIERMIT BELOHNT WERDEN!!

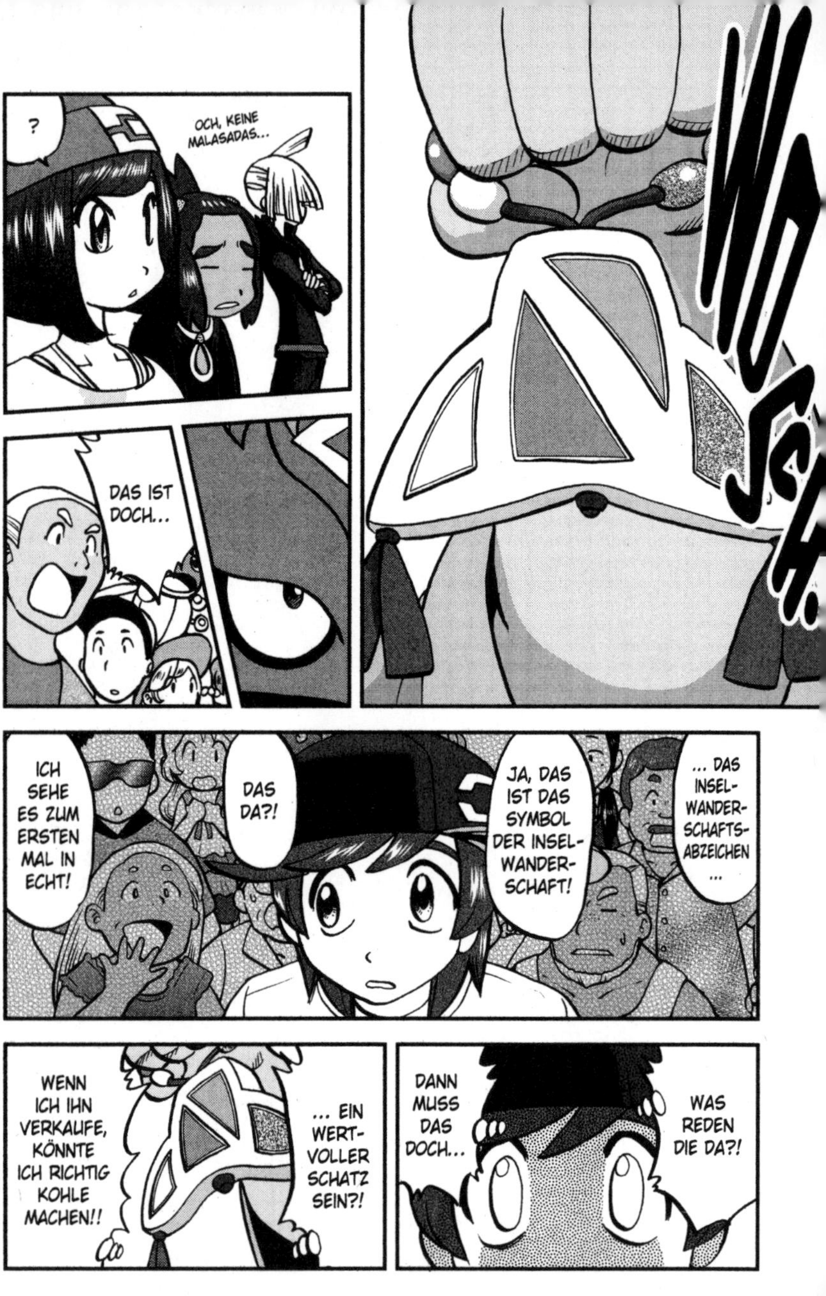
WUSCH!
?
OCH, KEINE MALASADAS...
DAS IST DOCH...
... DAS INSEL-WANDER-SCHAFTS-ABZEICHEN ...
JA, DAS IST DAS SYMBOL DER INSEL-WANDER-SCHAFT!
DAS DA?!
ICH SEHE ES ZUM ERSTEN MAL IN ECHT!
WAS REDEN DIE DA?!
DANN MUSS DAS DOCH...
... EIN WERT-VOLLER SCHATZ SEIN?!
WENN ICH IHN VERKAUFE, KÖNNTE ICH RICHTIG KOHLE MACHEN!!

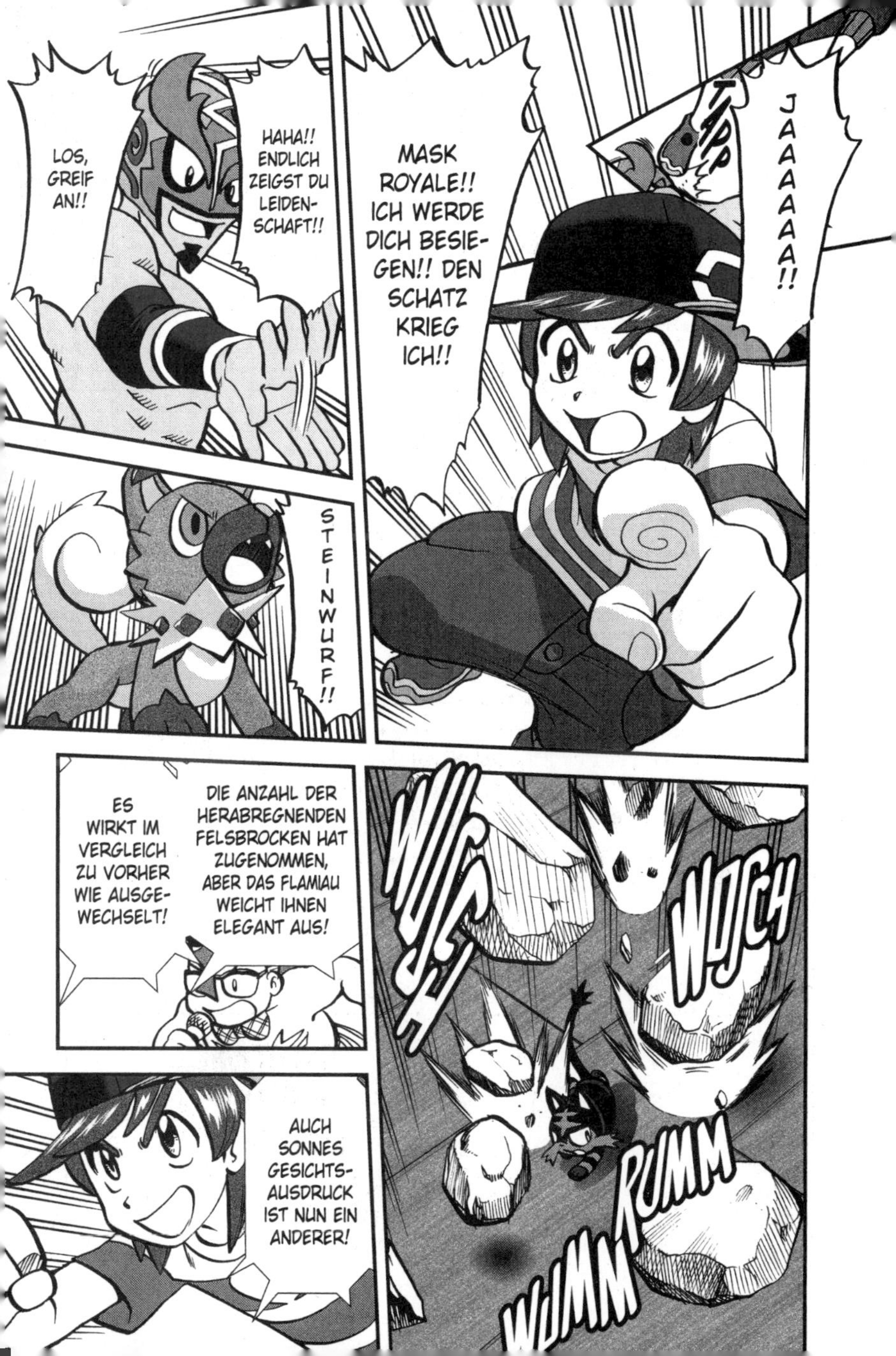
TAPP
JAAAAAAAA!!
MASK ROYALE!! ICH WERDE DICH BESIE-GEN!! DEN SCHATZ KRIEG ICH!!
HAHA!! ENDLICH ZEIGST DU LEIDEN-SCHAFT!!
LOS, GREIF AN!!
STEINWURF!!
RUMM
WUMM
DIE ANZAHL DER HERABREGNENDEN FELSBROCKEN HAT ZUGENOMMEN, ABER DAS FLAMIAU WEICHT IHNEN ELEGANT AUS!
ES WIRKT IM VERGLEICH ZU VORHER WIE AUSGE-WECHSELT!
AUCH SONNES GESICHTS-AUSDRUCK IST NUN EIN ANDERER!

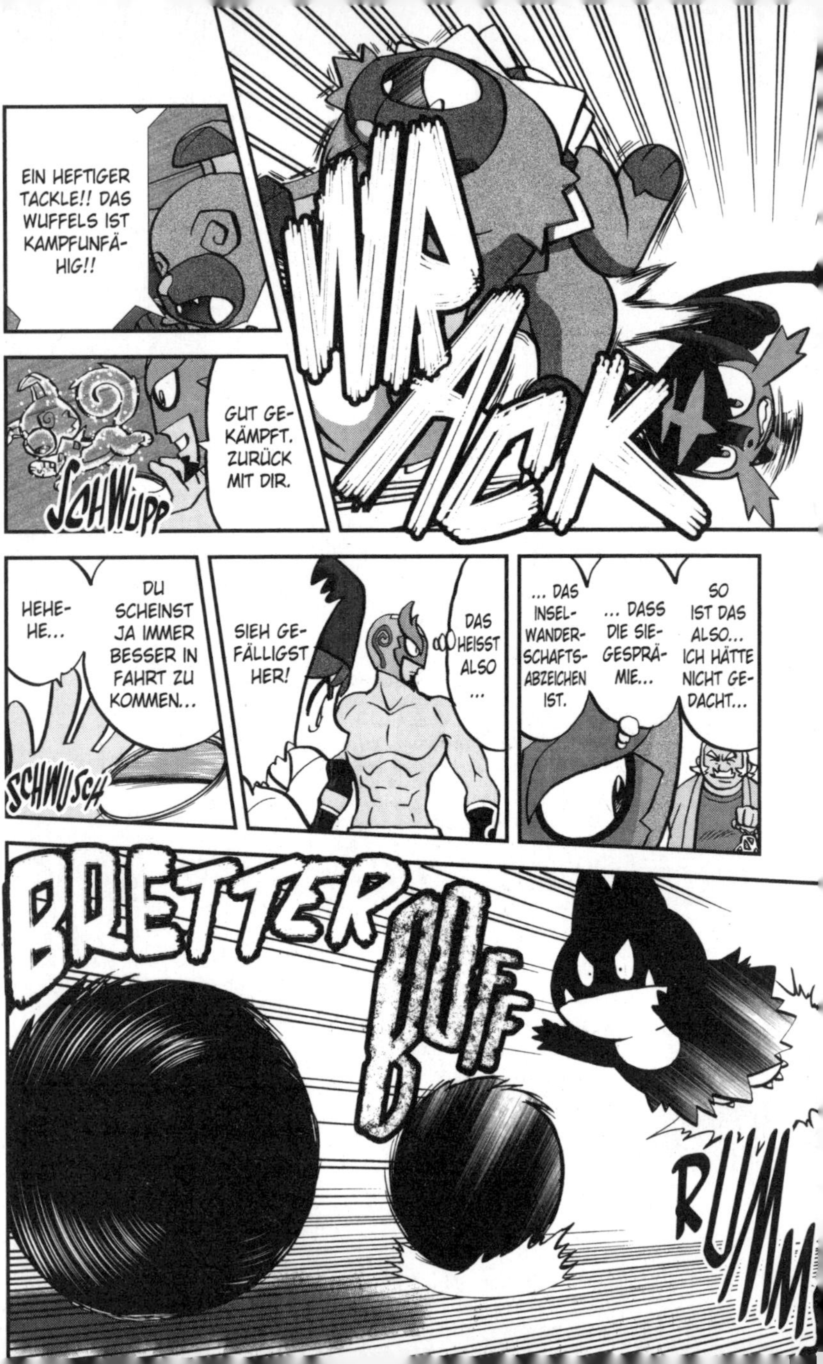
EIN HEFTIGER TACKLE!! DAS WUFFELS IST KAMPFUNFÄHIG!!
WAAACK
GUT GEKÄMPFT. ZURÜCK MIT DIR.
SCHWUPP
SO IST DAS ALSO... ICH HÄTTE NICHT GEDACHT...
... DASS DIE SIEGESPRÄMIE...
... DAS INSELWANDERSCHAFTSABZEICHEN IST.
DAS HEISST ALSO ...
SIEH GEFÄLLIGST HER!
DU SCHEINST JA IMMER BESSER IN FAHRT ZU KOMMEN...
HEHEHE...
SCHWUSCH
BRETTER
BOOFF
RUMMS

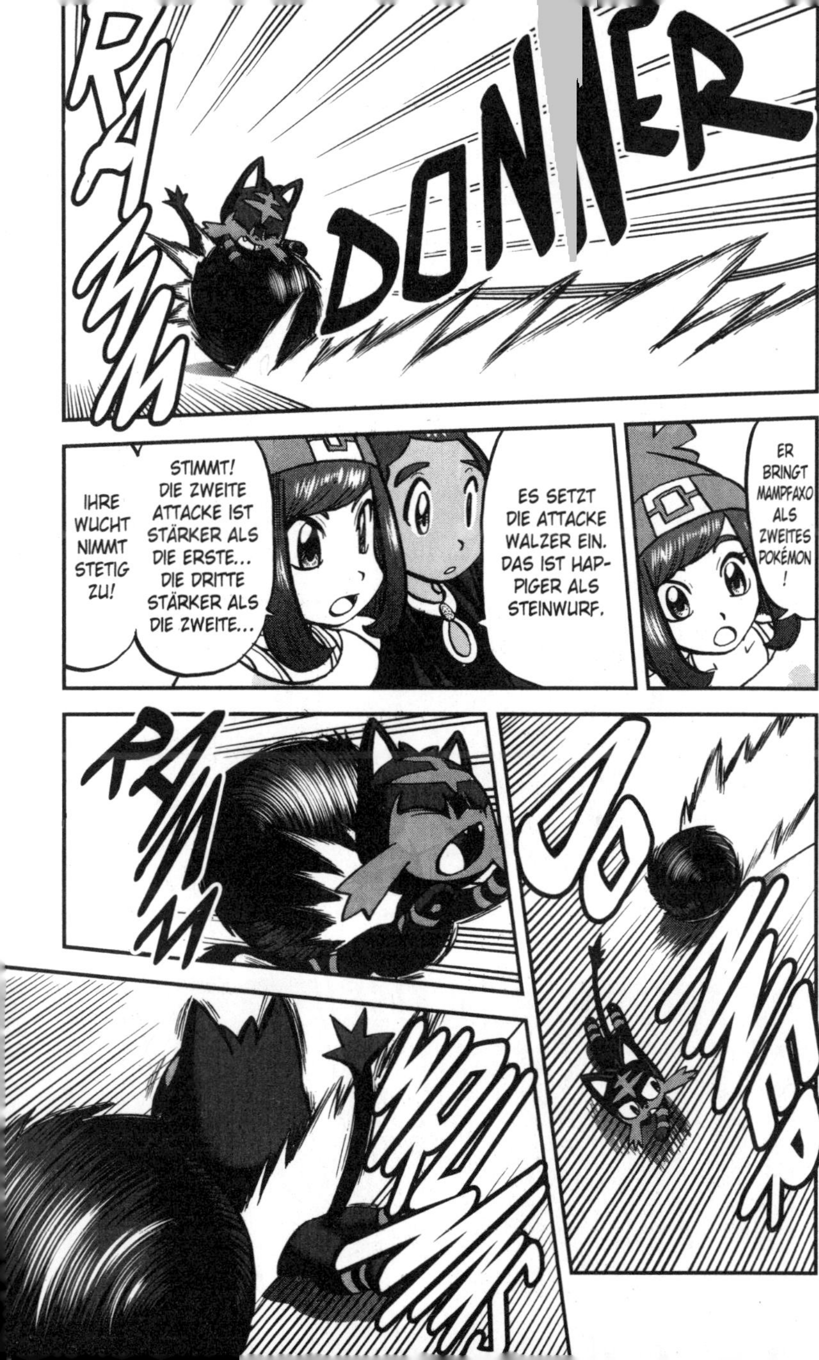
DONNER
ER BRINGT MAMPFAXO ALS ZWEITES POKÉMON!
ES SETZT DIE ATTACKE WALZER EIN. DAS IST HAPPIGER ALS STEINWURF.
STIMMT! DIE ZWEITE ATTACKE IST STÄRKER ALS DIE ERSTE… DIE DRITTE STÄRKER ALS DIE ZWEITE…
IHRE WUCHT NIMMT STETIG ZU!

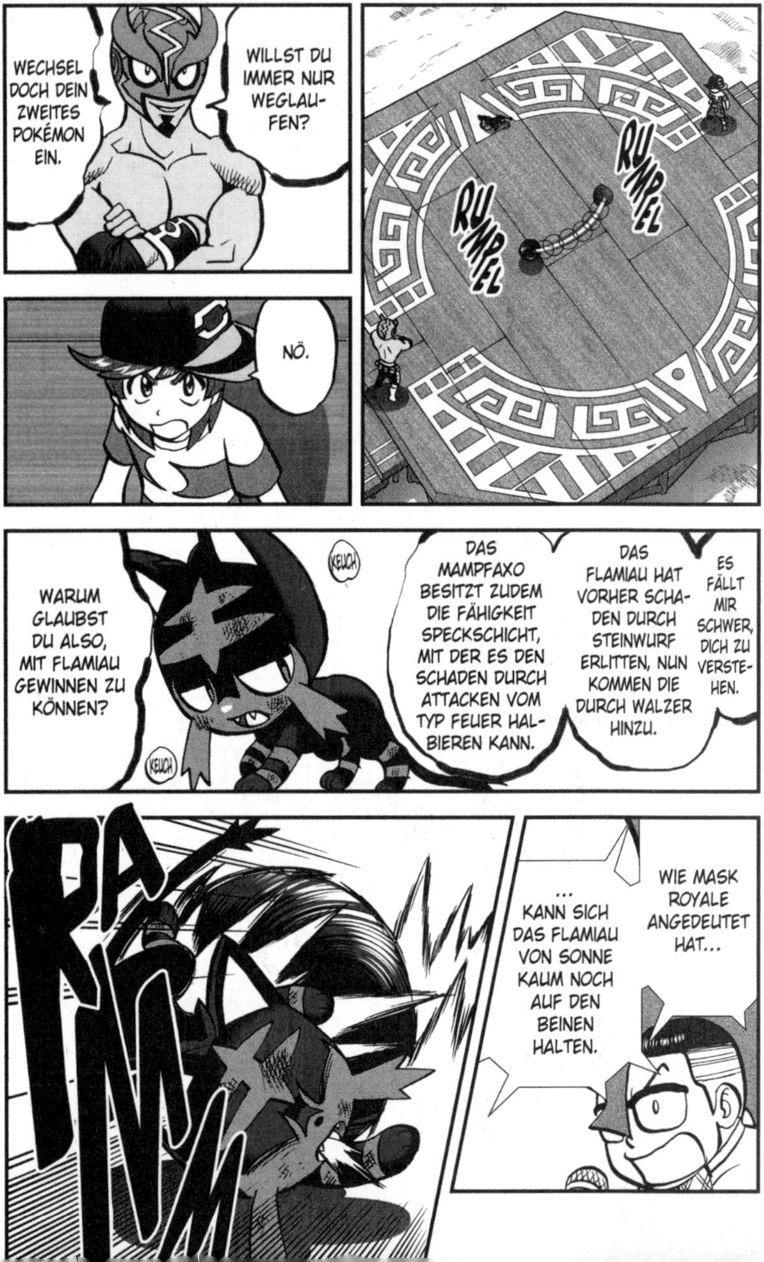
WILLST DU IMMER NUR WEGLAUFEN?
WECHSEL DOCH DEIN ZWEITES POKÉMON EIN.
RUMPEL
RUMPEL
NÖ.
ES FÄLLT MIR SCHWER, DICH ZU VERSTEHEN.
DAS FLAMIAU HAT VORHER SCHADEN DURCH STEINWURF ERLITTEN, NUN KOMMEN DIE DURCH WALZER HINZU.
DAS MAMPFAXO BESITZT ZUDEM DIE FÄHIGKEIT SPECKSCHICHT, MIT DER ES DEN SCHADEN DURCH ATTACKEN VOM TYP FEUER HALBIEREN KANN.
KEUCH
WARUM GLAUBST DU ALSO, MIT FLAMIAU GEWINNEN ZU KÖNNEN?
KEUCH
WIE MASK ROYALE ANGEDEUTET HAT...
... KANN SICH DAS FLAMIAU VON SONNE KAUM NOCH AUF DEN BEINEN HALTEN.
PATSCH

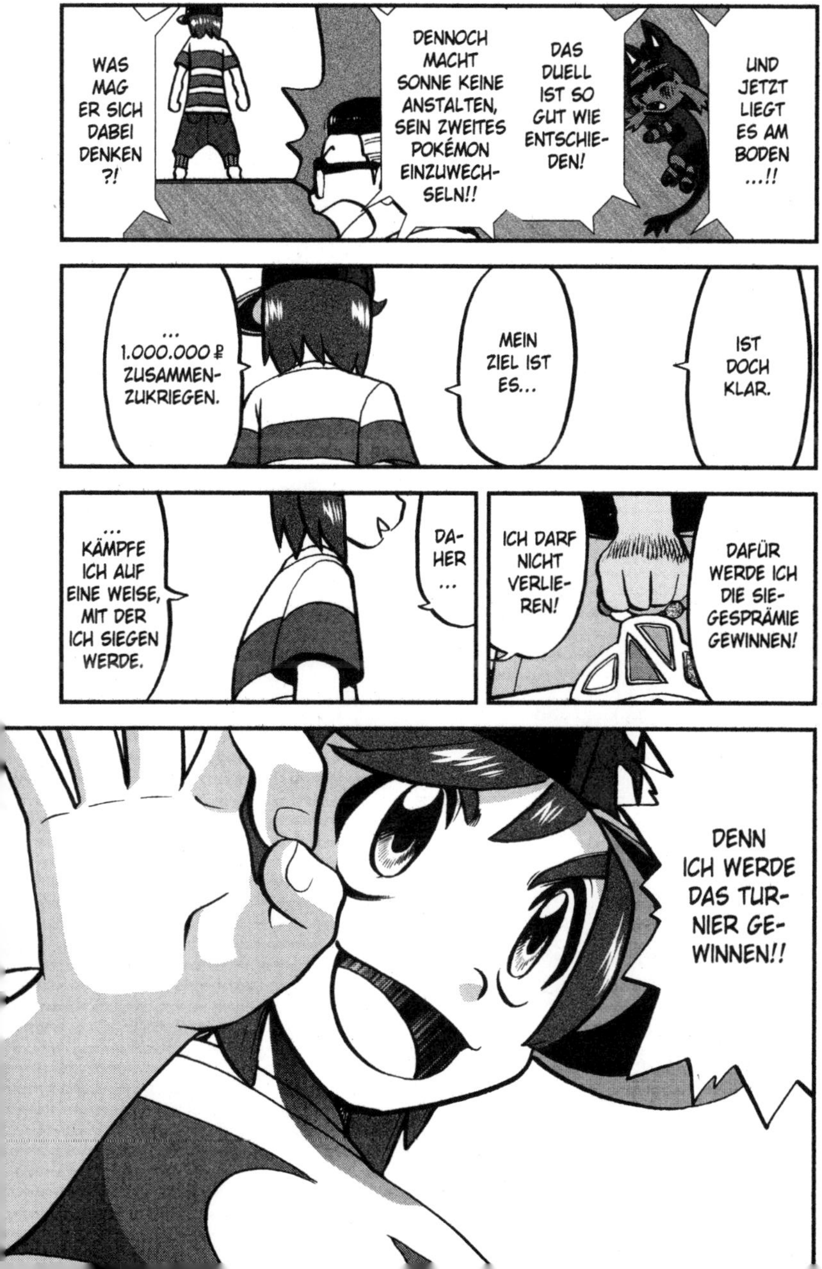
UND JETZT LIEGT ES AM BODEN ...!!
DAS DUELL IST SO GUT WIE ENTSCHIEDEN!
DENNOCH MACHT SONNE KEINE ANSTALTEN, SEIN ZWEITES POKÉMON EINZUWECHSELN!!
WAS MAG ER SICH DABEI DENKEN ?!
IST DOCH KLAR.
MEIN ZIEL IST ES...
... 1.000.000 ₽ ZUSAMMENZUKRIEGEN.
DAFÜR WERDE ICH DIE SIEGESPRÄMIE GEWINNEN!
ICH DARF NICHT VERLIEREN!
DAHER ...
... KÄMPFE ICH AUF EINE WEISE, MIT DER ICH SIEGEN WERDE.
DENN ICH WERDE DAS TURNIER GEWINNEN!!

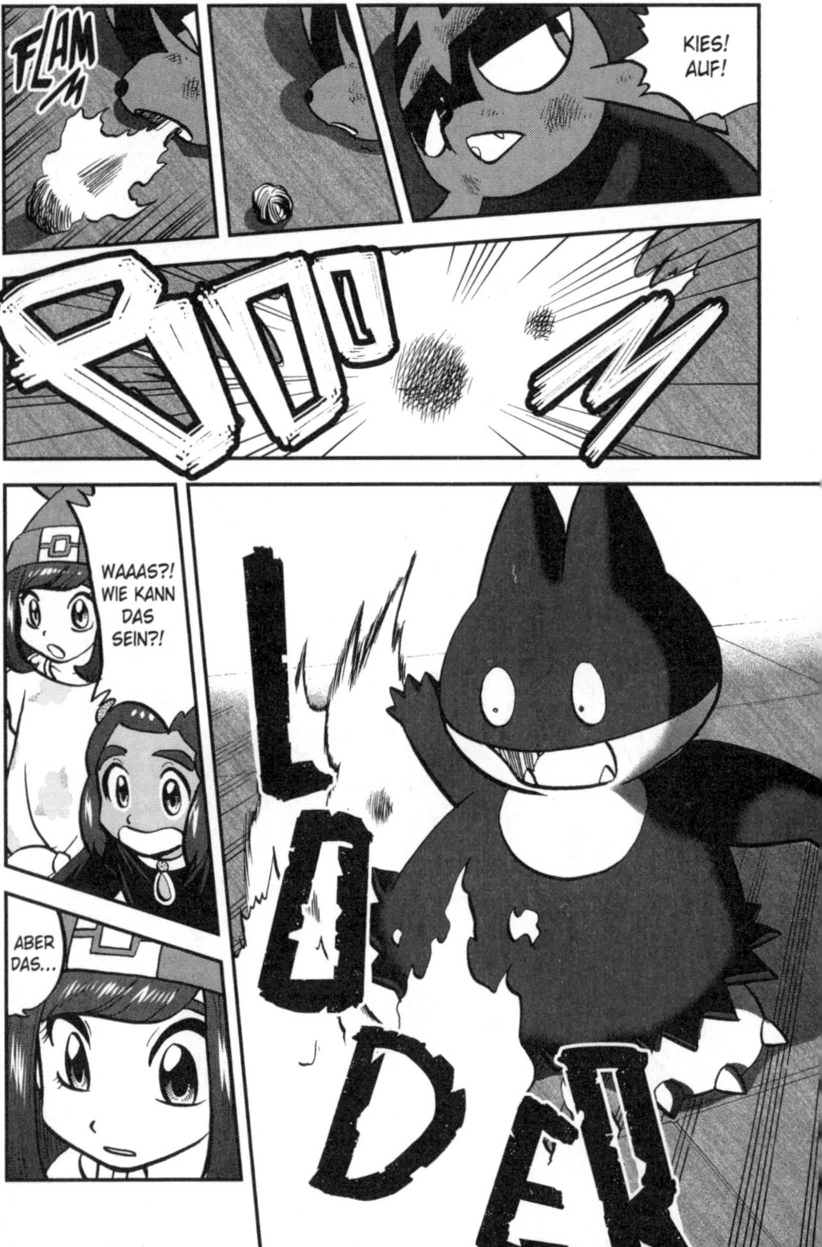
FLAMM
KIES! AUF!
BOOOM
WAAAS?! WIE KANN DAS SEIN?!
LODDER
ABER DAS...

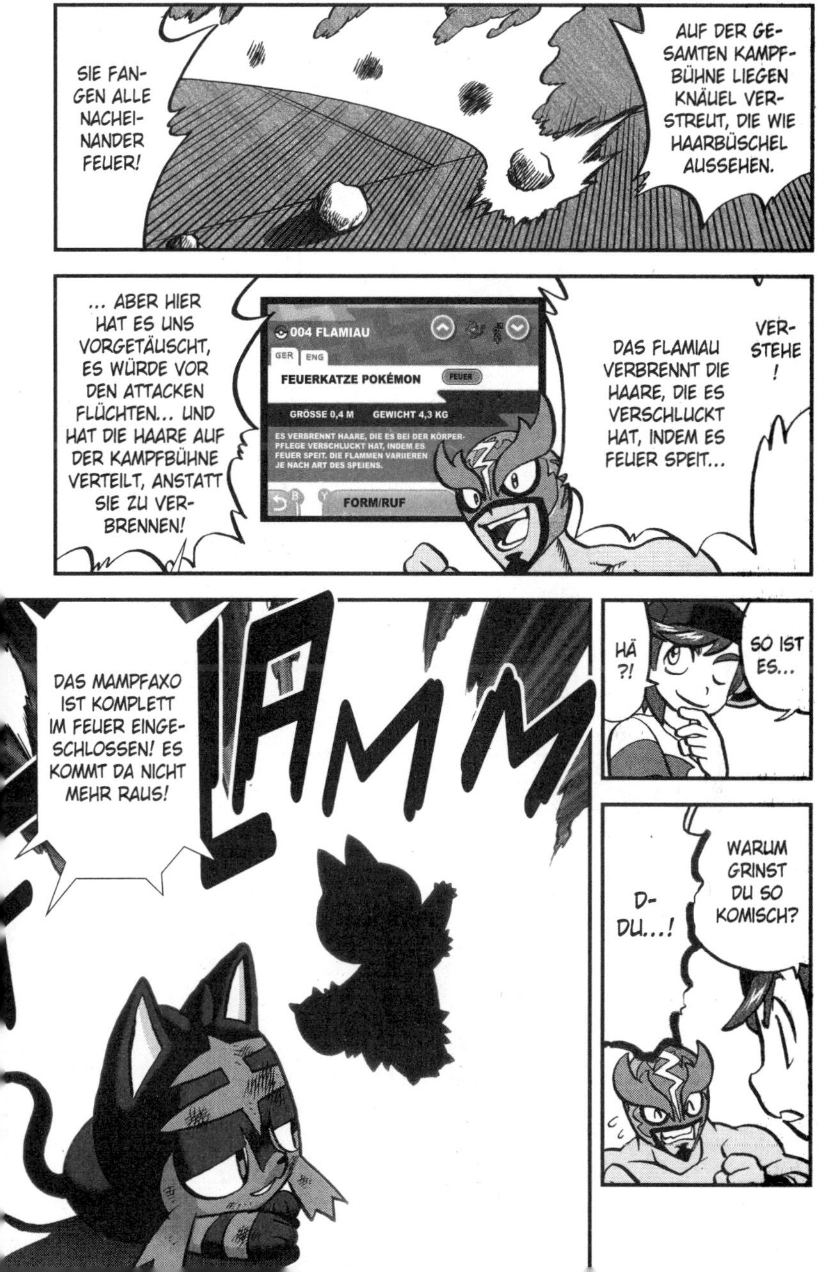
AUF DER GESAMTEN KAMPFBÜHNE LIEGEN KNÄUEL VERSTREUT, DIE WIE HAARBÜSCHEL AUSSEHEN.
SIE FANGEN ALLE NACHEINANDER FEUER!
VERSTEHE!
DAS FLAMIAU VERBRENNT DIE HAARE, DIE ES VERSCHLUCKT HAT, INDEM ES FEUER SPEIT…
004 FLAMIAU
GER ENG
FEUERKATZE POKÉMON
FEUER
GRÖSSE 0,4 M GEWICHT 4,3 KG
ES VERBRENNT HAARE, DIE ES BEI DER KÖRPERPFLEGE VERSCHLUCKT HAT, INDEM ES FEUER SPEIT. DIE FLAMMEN VARIIEREN JE NACH ART DES SPEIENS.
FORM/RUF
… ABER HIER HAT ES UNS VORGETÄUSCHT, ES WÜRDE VOR DEN ATTACKEN FLÜCHTEN… UND HAT DIE HAARE AUF DER KAMPFBÜHNE VERTEILT, ANSTATT SIE ZU VERBRENNEN!
SO IST ES…
HÄ ?!
WARUM GRINST DU SO KOMISCH?
D-DU…!
DAS MAMPFAXO IST KOMPLETT IM FEUER EINGESCHLOSSEN! ES KOMMT DA NICHT MEHR RAUS!

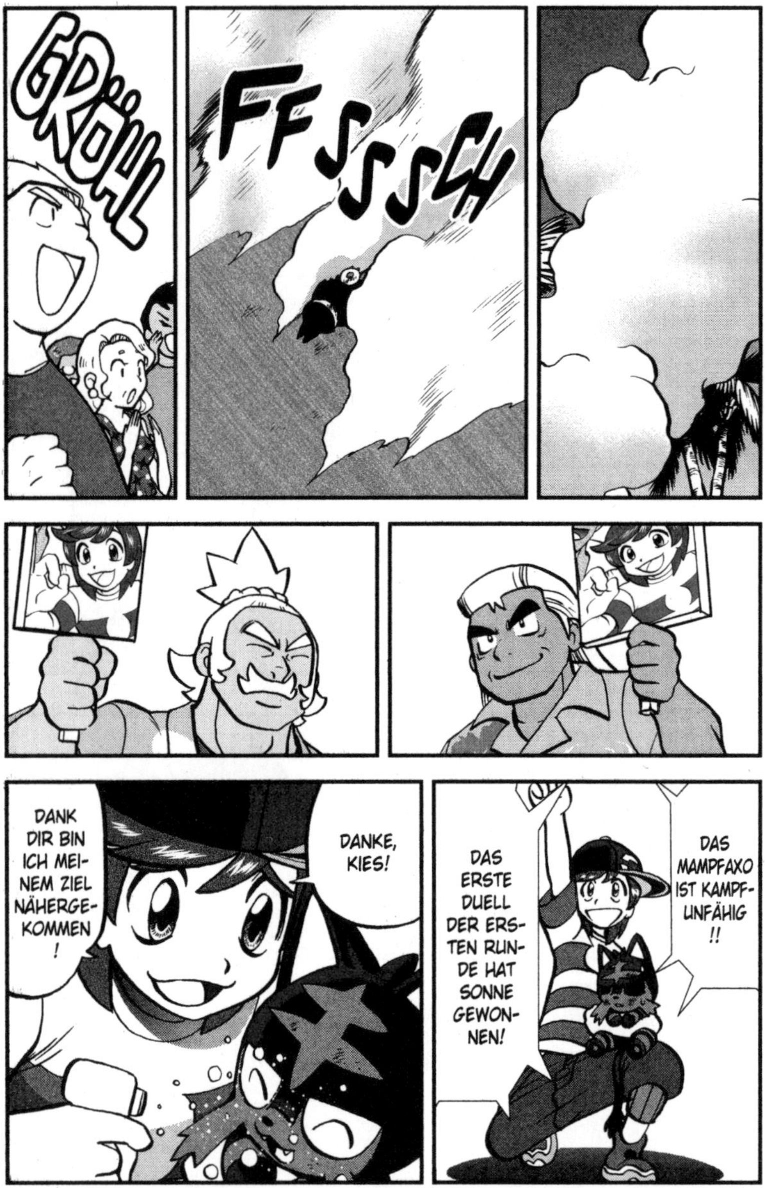
FFSSSCH
GRÖHL
DAS MAMPFAXO IST KAMPF-UNFÄHIG !!
DAS ERSTE DUELL DER ERS-TEN RUN-DE HAT SONNE GEWON-NEN!
DANKE, KIES!
DANK DIR BIN ICH MEI-NEM ZIEL NÄHERGE-KOMMEN !

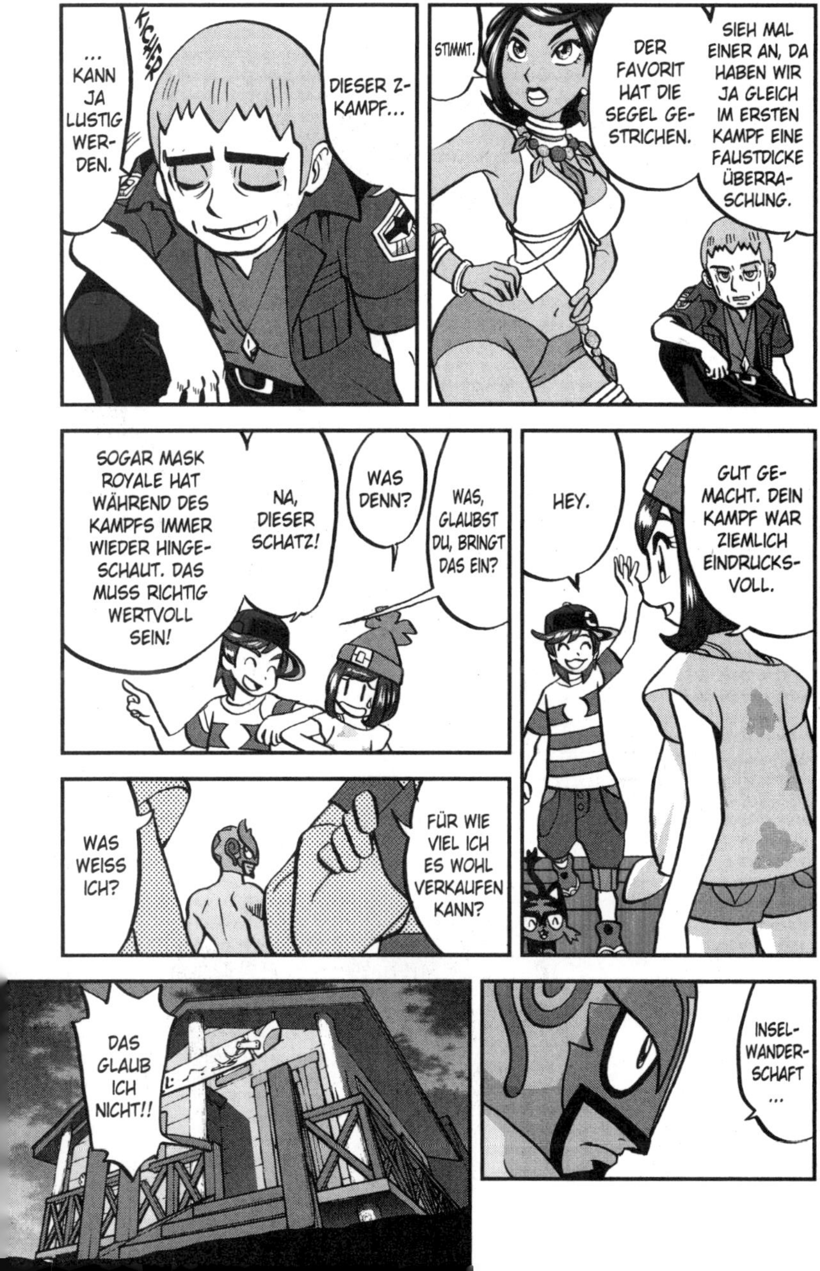
SIEH MAL EINER AN, DA HABEN WIR JA GLEICH IM ERSTEN KAMPF EINE FAUSTDICKE ÜBERRASCHUNG.
DER FAVORIT HAT DIE SEGEL GESTRICHEN.
STIMMT.
DIESER Z-KAMPF…
KICHER
… KANN JA LUSTIG WERDEN.
GUT GEMACHT. DEIN KAMPF WAR ZIEMLICH EINDRUCKSVOLL.
HEY.
WAS, GLAUBST DU, BRINGT DAS EIN?
WAS DENN?
NA, DIESER SCHATZ!
SOGAR MASK ROYALE HAT WÄHREND DES KAMPFS IMMER WIEDER HINGESCHAUT. DAS MUSS RICHTIG WERTVOLL SEIN!
FÜR WIE VIEL ICH ES WOHL VERKAUFEN KANN?
WAS WEISS ICH?
INSELWANDERSCHAFT …
DAS GLAUB ICH NICHT!!

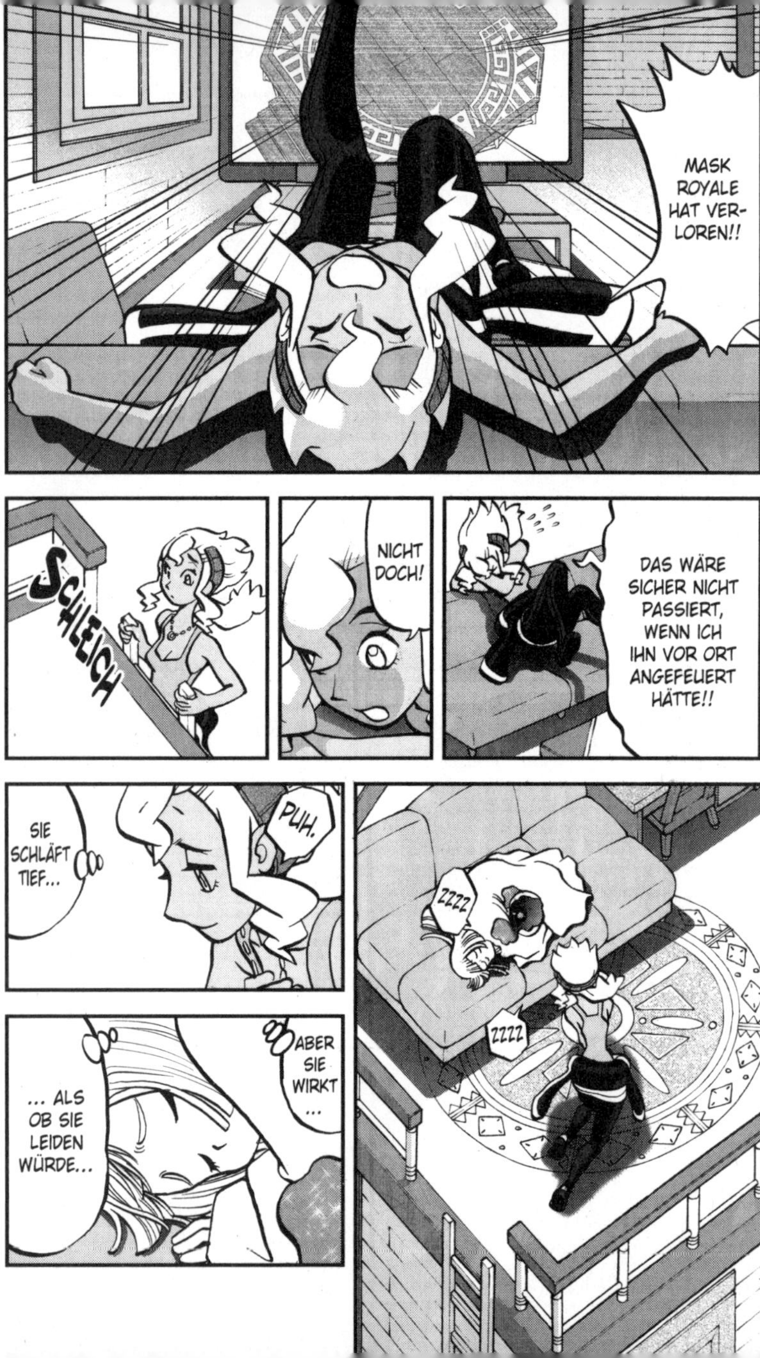
MASK ROYALE HAT VERLOREN!!
SCHLEICH
NICHT DOCH!
DAS WÄRE SICHER NICHT PASSIERT, WENN ICH IHN VOR ORT ANGEFEUERT HÄTTE!!
PUH.
SIE SCHLÄFT TIEF...
ZZZZ
ZZZZ
ABER SIE WIRKT ...
... ALS OB SIE LEIDEN WÜRDE...

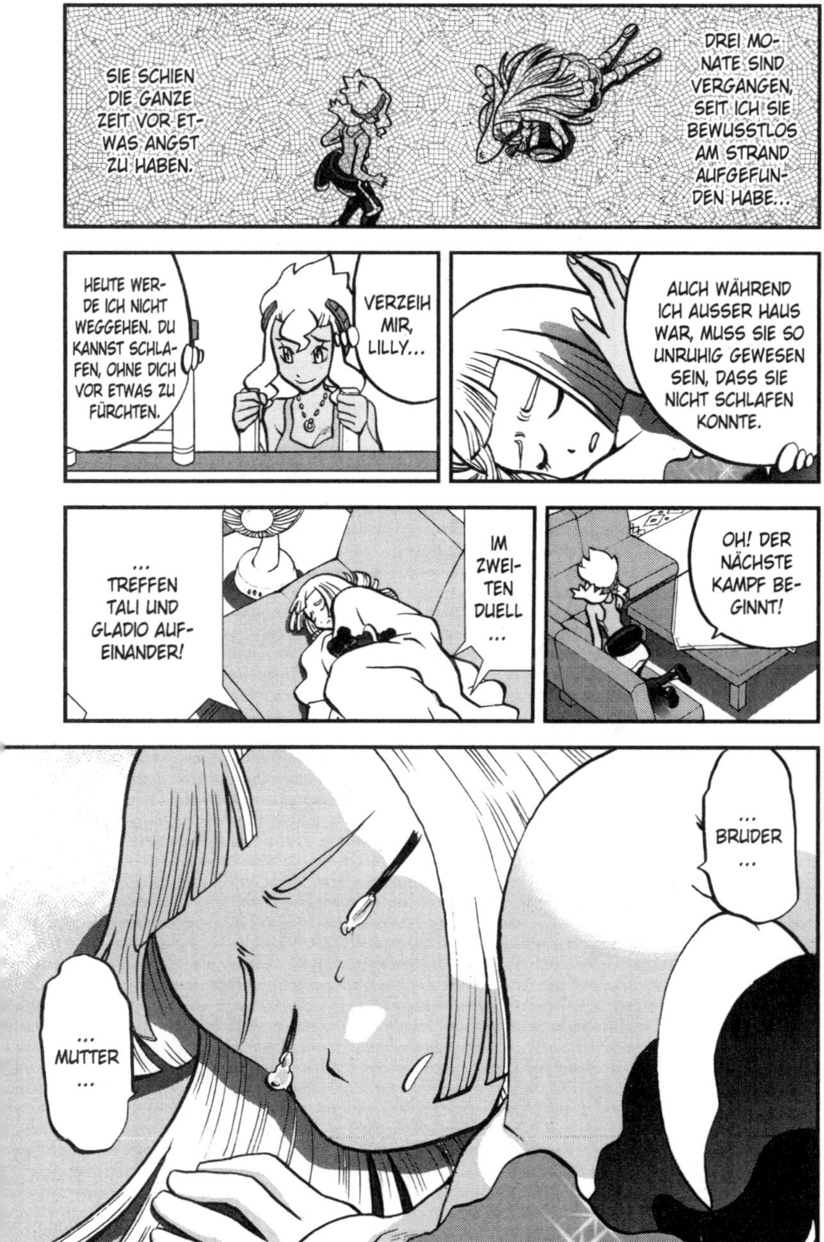
DREI MONATE SIND VERGANGEN, SEIT ICH SIE BEWUSSTLOS AM STRAND AUFGEFUNDEN HABE...
SIE SCHIEN DIE GANZE ZEIT VOR ETWAS ANGST ZU HABEN.
AUCH WÄHREND ICH AUSSER HAUS WAR, MUSS SIE SO UNRUHIG GEWESEN SEIN, DASS SIE NICHT SCHLAFEN KONNTE.
VERZEIH MIR, LILLY...
HEUTE WERDE ICH NICHT WEGGEHEN. DU KANNST SCHLAFEN, OHNE DICH VOR ETWAS ZU FÜRCHTEN.
OH! DER NÄCHSTE KAMPF BEGINNT!
IM ZWEITEN DUELL ...
... TREFFEN TALI UND GLADIO AUFEINANDER!
... BRUDER ...
... MUTTER ...

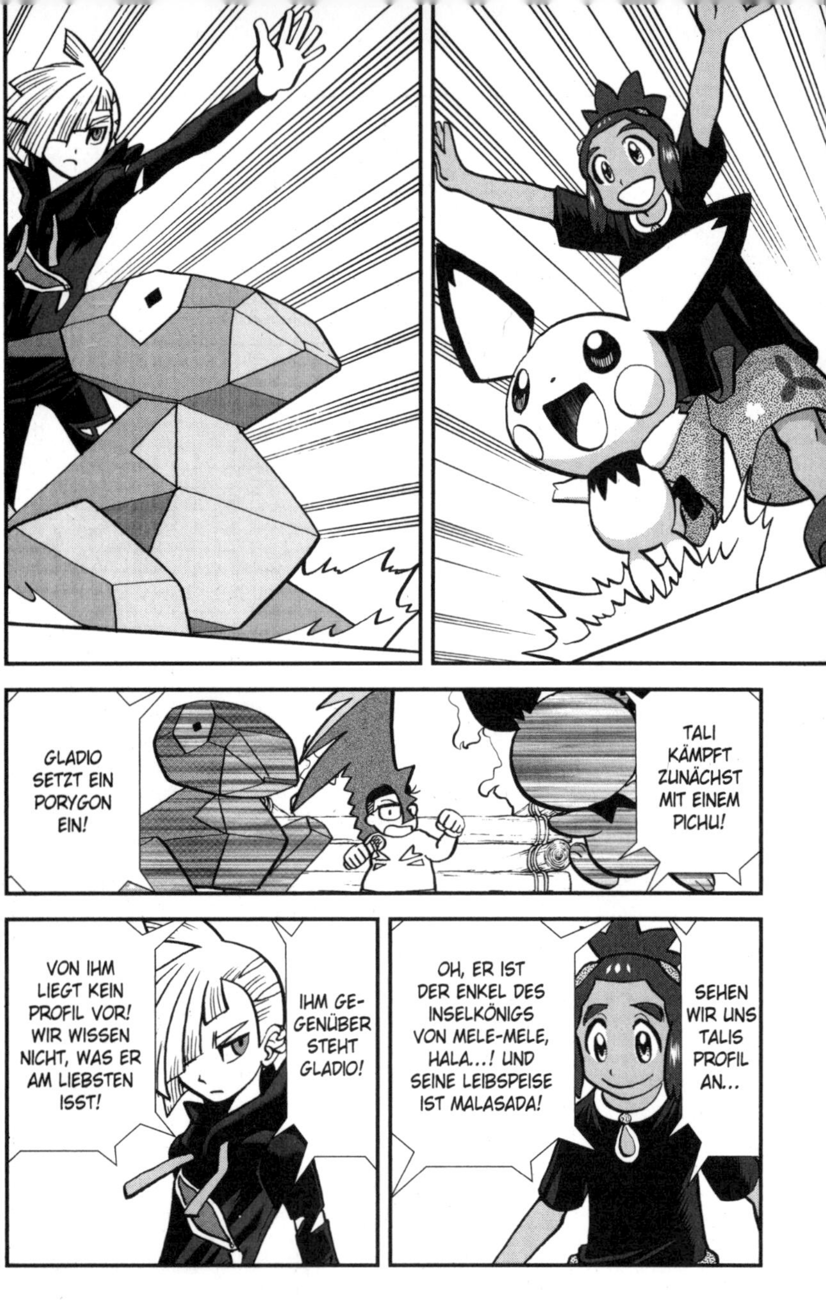
TALI KÄMPFT ZUNÄCHST MIT EINEM PICHU!
GLADIO SETZT EIN PORYGON EIN!
SEHEN WIR UNS TALIS PROFIL AN…
OH, ER IST DER ENKEL DES INSELKÖNIGS VON MELE-MELE, HALA…! UND SEINE LEIBSPEISE IST MALASADA!
IHM GEGENÜBER STEHT GLADIO!
VON IHM LIEGT KEIN PROFIL VOR! WIR WISSEN NICHT, WAS ER AM LIEBSTEN ISST!

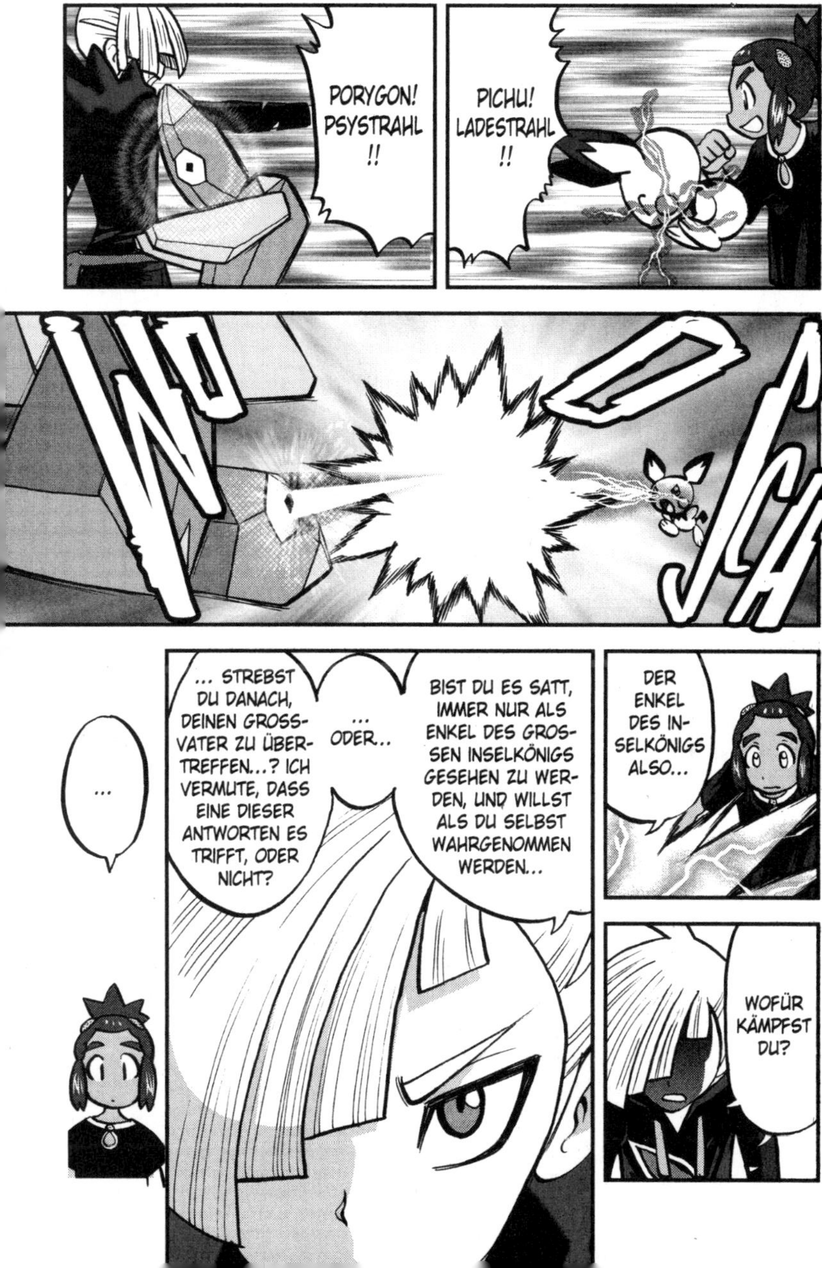
PICHU! LADESTRAHL !!
PORYGON! PSYSTRAHL !!
DER ENKEL DES INSELKÖNIGS ALSO...
WOFÜR KÄMPFST DU?
BIST DU ES SATT, IMMER NUR ALS ENKEL DES GROSSEN INSELKÖNIGS GESEHEN ZU WERDEN, UND WILLST ALS DU SELBST WAHRGENOMMEN WERDEN...
... ODER...
... STREBST DU DANACH, DEINEN GROSSVATER ZU ÜBERTREFFEN...? ICH VERMUTE, DASS EINE DIESER ANTWORTEN ES TRIFFT, ODER NICHT?
...

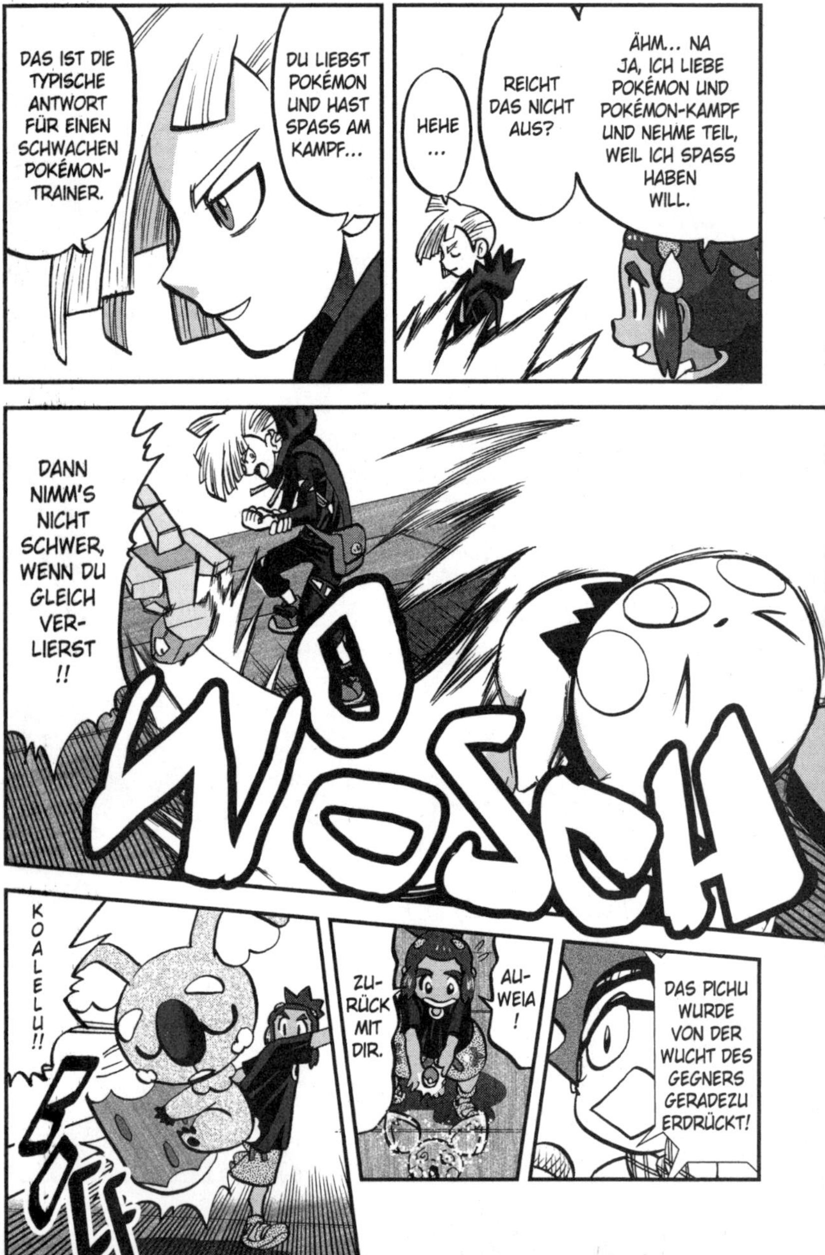
ÄHM… NA JA, ICH LIEBE POKÉMON UND POKÉMON-KAMPF UND NEHME TEIL, WEIL ICH SPASS HABEN WILL.
REICHT DAS NICHT AUS?
HEHE …
DU LIEBST POKÉMON UND HAST SPASS AM KAMPF…
DAS IST DIE TYPISCHE ANTWORT FÜR EINEN SCHWACHEN POKÉMON-TRAINER.
DANN NIMM'S NICHT SCHWER, WENN DU GLEICH VERLIERST!!
WOSCH
DAS PICHU WURDE VON DER WUCHT DES GEGNERS GERADEZU ERDRÜCKT!
AUWEIA!
ZURÜCK MIT DIR.
KOALELU!!

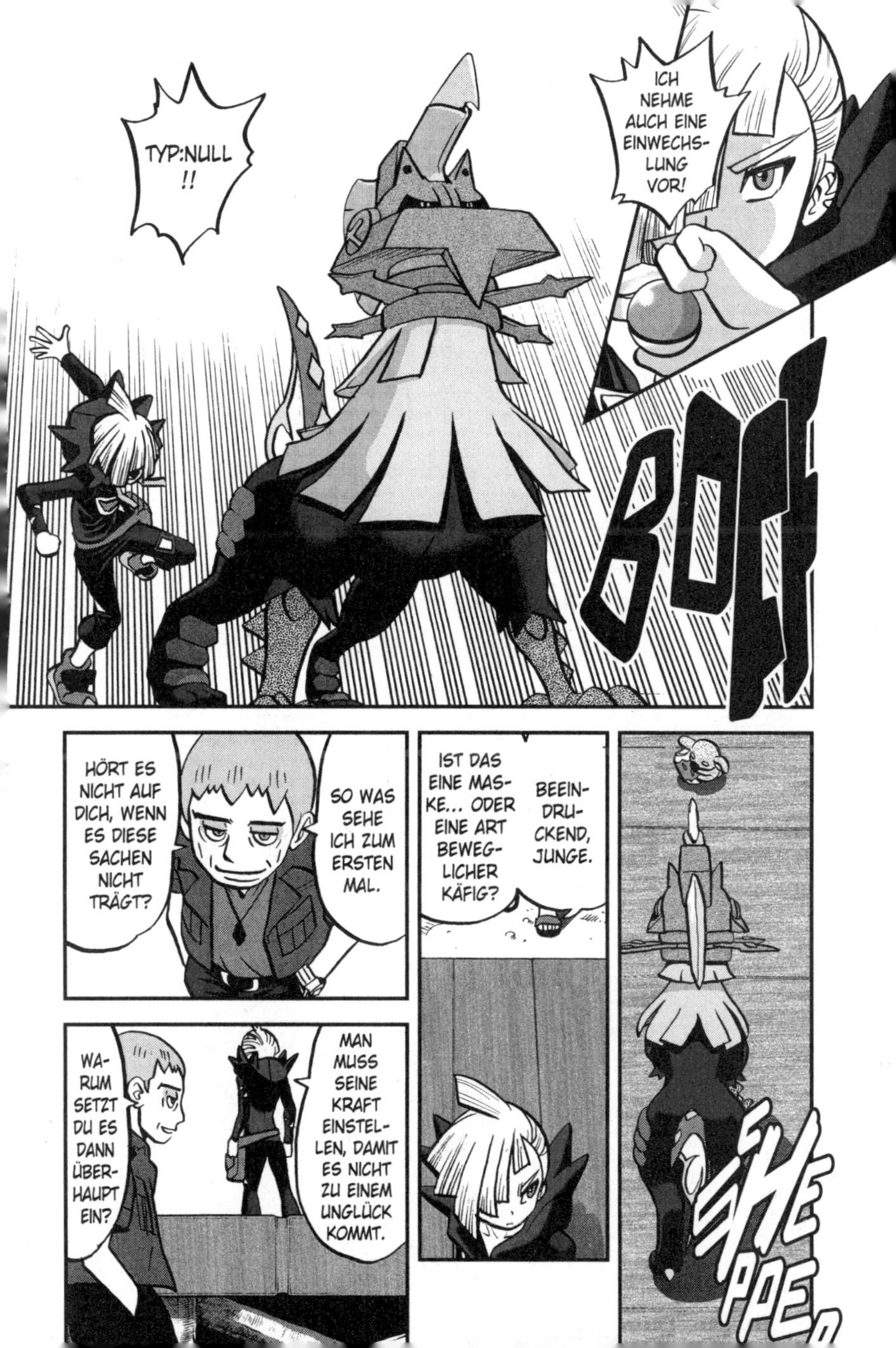

ICH NEHME AUCH EINE EINWECHSLUNG VOR!
BOFF
TYP:NULL !!
BEEINDRUCKEND, JUNGE.
IST DAS EINE MASKE… ODER EINE ART BEWEGLICHER KÄFIG?
SO WAS SEHE ICH ZUM ERSTEN MAL.
HÖRT ES NICHT AUF DICH, WENN ES DIESE SACHEN NICHT TRÄGT?
MAN MUSS SEINE KRAFT EINSTELLEN, DAMIT ES NICHT ZU EINEM UNGLÜCK KOMMT.
WARUM SETZT DU ES DANN ÜBERHAUPT EIN?

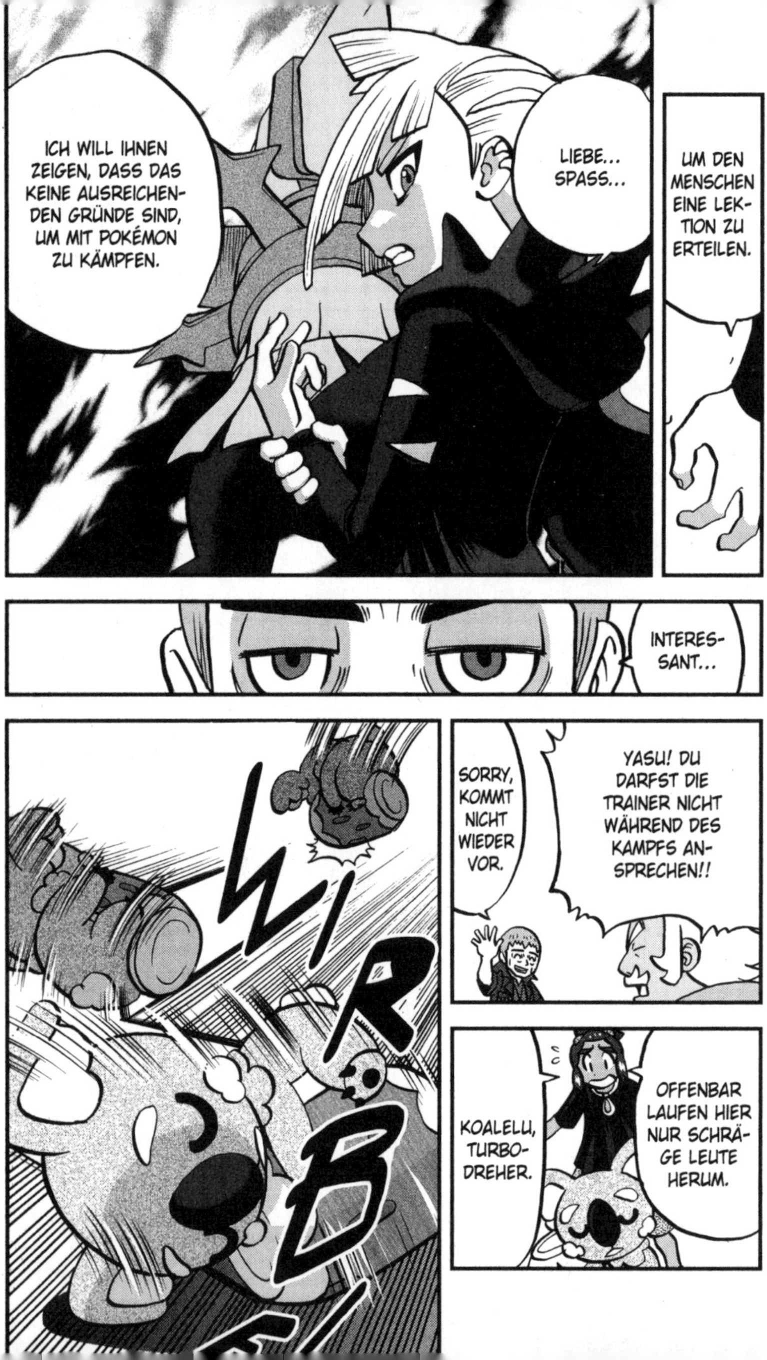
UM DEN MENSCHEN EINE LEKTION ZU ERTEILEN.
LIEBE... SPASS...
ICH WILL IHNEN ZEIGEN, DASS DAS KEINE AUSREICHENDEN GRÜNDE SIND, UM MIT POKÉMON ZU KÄMPFEN.
INTERESSANT...
YASU! DU DARFST DIE TRAINER NICHT WÄHREND DES KAMPFS ANSPRECHEN!!
SORRY, KOMMT NICHT WIEDER VOR.
OFFENBAR LAUFEN HIER NUR SCHRÄGE LEUTE HERUM.
KOALELU, TURBODREHER.
WIRB

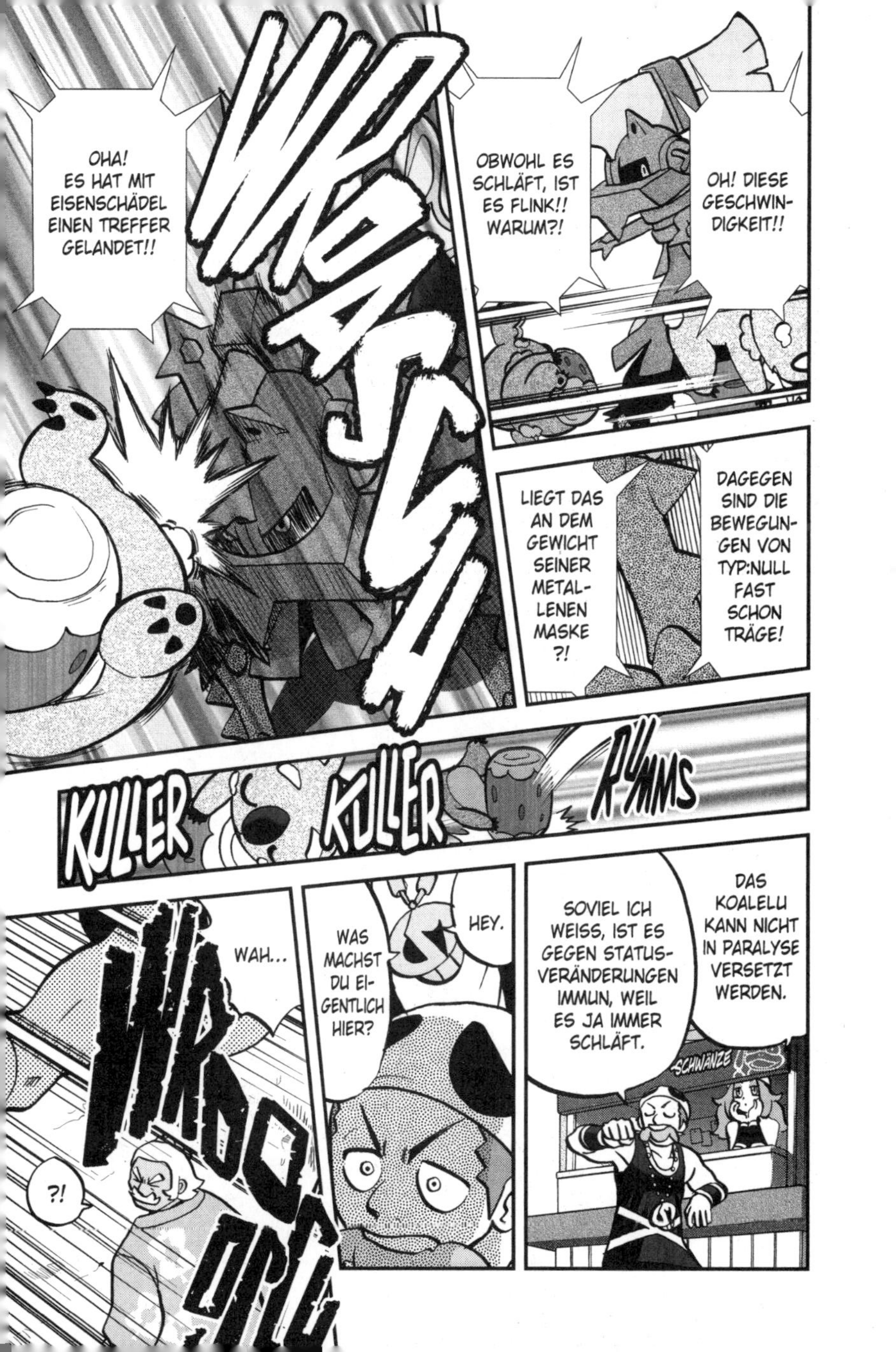
OH! DIESE GESCHWINDIGKEIT!!
OBWOHL ES SCHLÄFT, IST ES FLINK!! WARUM?!
OHA! ES HAT MIT EISENSCHÄDEL EINEN TREFFER GELANDET!!
WASCH
DAGEGEN SIND DIE BEWEGUNGEN VON TYP:NULL FAST SCHON TRÄGE!
LIEGT DAS AN DEM GEWICHT SEINER METALLENEN MASKE ?!
RUMMS
KULLER
KULLER
DAS KOALELU KANN NICHT IN PARALYSE VERSETZT WERDEN.
SOVIEL ICH WEISS, IST ES GEGEN STATUSVERÄNDERUNGEN IMMUN, WEIL ES JA IMMER SCHLÄFT.
SCHWÄNZE
HEY.
WAS MACHST DU EIGENTLICH HIER?
WAH...
?!

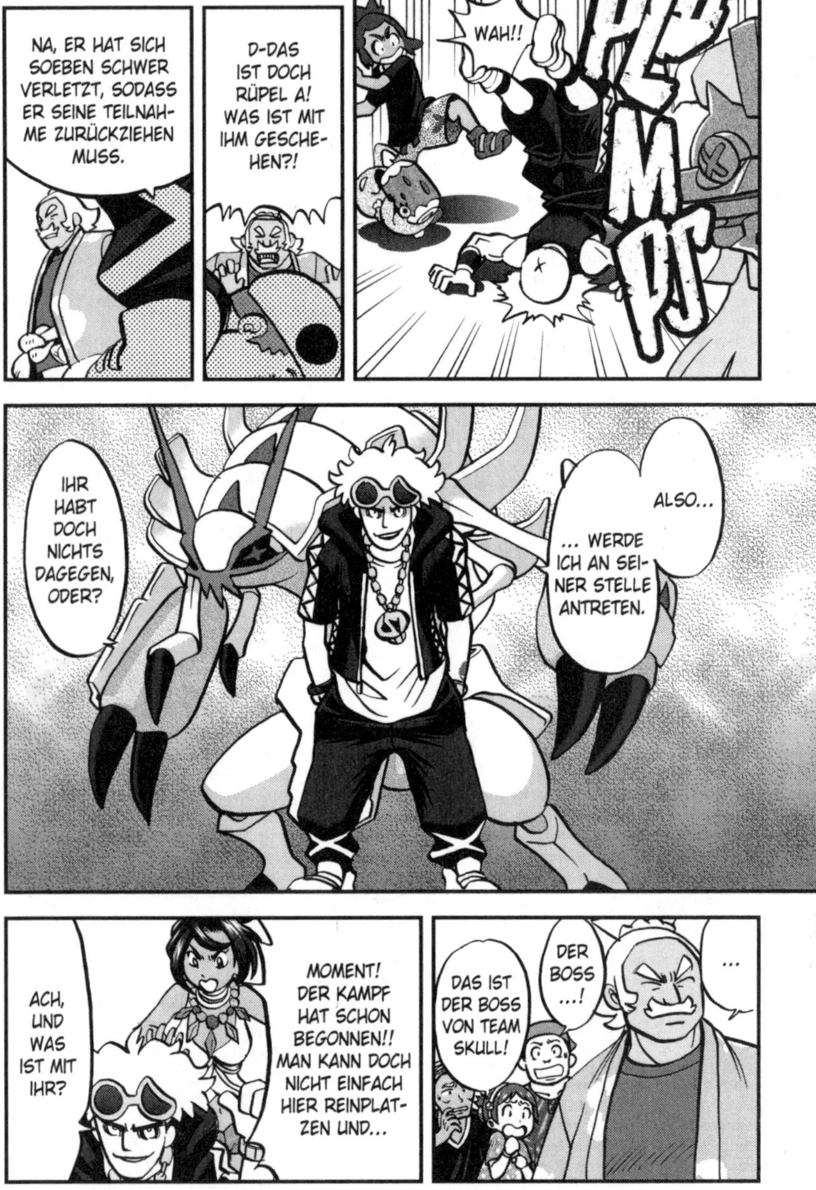
NA, ER HAT SICH SOEBEN SCHWER VERLETZT, SODASS ER SEINE TEILNAHME ZURÜCKZIEHEN MUSS.
D-DAS IST DOCH RÜPEL A! WAS IST MIT IHM GESCHEHEN?!
WAH!!
PLUMPS
IHR HABT DOCH NICHTS DAGEGEN, ODER?
ALSO...
... WERDE ICH AN SEINER STELLE ANTRETEN.
ACH, UND WAS IST MIT IHR?
MOMENT! DER KAMPF HAT SCHON BEGONNEN!! MAN KANN DOCH NICHT EINFACH HIER REINPLATZEN UND...
DAS IST DER BOSS VON TEAM SKULL!
DER BOSS ...!
...

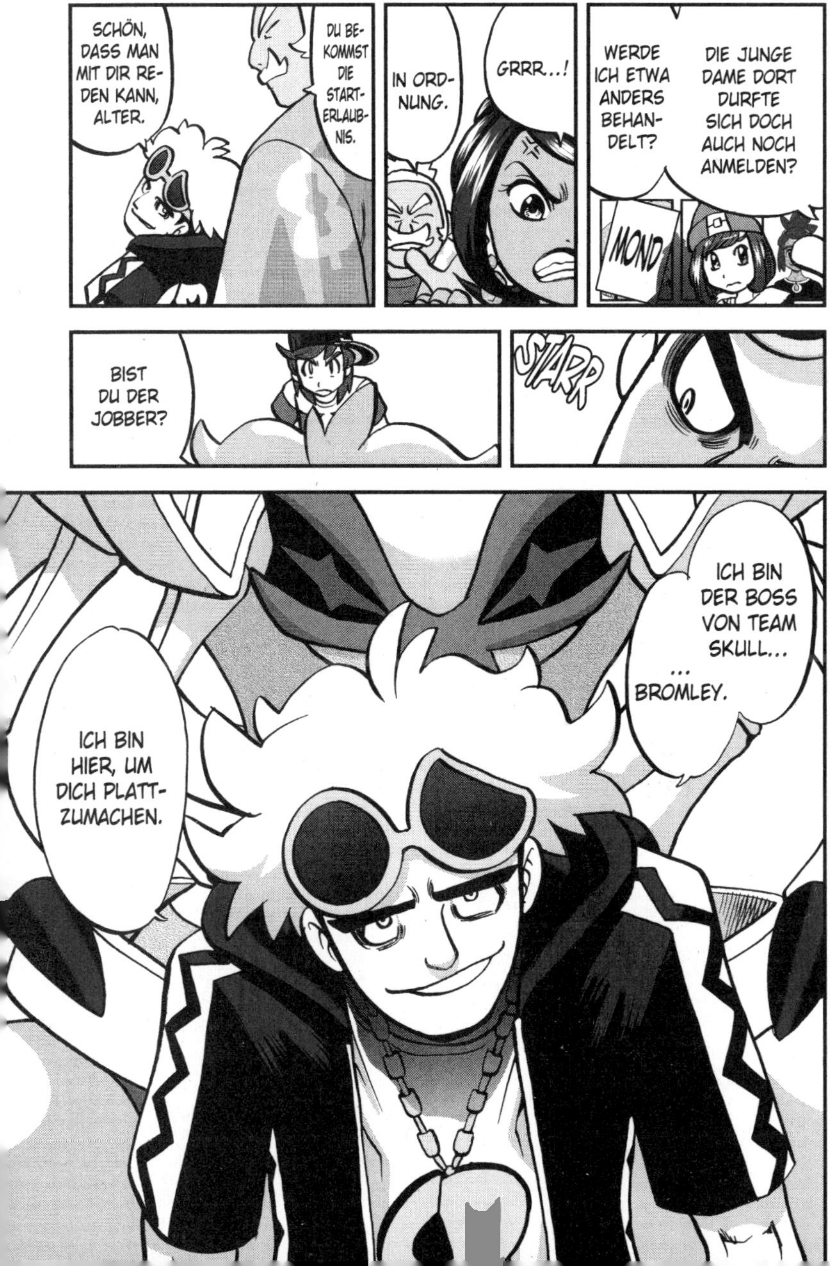
SCHÖN, DASS MAN MIT DIR REDEN KANN, ALTER.
DU BEKOMMST DIE STARTERLAUBNIS.
IN ORDNUNG.
GRRR…!
WERDE ICH ETWA ANDERS BEHANDELT?
DIE JUNGE DAME DORT DURFTE SICH DOCH AUCH NOCH ANMELDEN?
MOND
BIST DU DER JOBBER?
STARR
ICH BIN DER BOSS VON TEAM SKULL…
… BROMLEY.
ICH BIN HIER, UM DICH PLATTZUMACHEN.

GUFA-WERFEN

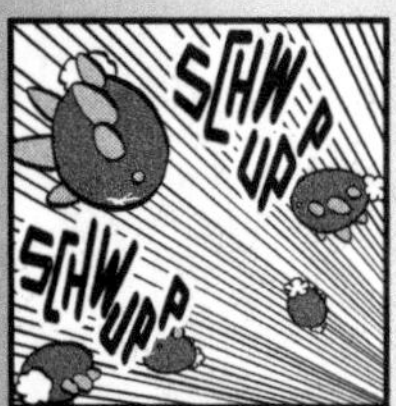

DA DIE GUFA, DIE IN GROSSEN MASSEN AM STRAND HERUMLIEGEN, DIE TOURISTEN ABSCHRECKEN, WERDEN LEUTE DAMIT BEAUFTRAGT, DIESE INS MEER ZURÜCKZUBEFÖRDERN. DIE GUFA UND SOMIT AUCH DEN JOB DES GUFA-WERFENS GIBT ES AUF JEDER DER INSELN DER ALOLA-REGION, DOCH DAS GUFA-AUFKOMMEN IST AM HANOHANO-STRAND AUF AKALA BESONDERS STARK AUSGEPRÄGT.

EPISODE 6 DER ZERSTÖRERISCHE BROMLEY

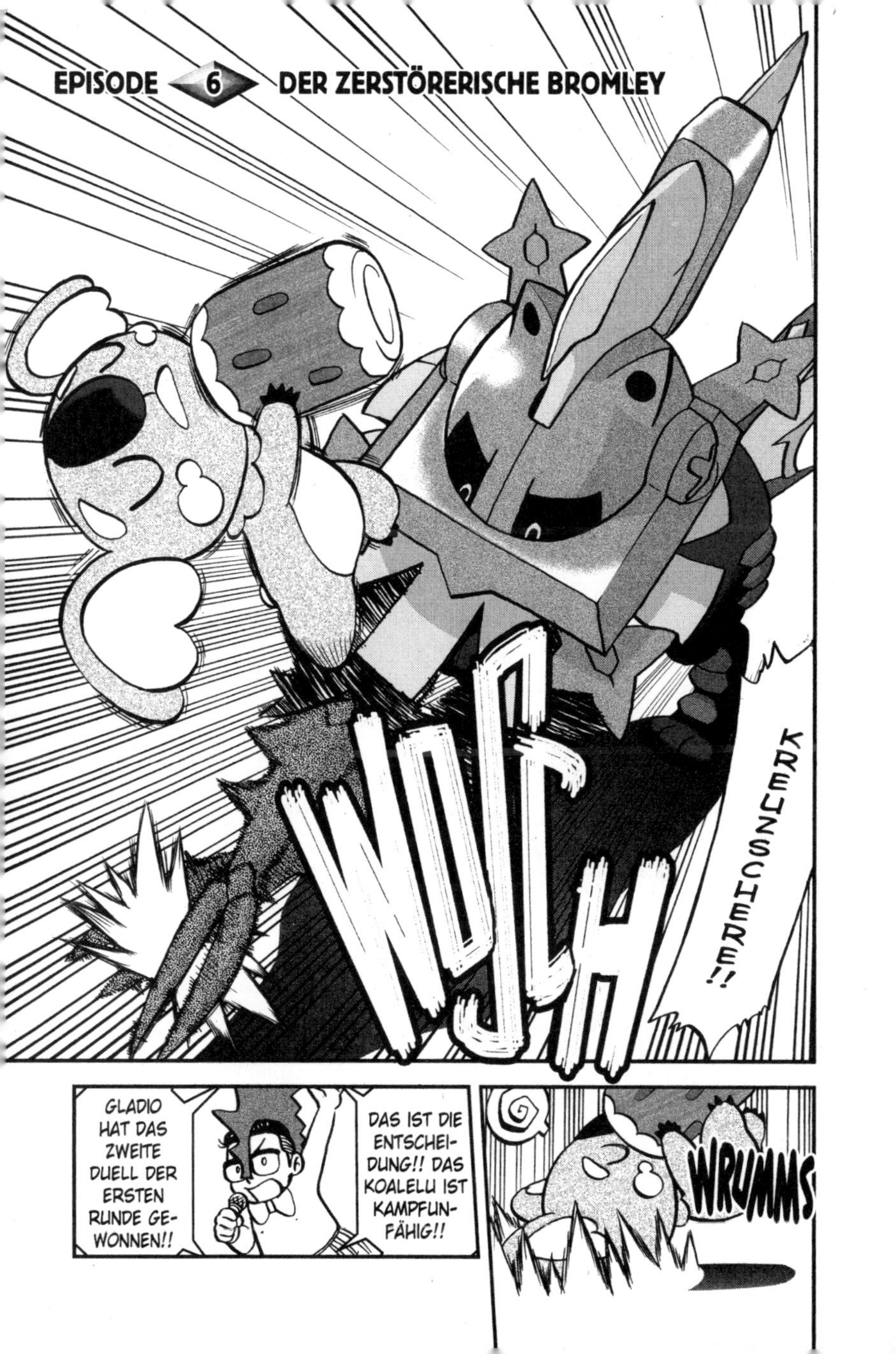

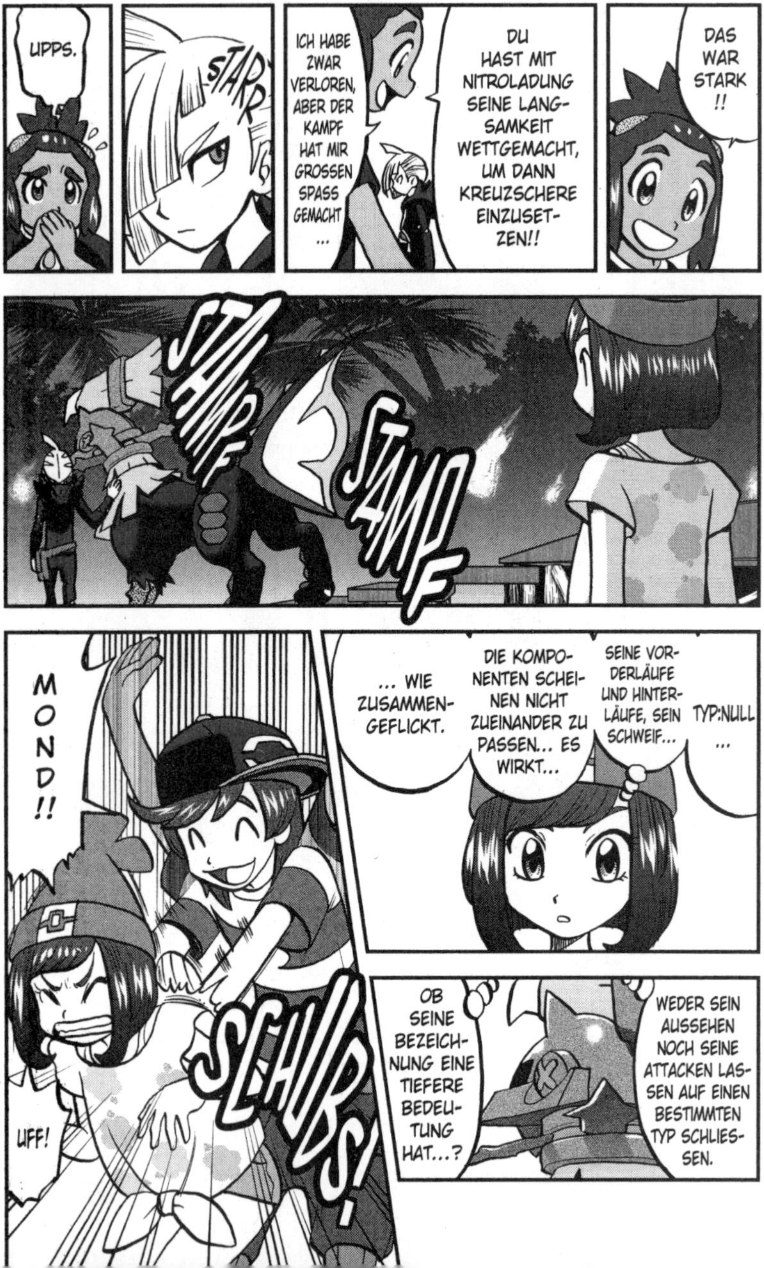
DAS WAR STARK!!
DU HAST MIT NITROLADUNG SEINE LANGSAMKEIT WETTGEMACHT, UM DANN KREUZSCHERE EINZUSETZEN!!
ICH HABE ZWAR VERLOREN, ABER DER KAMPF HAT MIR GROSSEN SPASS GEMACHT ...
STARR
UPPS.
STAMPF
STAMPF
TYP:NULL ...
SEINE VORDERLÄUFE UND HINTERLÄUFE, SEIN SCHWEIF...
DIE KOMPONENTEN SCHEINEN NICHT ZUEINANDER ZU PASSEN... ES WIRKT...
... WIE ZUSAMMENGEFLICKT.
WEDER SEIN AUSSEHEN NOCH SEINE ATTACKEN LASSEN AUF EINEN BESTIMMTEN TYP SCHLIESSEN.
OB SEINE BEZEICHNUNG EINE TIEFERE BEDEUTUNG HAT...?
MOND!!
SCHUBS!
UFF!

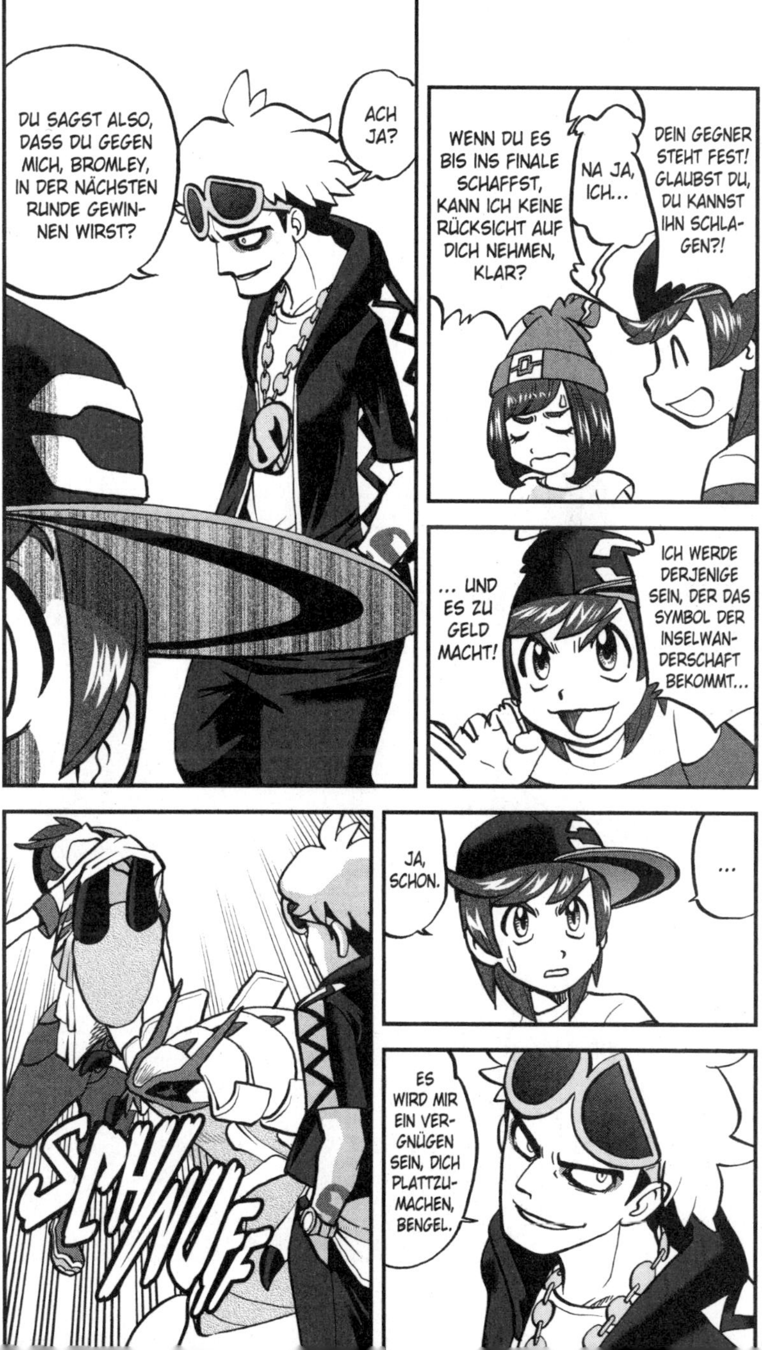
DU SAGST ALSO, DASS DU GEGEN MICH, BROMLEY, IN DER NÄCHSTEN RUNDE GEWINNEN WIRST?
ACH JA?
WENN DU ES BIS INS FINALE SCHAFFST, KANN ICH KEINE RÜCKSICHT AUF DICH NEHMEN, KLAR?
NA JA, ICH...
DEIN GEGNER STEHT FEST! GLAUBST DU, DU KANNST IHN SCHLAGEN?!
ICH WERDE DERJENIGE SEIN, DER DAS SYMBOL DER INSELWANDERSCHAFT BEKOMMT...
... UND ES ZU GELD MACHT!
...
JA, SCHON.
SCHNUF
ES WIRD MIR EIN VERGNÜGEN SEIN, DICH PLATTZUMACHEN, BENGEL.

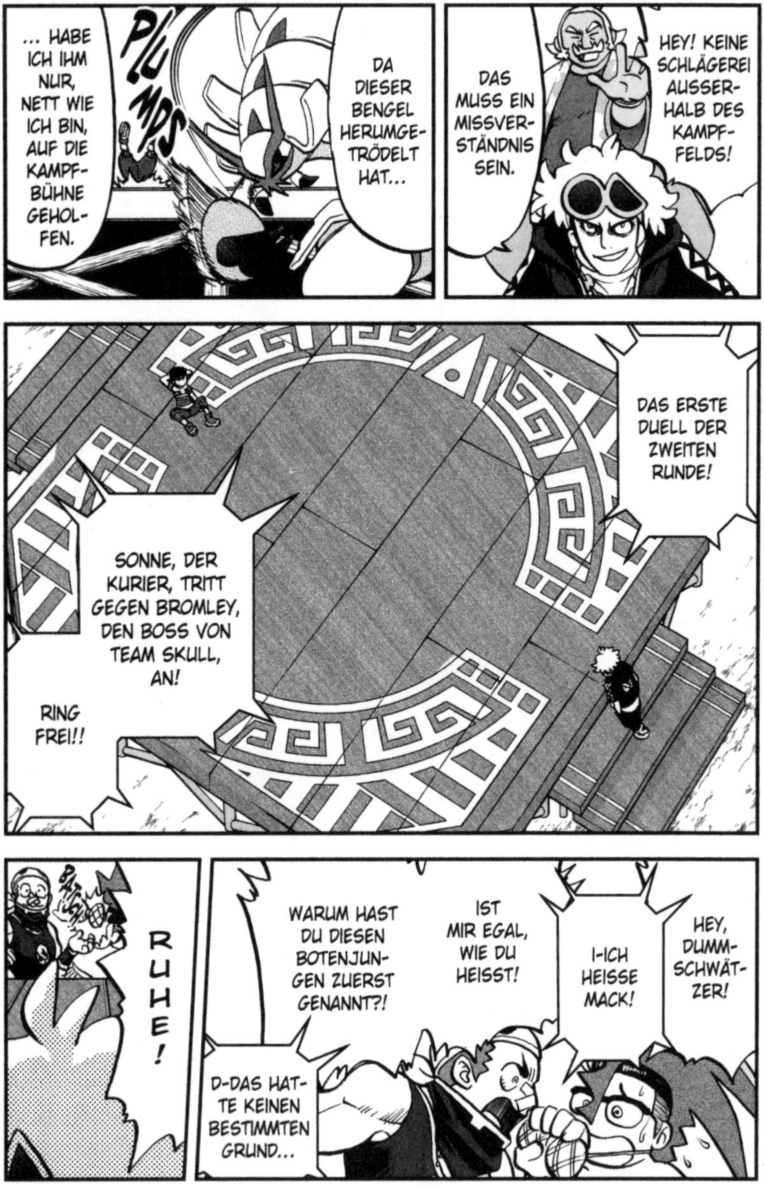
HEY! KEINE SCHLÄGEREI AUSSERHALB DES KAMPFFELDS!
DAS MUSS EIN MISSVERSTÄNDNIS SEIN.
DA DIESER BENGEL HERUMGETRÖDELT HAT…
PLUMPS
… HABE ICH IHM NUR, NETT WIE ICH BIN, AUF DIE KAMPFBÜHNE GEHOLFEN.
DAS ERSTE DUELL DER ZWEITEN RUNDE!
SONNE, DER KURIER, TRITT GEGEN BROMLEY, DEN BOSS VON TEAM SKULL, AN!
RING FREI!!
HEY, DUMMSCHWÄTZER!
I-ICH HEISSE MACK!
IST MIR EGAL, WIE DU HEISST!
WARUM HAST DU DIESEN BOTENJUNGEN ZUERST GENANNT?!
D-DAS HATTE KEINEN BESTIMMTEN GRUND…
BATSCH
RUHE!

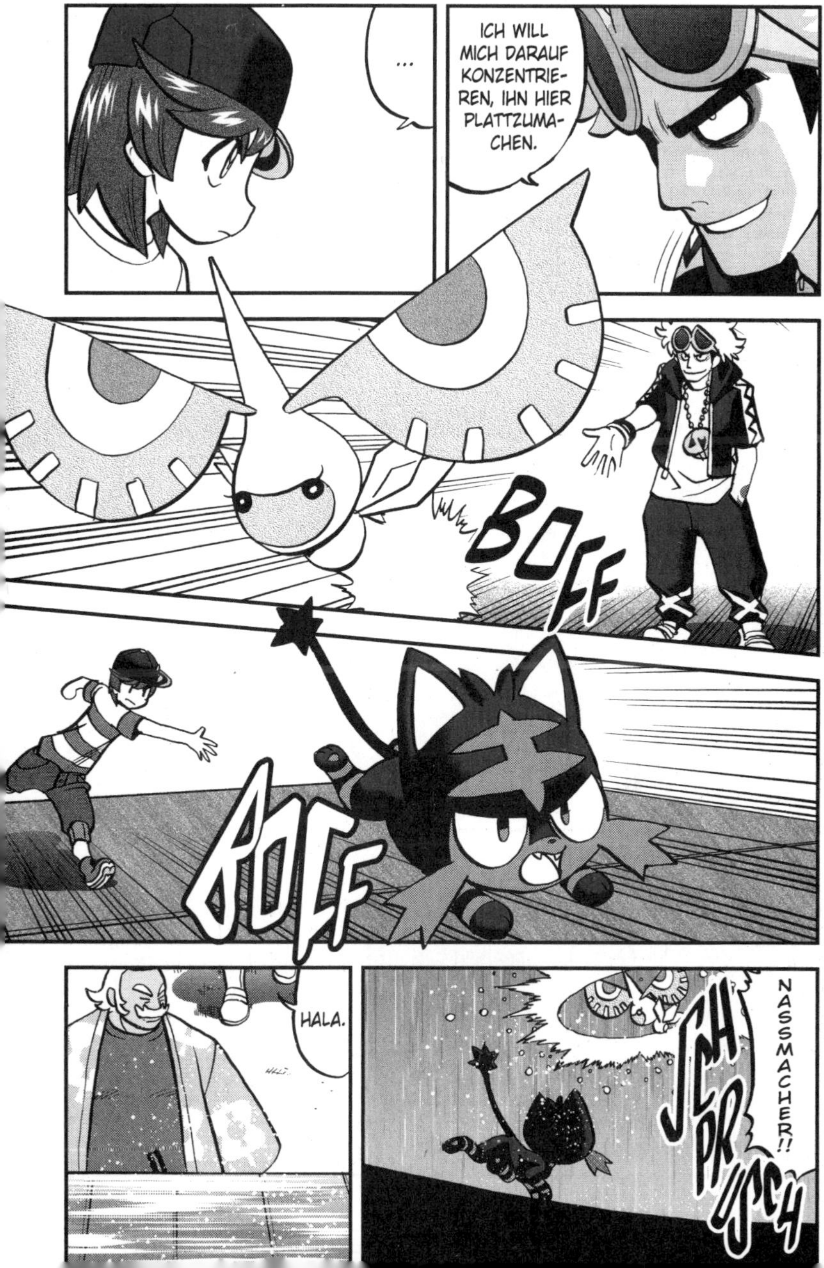
...
ICH WILL MICH DARAUF KONZENTRIEREN, IHN HIER PLATTZUMACHEN.
BOFF
BOFF
HALA.
NASSMACHER!!
SCHPRUSCH

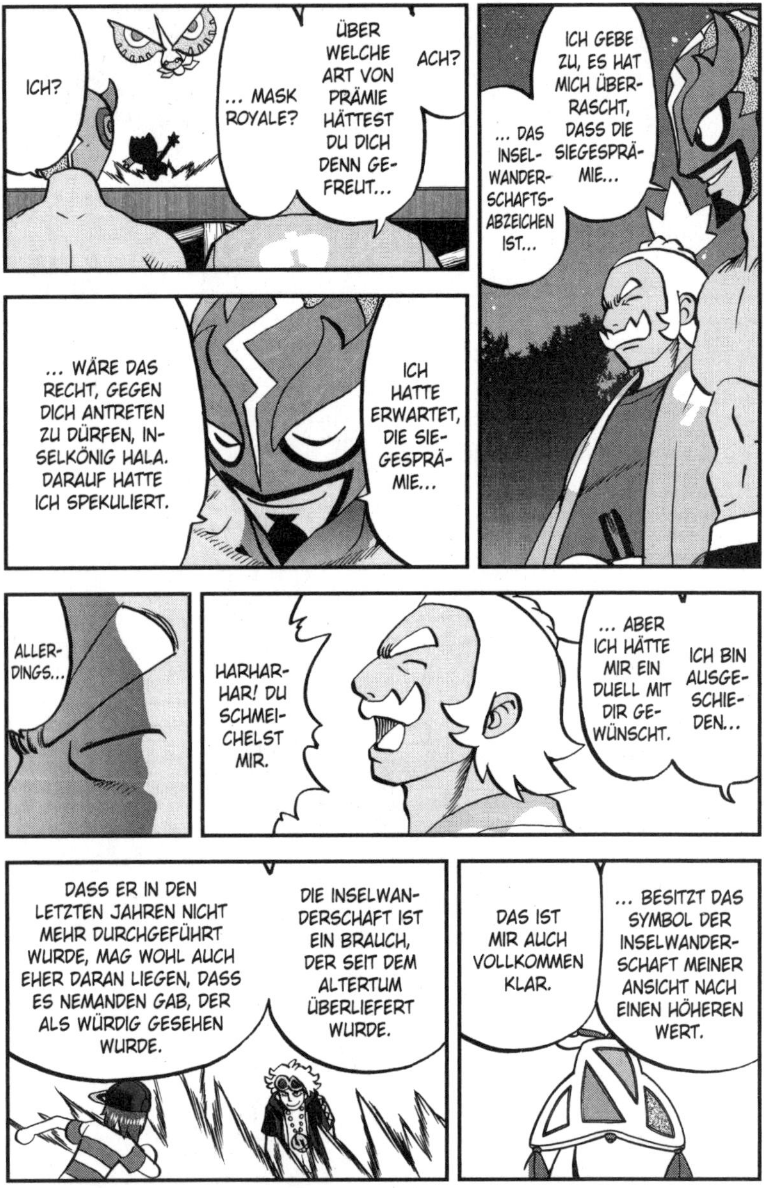
ICH GEBE ZU, ES HAT MICH ÜBERRASCHT, DASS DIE SIEGESPRÄMIE...
... DAS INSELWANDERSCHAFTSABZEICHEN IST...
ACH?
ÜBER WELCHE ART VON PRÄMIE HÄTTEST DU DICH DENN GEFREUT...
... MASK ROYALE?
ICH?
ICH HATTE ERWARTET, DIE SIEGESPRÄMIE...
... WÄRE DAS RECHT, GEGEN DICH ANTRETEN ZU DÜRFEN, INSELKÖNIG HALA. DARAUF HATTE ICH SPEKULIERT.
ICH BIN AUSGESCHIEDEN...
... ABER ICH HÄTTE MIR EIN DUELL MIT DIR GEWÜNSCHT.
HARHARHAR! DU SCHMEICHELST MIR.
ALLERDINGS...
... BESITZT DAS SYMBOL DER INSELWANDERSCHAFT MEINER ANSICHT NACH EINEN HÖHEREN WERT.
DAS IST MIR AUCH VOLLKOMMEN KLAR.
DIE INSELWANDERSCHAFT IST EIN BRAUCH, DER SEIT DEM ALTERTUM ÜBERLIEFERT WURDE.
DASS ER IN DEN LETZTEN JAHREN NICHT MEHR DURCHGEFÜHRT WURDE, MAG WOHL AUCH EHER DARAN LIEGEN, DASS ES NEMANDEN GAB, DER ALS WÜRDIG GESEHEN WURDE.

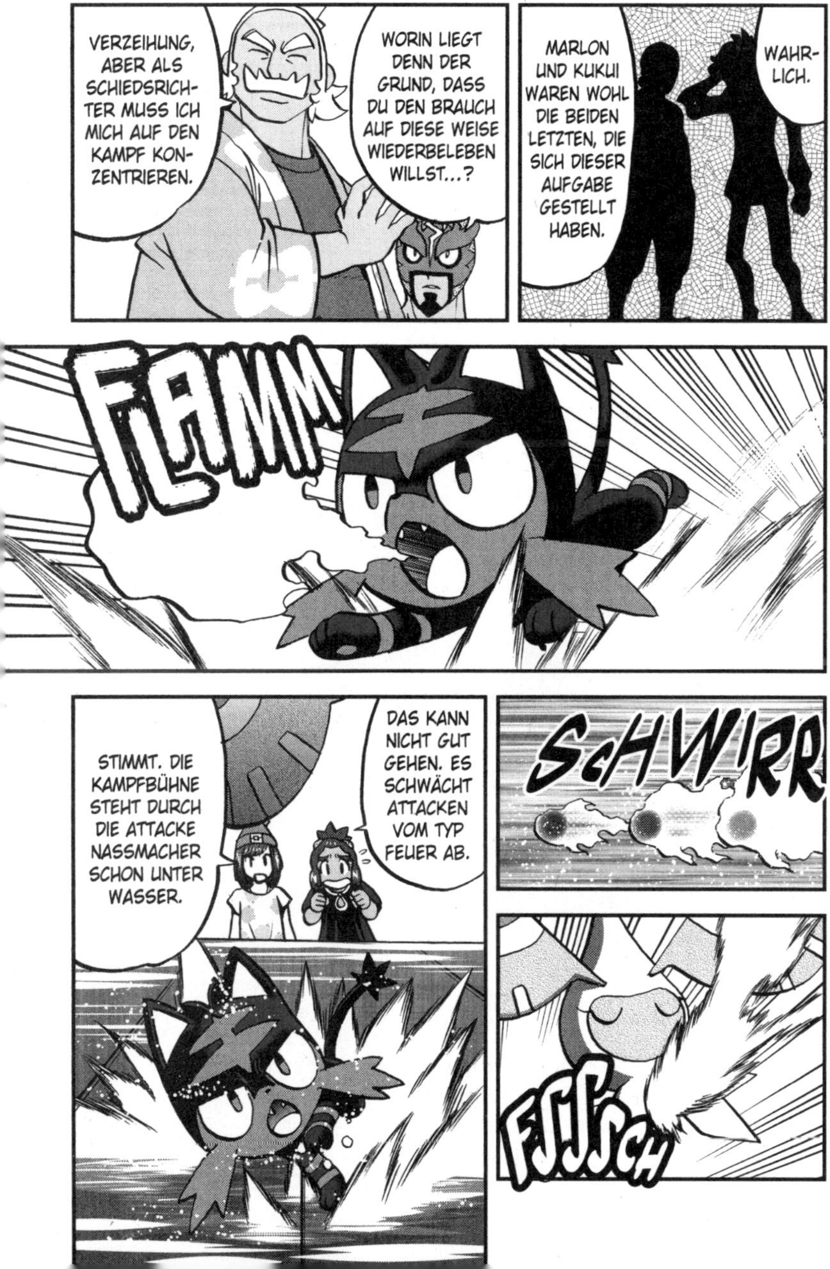

WORIN LIEGT DENN DER GRUND, DASS DU DEN BRAUCH AUF DIESE WEISE WIEDERBELEBEN WILLST...?
VERZEIHUNG, ABER ALS SCHIEDSRICHTER MUSS ICH MICH AUF DEN KAMPF KONZENTRIEREN.
WAHRLICH.
MARLON UND KUKUI WAREN WOHL DIE BEIDEN LETZTEN, DIE SICH DIESER AUFGABE GESTELLT HABEN.
FLAMM
DAS KANN NICHT GUT GEHEN. ES SCHWÄCHT ATTACKEN VOM TYP FEUER AB.
STIMMT. DIE KAMPFBÜHNE STEHT DURCH DIE ATTACKE NASSMACHER SCHON UNTER WASSER.
SCHWIRR
FSSSCH

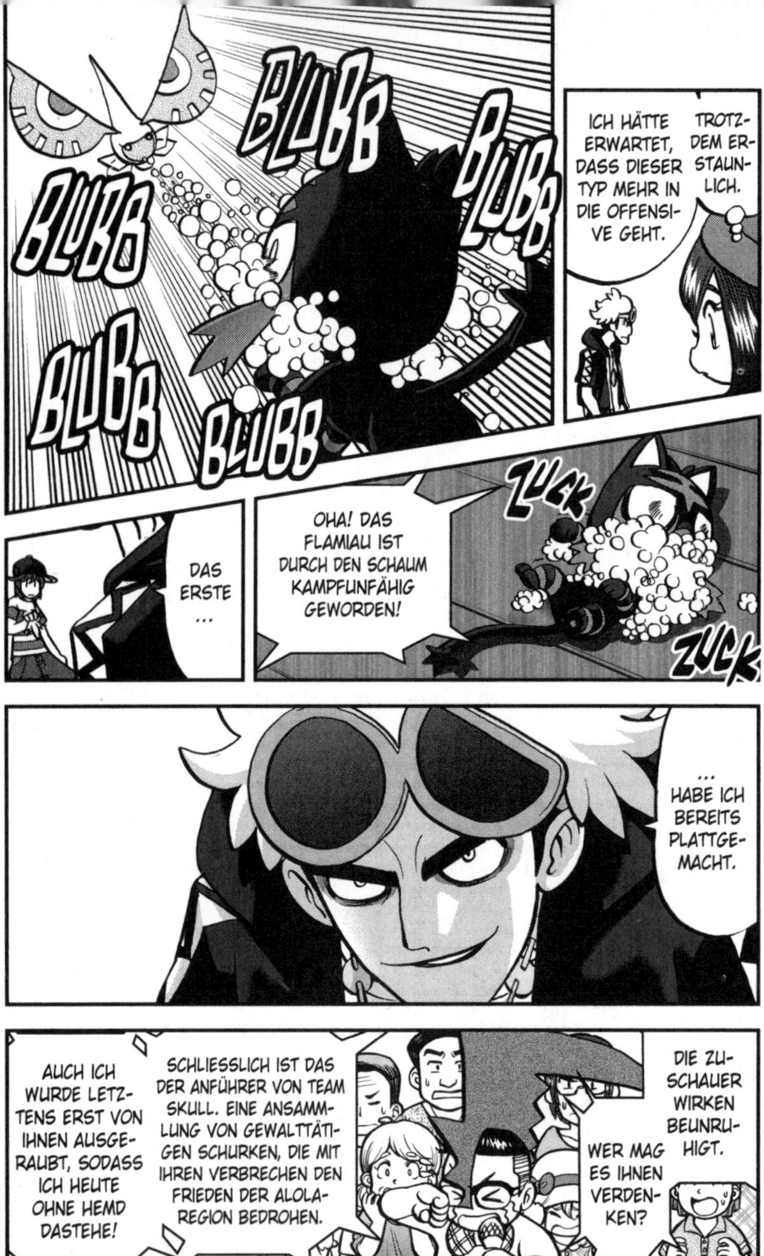
BLUBB
BLUBB
BLUBB
BLUBB
BLUBB
ICH HÄTTE ERWARTET, DASS DIESER TYP MEHR IN DIE OFFENSIVE GEHT.
TROTZDEM ERSTAUNLICH.
DAS ERSTE …
OHA! DAS FLAMIAU IST DURCH DEN SCHAUM KAMPFUNFÄHIG GEWORDEN!
ZUCK
ZUCK
… HABE ICH BEREITS PLATTGEMACHT.
AUCH ICH WURDE LETZTENS ERST VON IHNEN AUSGERAUBT, SODASS ICH HEUTE OHNE HEMD DASTEHE!
SCHLIESSLICH IST DAS DER ANFÜHRER VON TEAM SKULL. EINE ANSAMMLUNG VON GEWALTTÄTIGEN SCHURKEN, DIE MIT IHREN VERBRECHEN DEN FRIEDEN DER ALOLA-REGION BEDROHEN.
DIE ZUSCHAUER WIRKEN BEUNRUHIGT.
WER MAG ES IHNEN VERDENKEN?

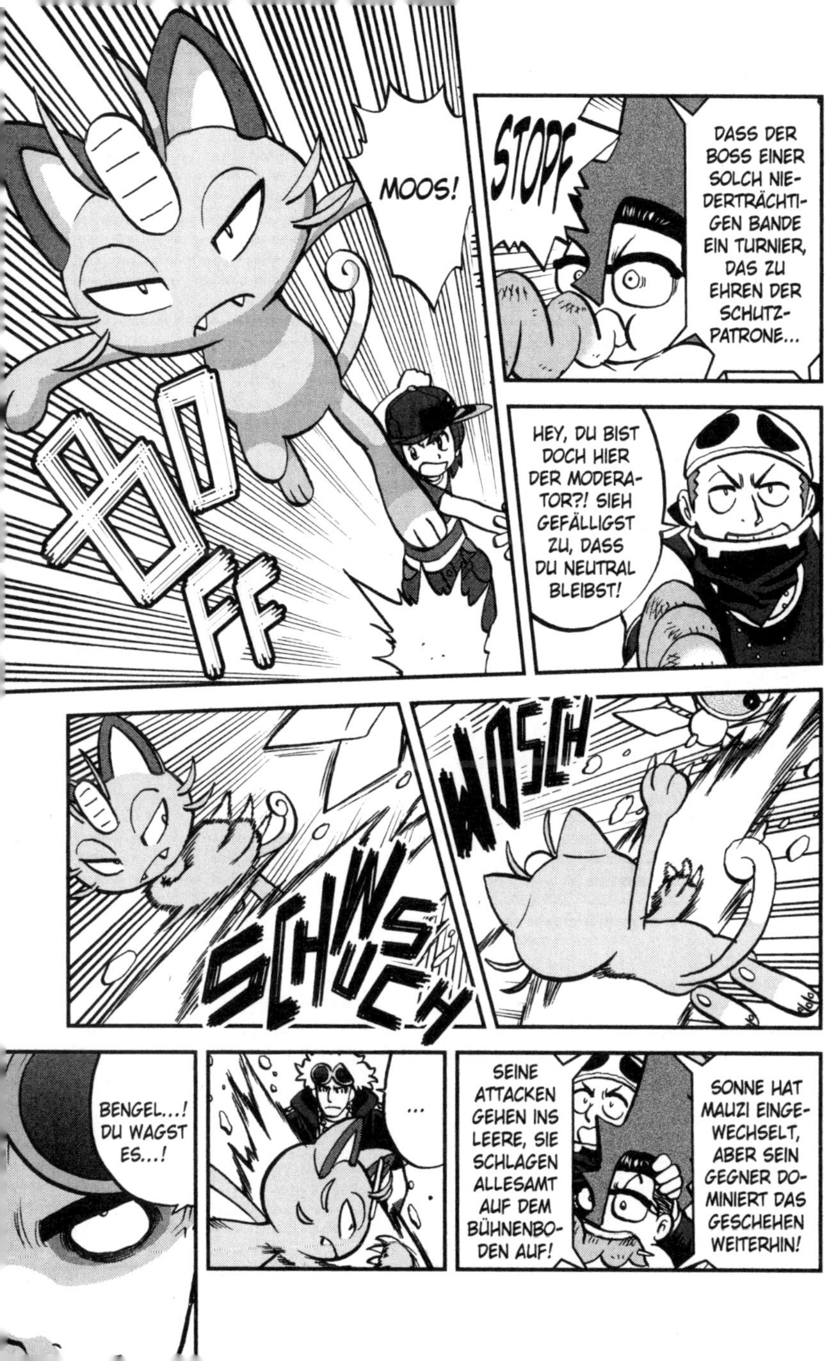
MOOS!
STOPF
DASS DER BOSS EINER SOLCH NIEDERTRÄCHTIGEN BANDE EIN TURNIER, DAS ZU EHREN DER SCHUTZPATRONE...
HEY, DU BIST DOCH HIER DER MODERATOR?! SIEH GEFÄLLIGST ZU, DASS DU NEUTRAL BLEIBST!
WOSCH
SCHWUSCH
SONNE HAT MAUZI EINGEWECHSELT, ABER SEIN GEGNER DOMINIERT DAS GESCHEHEN WEITERHIN!
SEINE ATTACKEN GEHEN INS LEERE, SIE SCHLAGEN ALLESAMT AUF DEM BÜHNENBODEN AUF!
...
BENGEL...! DU WAGST ES...!

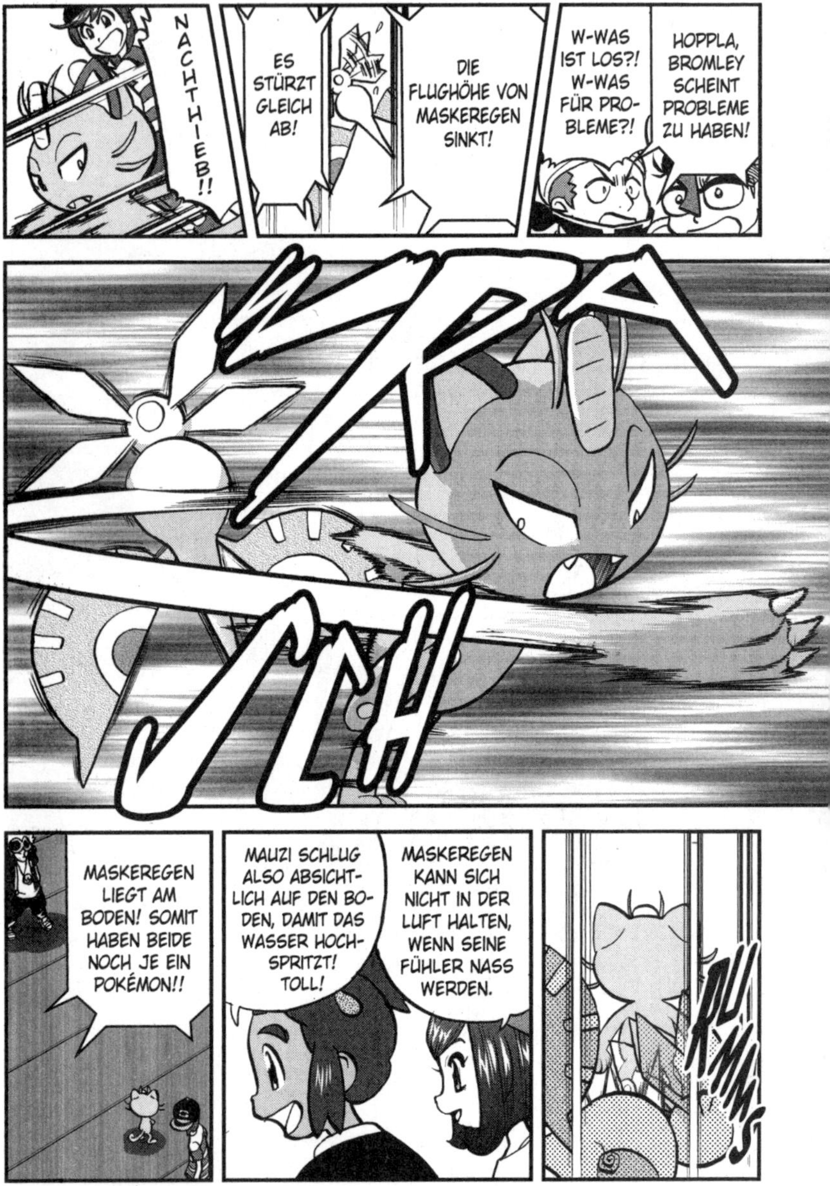
HOPPLA, BROMLEY SCHEINT PROBLEME ZU HABEN!
W-WAS IST LOS?! W-WAS FÜR PROBLEME?!
DIE FLUGHÖHE VON MASKEREGEN SINKT!
ES STÜRZT GLEICH AB!
NACHTHIEB!!
MASKEREGEN KANN SICH NICHT IN DER LUFT HALTEN, WENN SEINE FÜHLER NASS WERDEN.
MAUZI SCHLUG ALSO ABSICHTLICH AUF DEN BODEN, DAMIT DAS WASSER HOCHSPRITZT! TOLL!
MASKEREGEN LIEGT AM BODEN! SOMIT HABEN BEIDE NOCH JE EIN POKÉMON!!

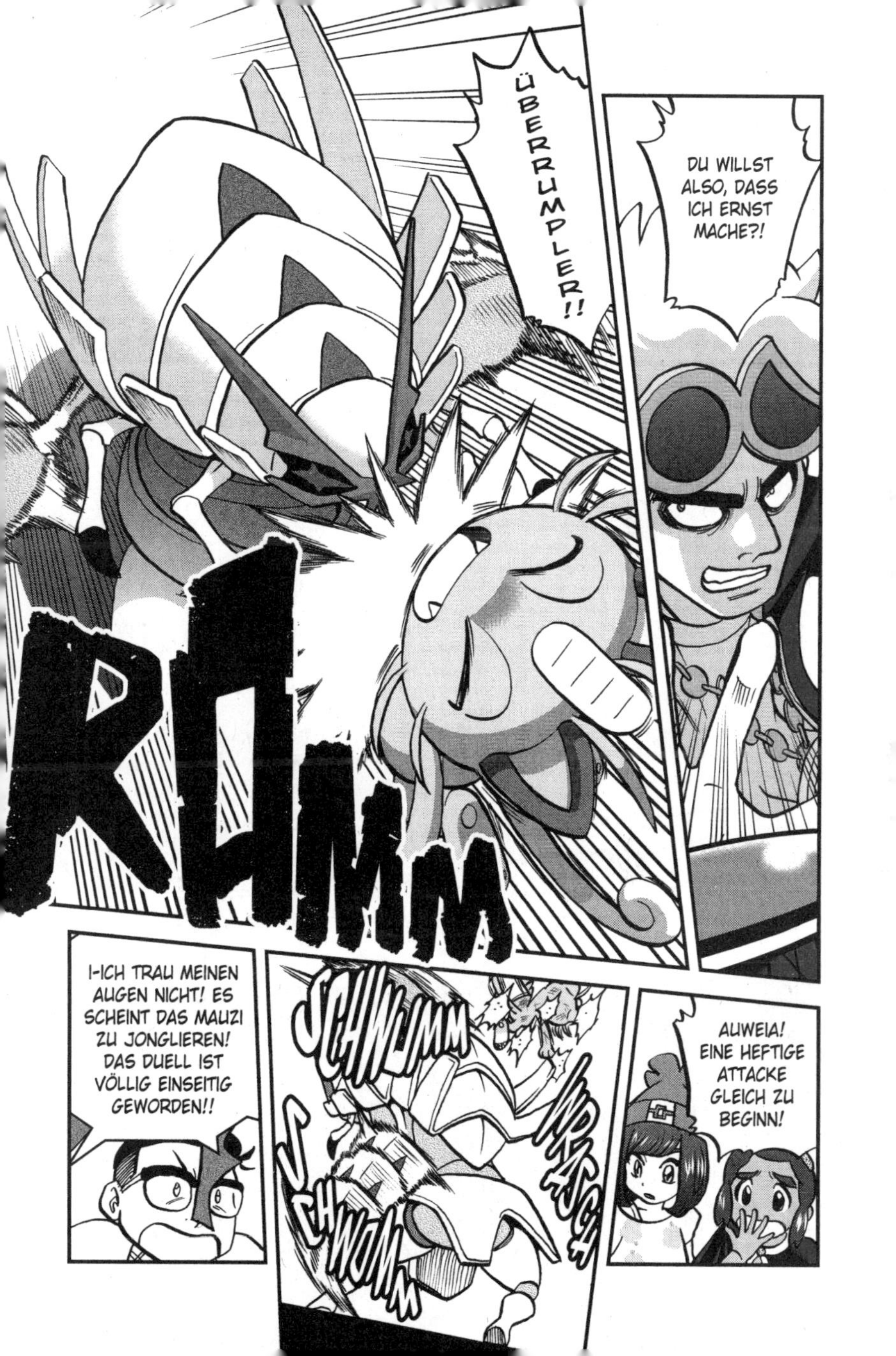
DU WILLST ALSO, DASS ICH ERNST MACHE?!
ÜBERRUMPLER!!
RUMM
AUWEIA! EINE HEFTIGE ATTACKE GLEICH ZU BEGINN!
SCHWUMM
SCHWUMM
I-ICH TRAU MEINEN AUGEN NICHT! ES SCHEINT DAS MAUZI ZU JONGLIEREN! DAS DUELL IST VÖLLIG EINSEITIG GEWORDEN!!

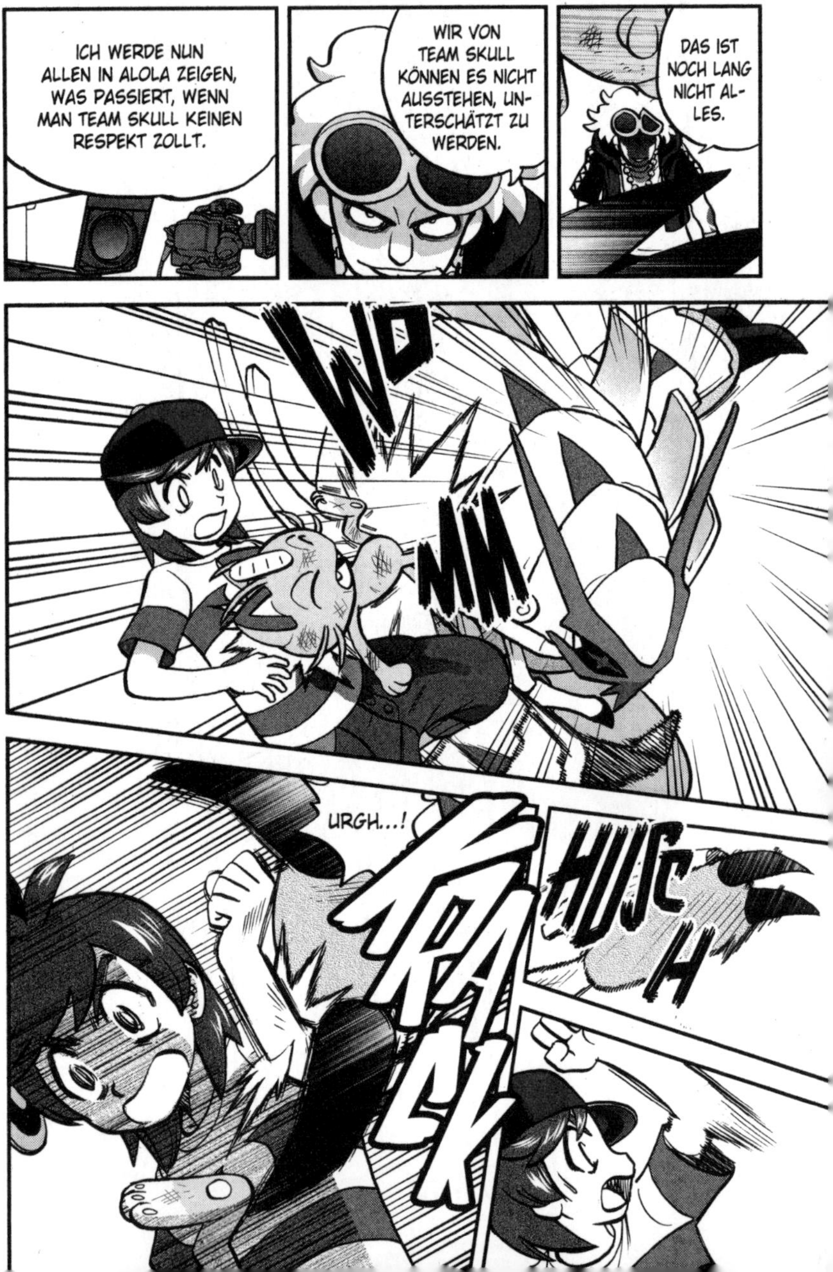
ICH WERDE NUN ALLEN IN ALOLA ZEIGEN, WAS PASSIERT, WENN MAN TEAM SKULL KEINEN RESPEKT ZOLLT.
WIR VON TEAM SKULL KÖNNEN ES NICHT AUSSTEHEN, UNTERSCHÄTZT ZU WERDEN.
DAS IST NOCH LANG NICHT ALLES.
WUMM
URGH...!
KRACK
HUSCH

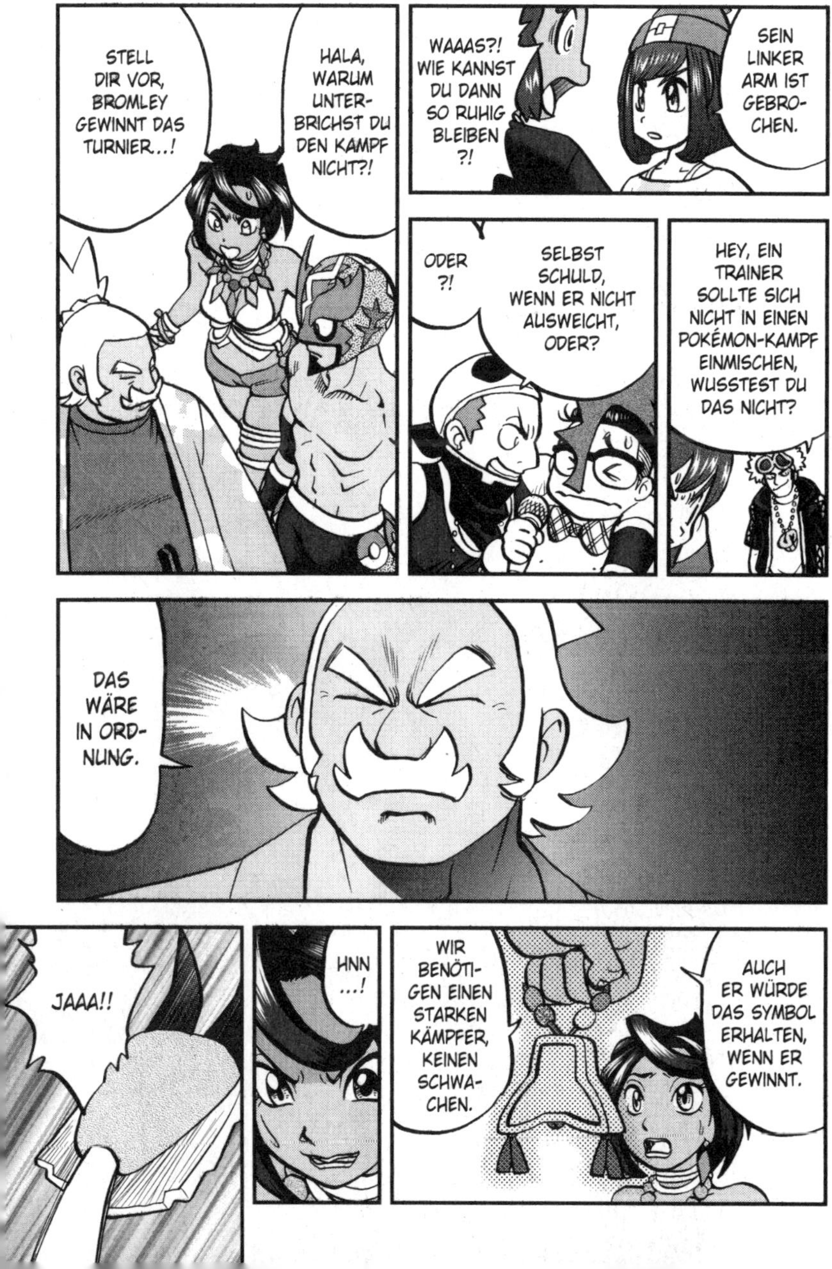
SEIN LINKER ARM IST GEBRO-CHEN.
WAAAS?! WIE KANNST DU DANN SO RUHIG BLEIBEN ?!
HALA, WARUM UNTER-BRICHST DU DEN KAMPF NICHT?!
STELL DIR VOR, BROMLEY GEWINNT DAS TURNIER…!
HEY, EIN TRAINER SOLLTE SICH NICHT IN EINEN POKÉMON-KAMPF EINMISCHEN, WUSSTEST DU DAS NICHT?
SELBST SCHULD, WENN ER NICHT AUSWEICHT, ODER?
ODER ?!
DAS WÄRE IN ORD-NUNG.
AUCH ER WÜRDE DAS SYMBOL ERHALTEN, WENN ER GEWINNT.
WIR BENÖTI-GEN EINEN STARKEN KÄMPFER, KEINEN SCHWA-CHEN.
HNN …!
JAAA!!

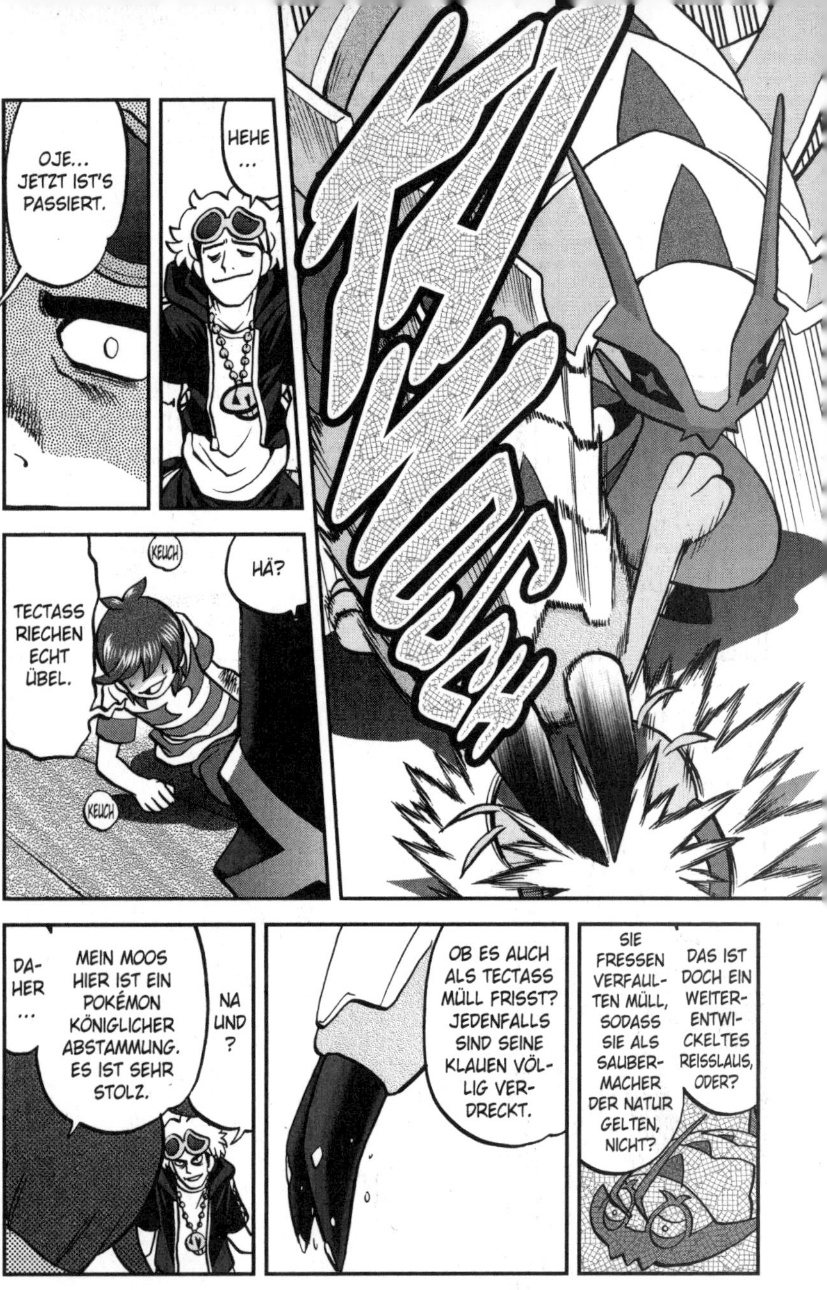

HEHE …
OJE … JETZT IST'S PASSIERT.
HÄ?
KEUCH
TECTASS RIECHEN ECHT ÜBEL.
KEUCH
DAS IST DOCH EIN WEITERENTWICKELTES REISSLAUS, ODER?
SIE FRESSEN VERFAULTEN MÜLL, SODASS SIE ALS SAUBERMACHER DER NATUR GELTEN, NICHT?
OB ES AUCH ALS TECTASS MÜLL FRISST? JEDENFALLS SIND SEINE KLAUEN VÖLLIG VERDRECKT.
NA UND?
MEIN MOOS HIER IST EIN POKÉMON KÖNIGLICHER ABSTAMMUNG. ES IST SEHR STOLZ.
DAHER …

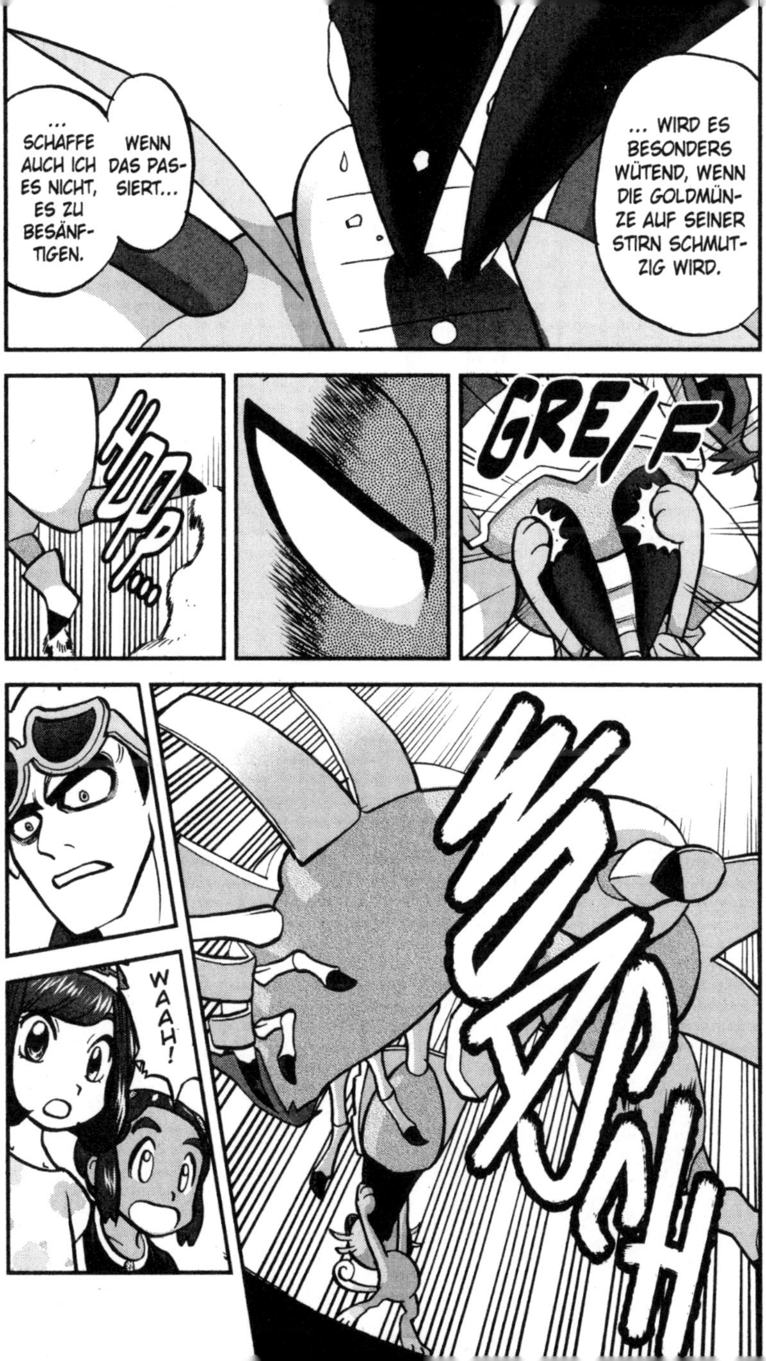
… WIRD ES BESONDERS WÜTEND, WENN DIE GOLDMÜNZE AUF SEINER STIRN SCHMUTZIG WIRD.
WENN DAS PASSIERT…
… SCHAFFE AUCH ICH ES NICHT, ES ZU BESÄNFTIGEN.
GREIF
HUP…
WUASCH
WAAH!

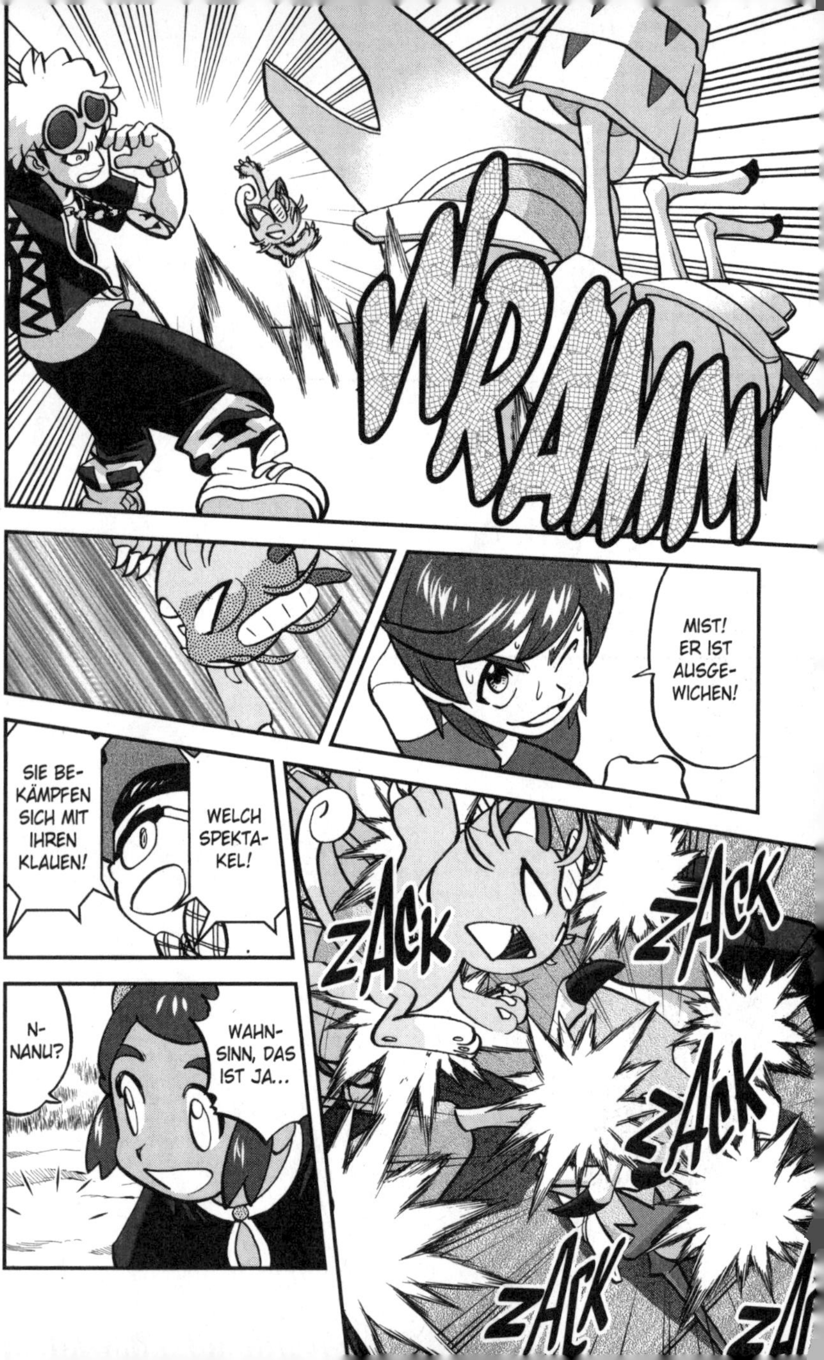
WRAMM
MIST! ER IST AUSGEWICHEN!
SIE BEKÄMPFEN SICH MIT IHREN KLAUEN!
WELCH SPEKTAKEL!
ZACK
ZACK
ZACK
N-NANU?
WAHNSINN, DAS IST JA...
ZACK

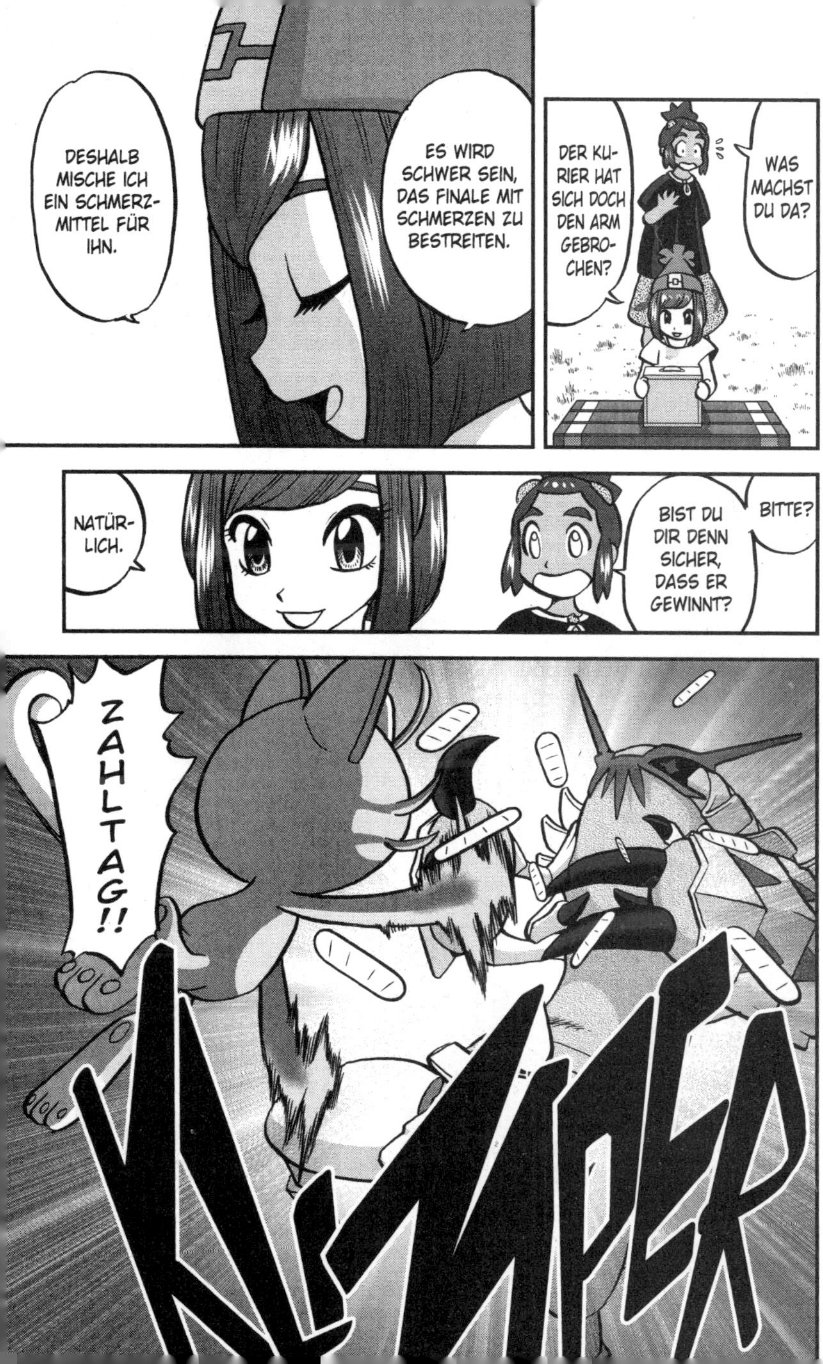
WAS MACHST DU DA?
DER KURIER HAT SICH DOCH DEN ARM GEBROCHEN?
ES WIRD SCHWER SEIN, DAS FINALE MIT SCHMERZEN ZU BESTREITEN.
DESHALB MISCHE ICH EIN SCHMERZMITTEL FÜR IHN.
BITTE?
BIST DU DIR DENN SICHER, DASS ER GEWINNT?
NATÜRLICH.
ZAHLTAG!!

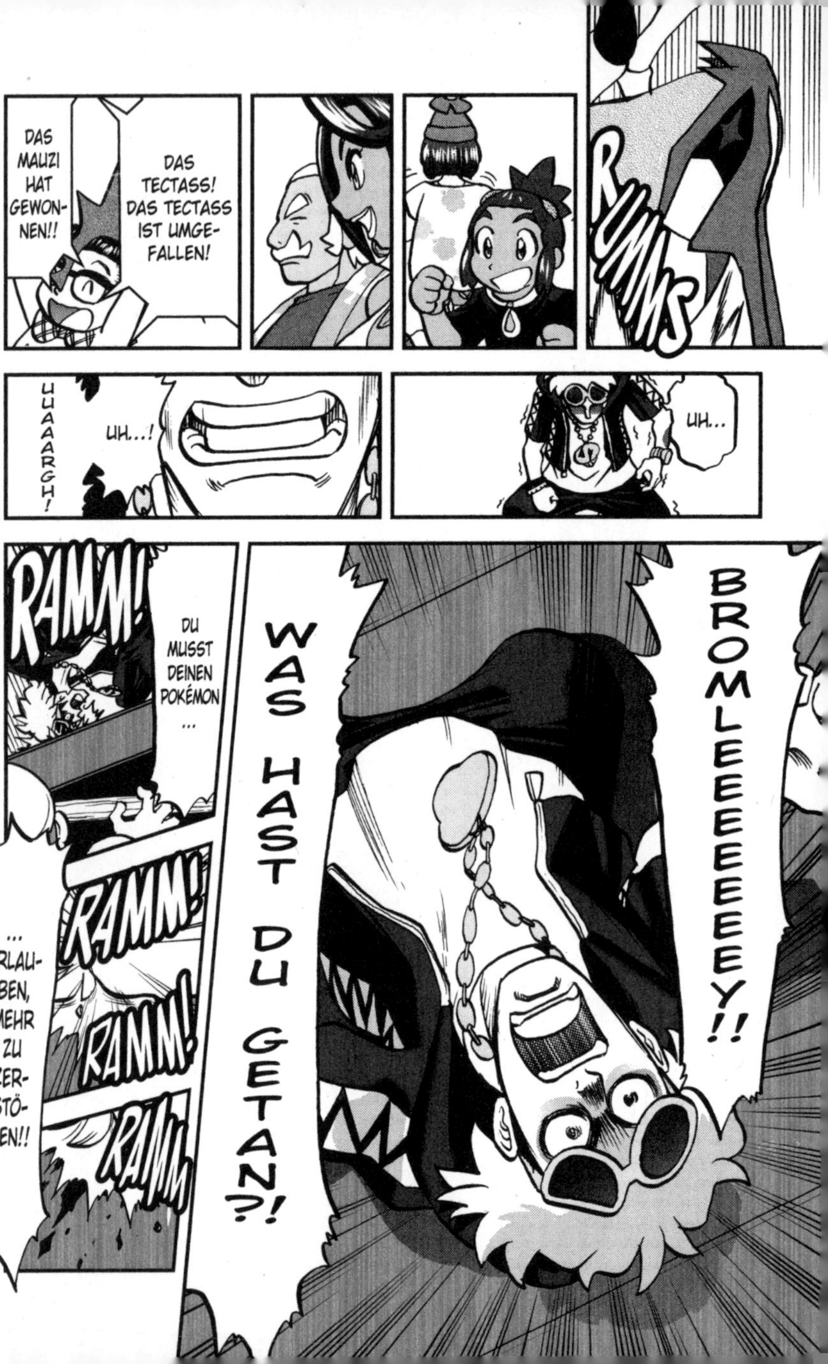
RUMMS
DAS TECTASS! DAS TECTASS IST UMGE-FALLEN!
DAS MAUZI HAT GEWON-NEN!!
UH...
UH...!
UUAAAARGH!
BROMLEEEEEEEEY!!
WAS HAST DU GETAN?!
RAMM!
DU MUSST DEINEN POKÉMON ...
RAMM!
RAMM!
RAMM
... ERLAU-BEN, MEHR ZU ZER-STÖ-REN!!

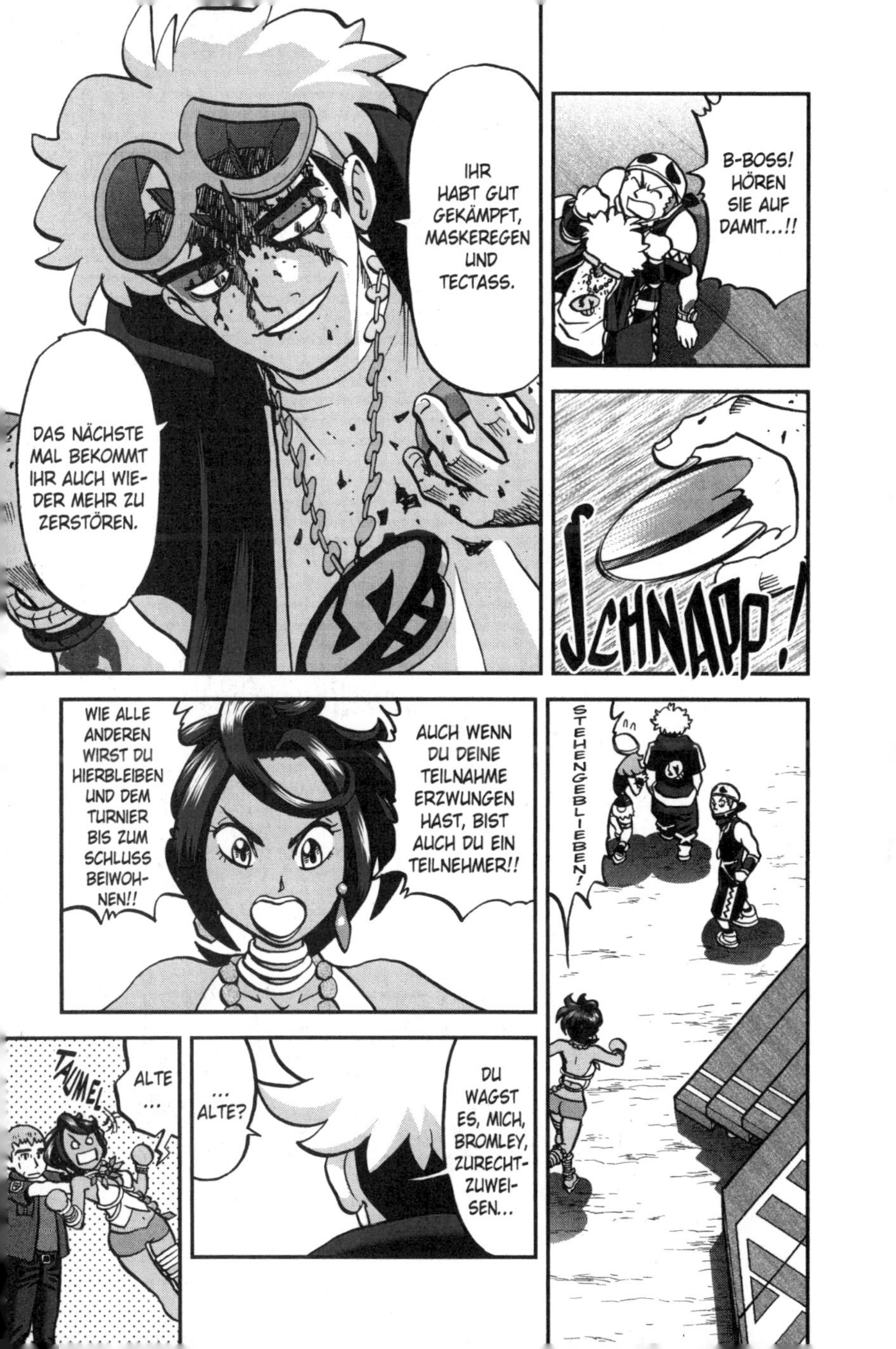
B-BOSS! HÖREN SIE AUF DAMIT...!!
IHR HABT GUT GEKÄMPFT, MASKEREGEN UND TECTASS.
DAS NÄCHSTE MAL BEKOMMT IHR AUCH WIEDER MEHR ZU ZERSTÖREN.
SCHNAPP!
STEHENGEBLIEBEN!
AUCH WENN DU DEINE TEILNAHME ERZWUNGEN HAST, BIST AUCH DU EIN TEILNEHMER!!
WIE ALLE ANDEREN WIRST DU HIERBLEIBEN UND DEM TURNIER BIS ZUM SCHLUSS BEIWOHNEN!!
DU WAGST ES, MICH, BROMLEY, ZURECHTZUWEISEN...
... ALTE?
ALTE ...
TAUMEL

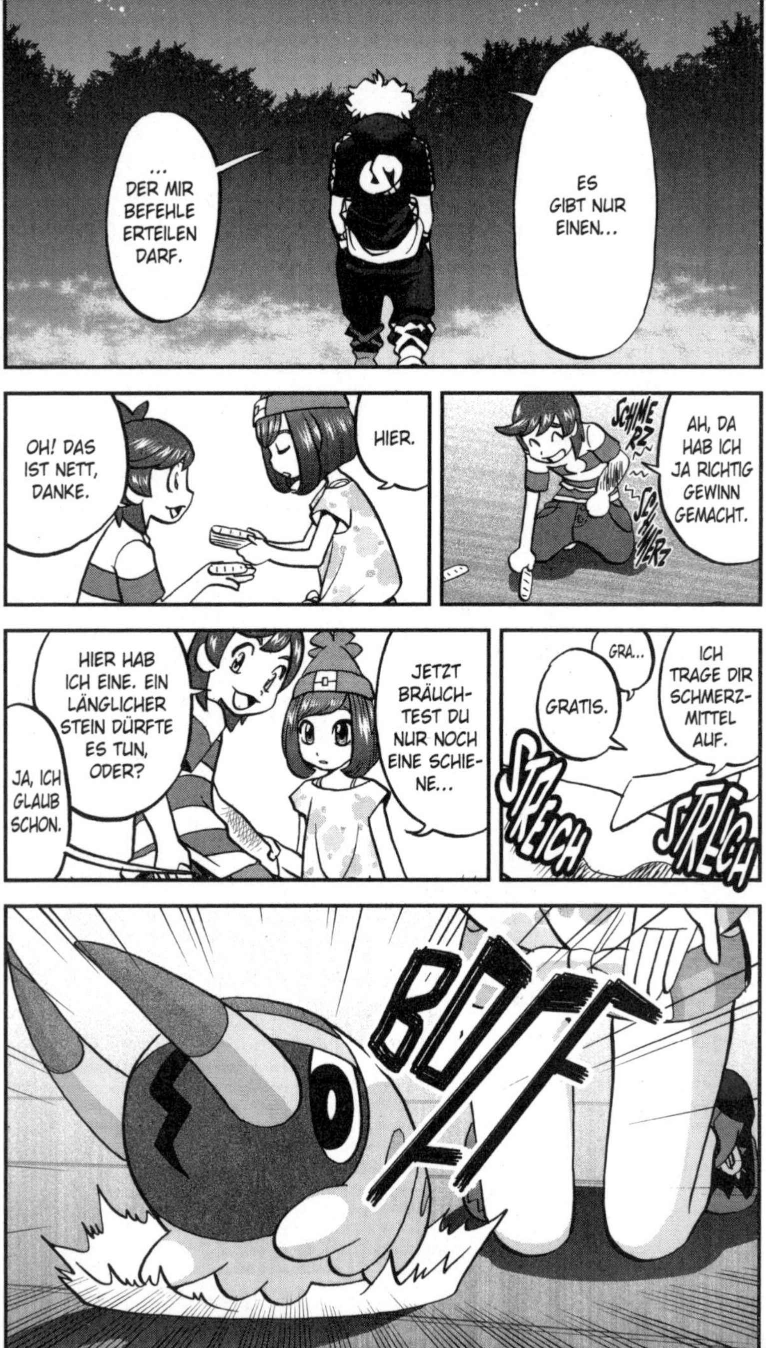
ES GIBT NUR EINEN…
… DER MIR BEFEHLE ERTEILEN DARF.
AH, DA HAB ICH JA RICHTIG GEWINN GEMACHT.
SCHMERZ
SCHMERZ
HIER.
OH! DAS IST NETT, DANKE.
ICH TRAGE DIR SCHMERZMITTEL AUF.
GRA…
GRATIS.
STREICH
STREICH
JETZT BRÄUCHTEST DU NUR NOCH EINE SCHIENE…
HIER HAB ICH EINE. EIN LÄNGLICHER STEIN DÜRFTE ES TUN, ODER?
JA, ICH GLAUB SCHON.
BOFF

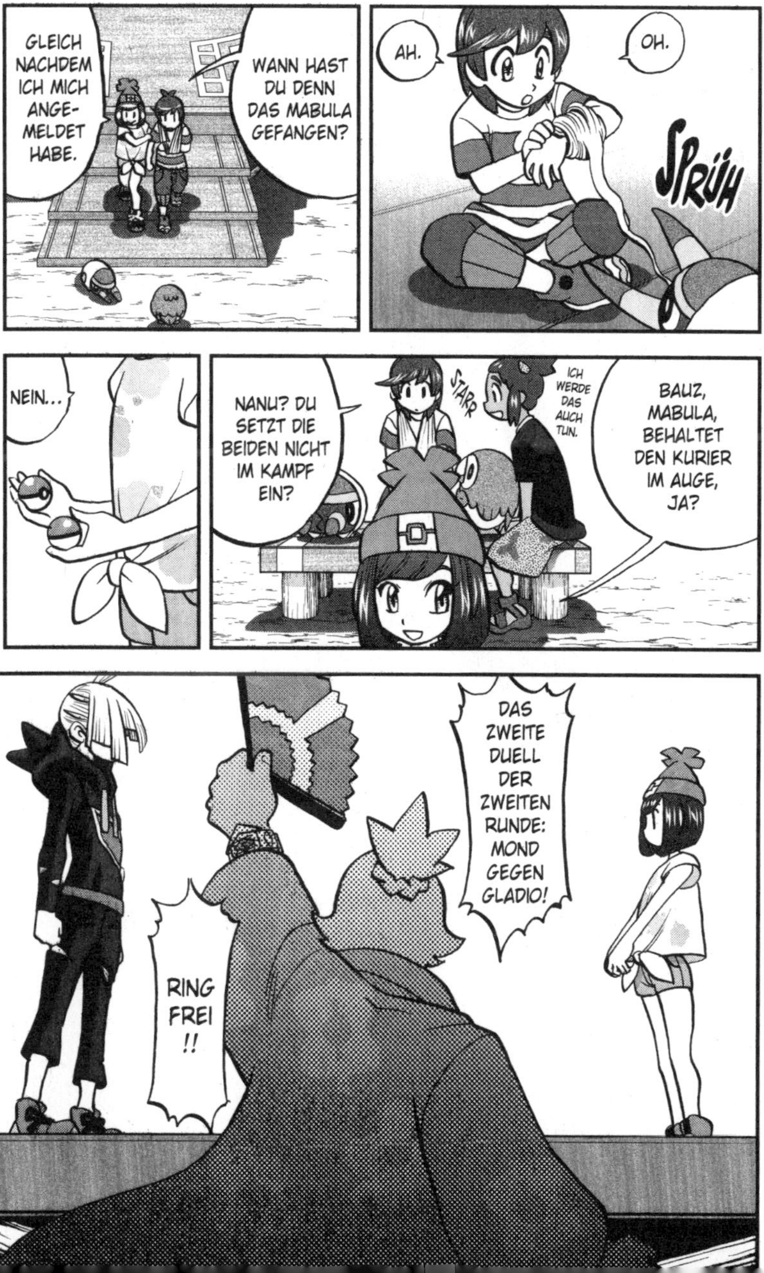
OH.
AH.
SPRÜH
WANN HAST DU DENN DAS MABULA GEFANGEN?
GLEICH NACHDEM ICH MICH ANGE-MELDET HABE.
BAUZ, MABULA, BEHALTET DEN KURIER IM AUGE, JA?
ICH WERDE DAS AUCH TUN.
STARR
NANU? DU SETZT DIE BEIDEN NICHT IM KAMPF EIN?
NEIN...
DAS ZWEITE DUELL DER ZWEITEN RUNDE: MOND GEGEN GLADIO!
RING FREI !!

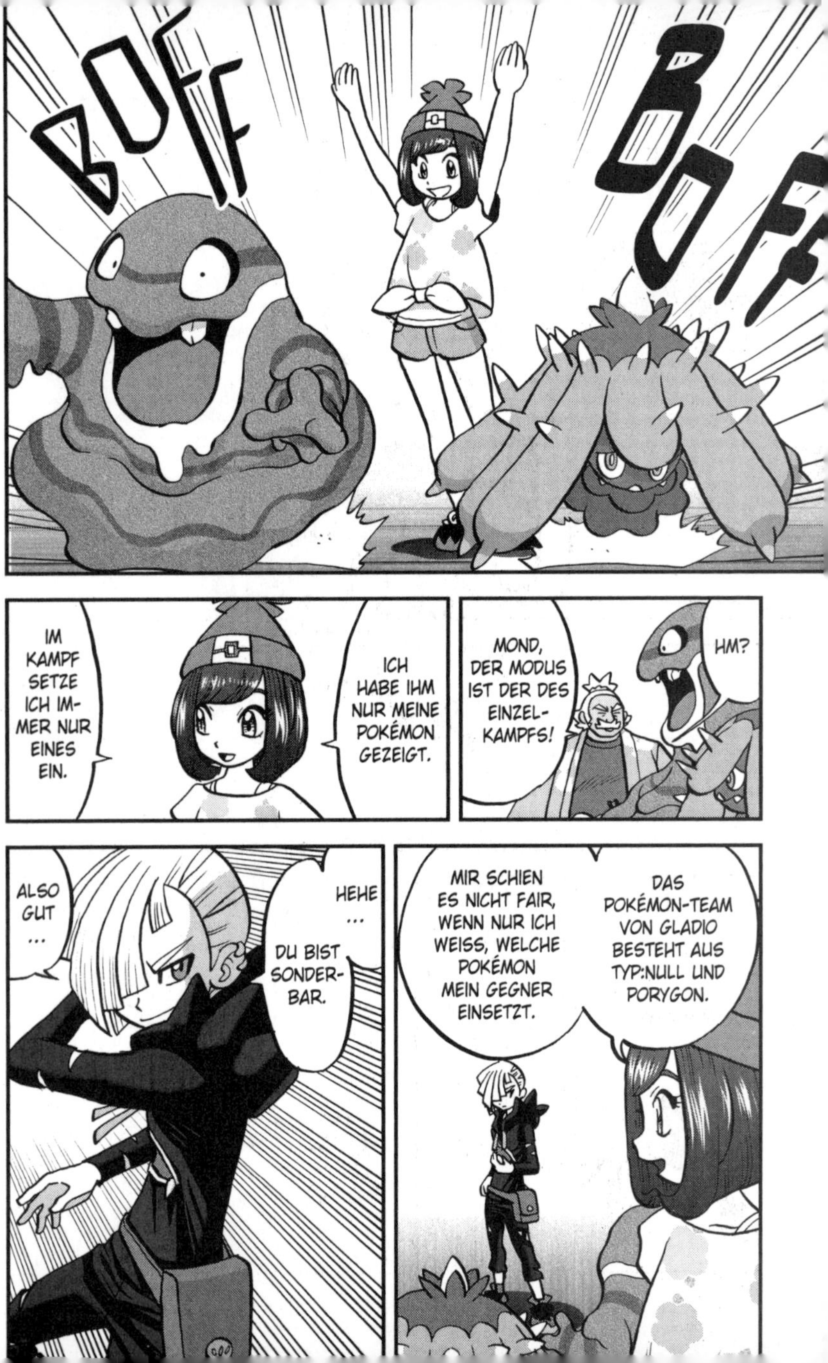
BOFF
BOFF
HM?
MOND, DER MODUS IST DER DES EINZELKAMPFS!
ICH HABE IHM NUR MEINE POKÉMON GEZEIGT.
IM KAMPF SETZE ICH IMMER NUR EINES EIN.
DAS POKÉMON-TEAM VON GLADIO BESTEHT AUS TYP:NULL UND PORYGON.
MIR SCHIEN ES NICHT FAIR, WENN NUR ICH WEISS, WELCHE POKÉMON MEIN GEGNER EINSETZT.
HEHE …
DU BIST SONDERBAR.
ALSO GUT …

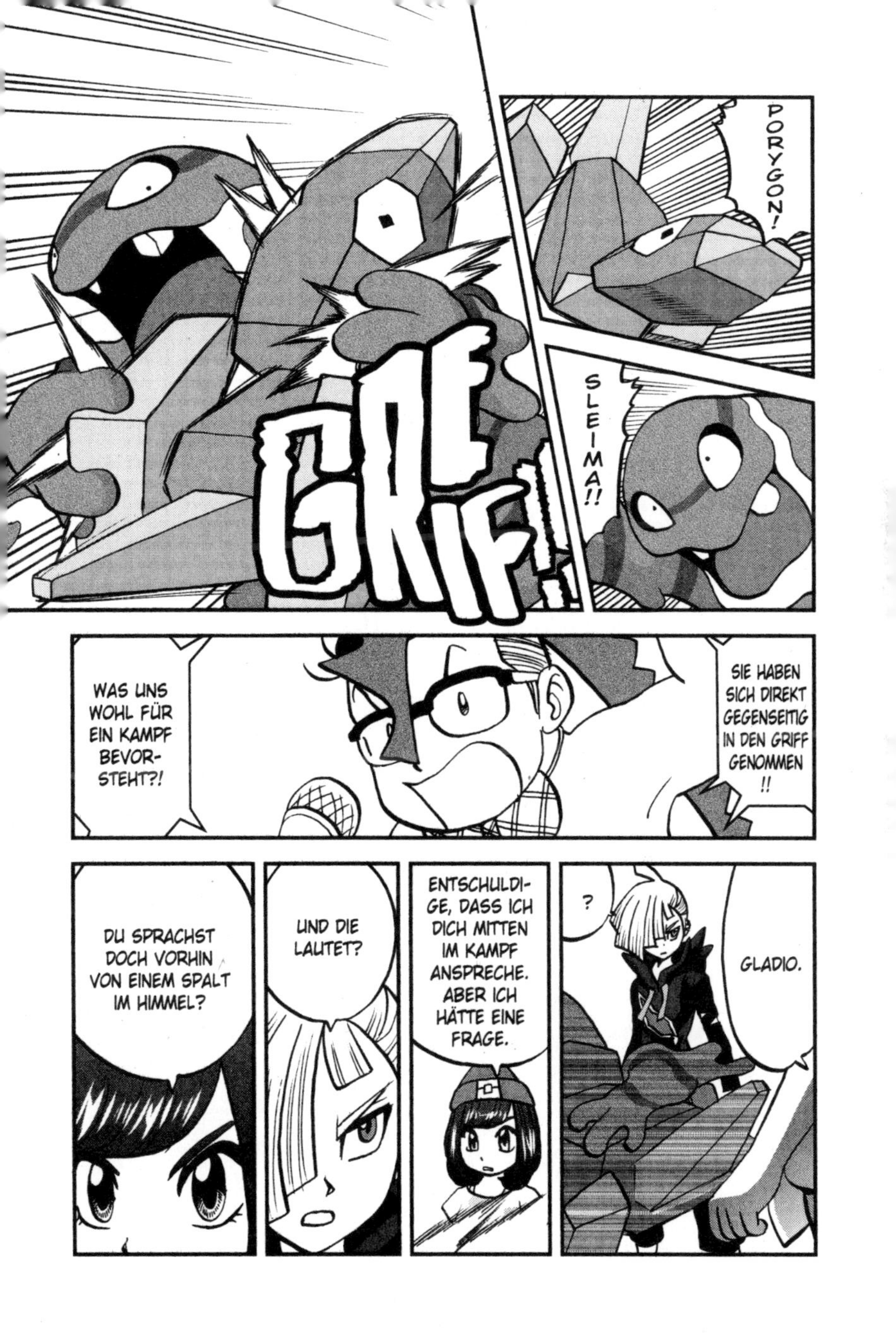

PORYGON!
SLEIMA!!
GRIFF!!
SIE HABEN SICH DIREKT GEGENSEITIG IN DEN GRIFF GENOMMEN!!
WAS UNS WOHL FÜR EIN KAMPF BEVORSTEHT?!
GLADIO.
?
ENTSCHULDIGE, DASS ICH DICH MITTEN IM KAMPF ANSPRECHE. ABER ICH HÄTTE EINE FRAGE.
UND DIE LAUTET?
DU SPRACHST DOCH VORHIN VON EINEM SPALT IM HIMMEL?

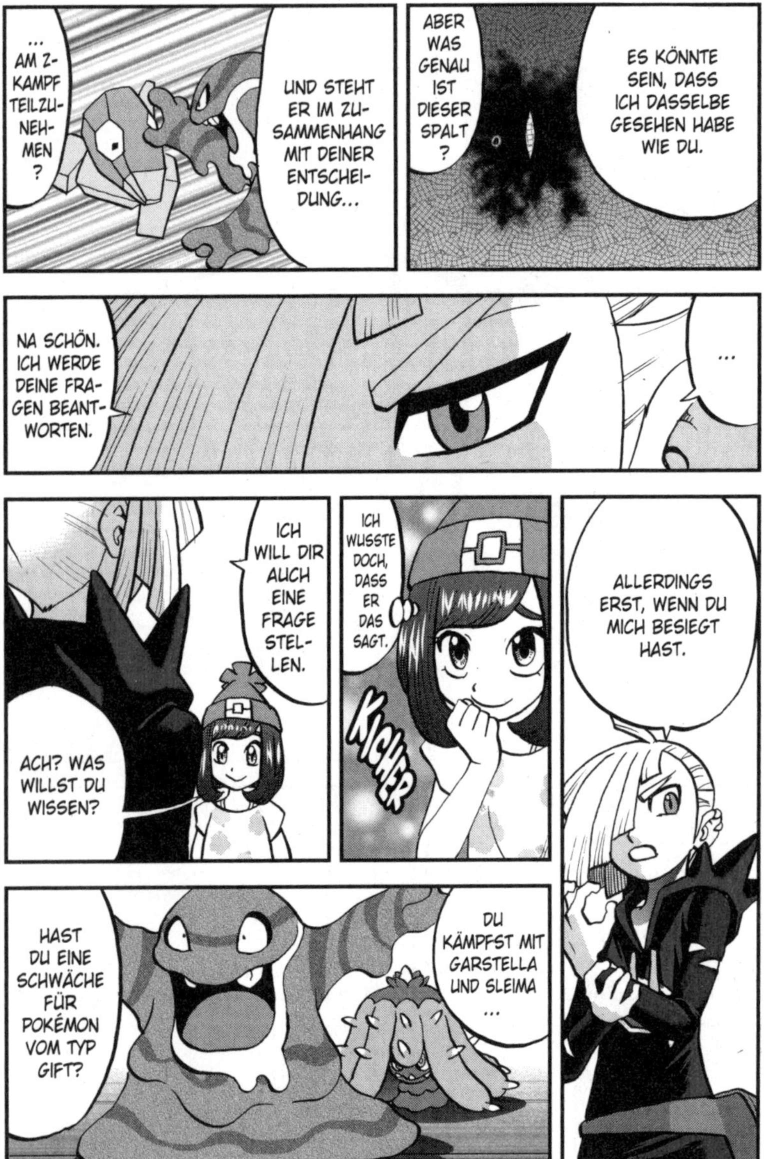
ES KÖNNTE SEIN, DASS ICH DASSELBE GESEHEN HABE WIE DU.
ABER WAS GENAU IST DIESER SPALT?
UND STEHT ER IM ZUSAMMENHANG MIT DEINER ENTSCHEIDUNG…
… AM Z-KAMPF TEILZUNEHMEN?
…
NA SCHÖN. ICH WERDE DEINE FRAGEN BEANTWORTEN.
ALLERDINGS ERST, WENN DU MICH BESIEGT HAST.
ICH WUSSTE DOCH, DASS ER DAS SAGT.
KICHER
ICH WILL DIR AUCH EINE FRAGE STELLEN.
ACH? WAS WILLST DU WISSEN?
DU KÄMPFST MIT GARSTELLA UND SLEIMA …
HAST DU EINE SCHWÄCHE FÜR POKÉMON VOM TYP GIFT?

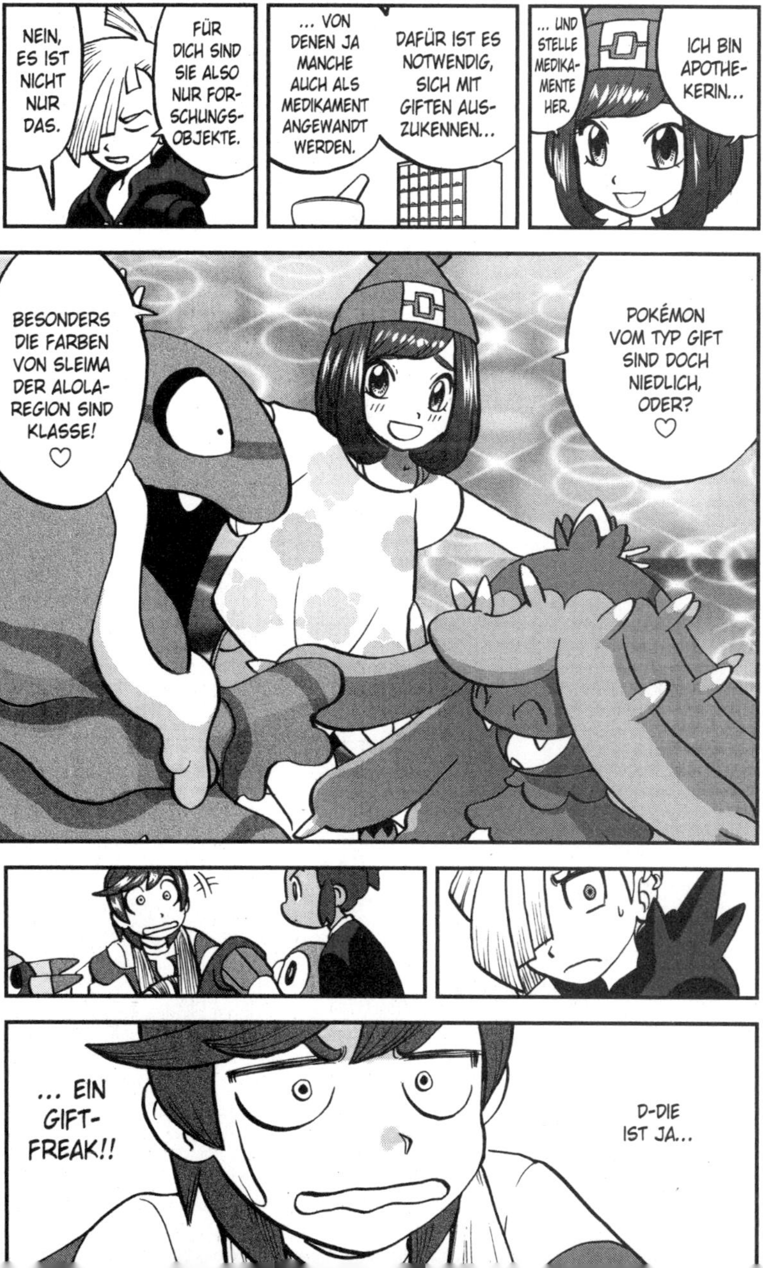
ICH BIN APOTHEKERIN...
... UND STELLE MEDIKAMENTE HER.
DAFÜR IST ES NOTWENDIG, SICH MIT GIFTEN AUSZUKENNEN...
... VON DENEN JA MANCHE AUCH ALS MEDIKAMENT ANGEWANDT WERDEN.
FÜR DICH SIND SIE ALSO NUR FORSCHUNGSOBJEKTE.
NEIN, ES IST NICHT NUR DAS.
POKÉMON VOM TYP GIFT SIND DOCH NIEDLICH, ODER? ♡
BESONDERS DIE FARBEN VON SLEIMA DER ALOLA-REGION SIND KLASSE! ♡
D-DIE IST JA...
... EIN GIFT-FREAK!!

TÄNZE

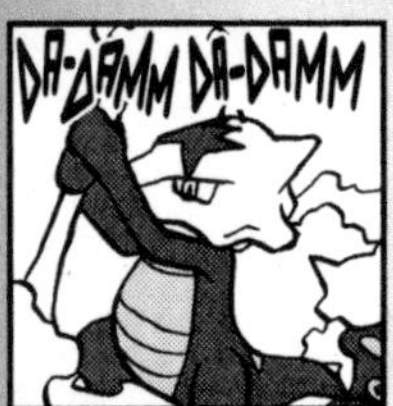

SEIT ALTERS HER GLAUBEN DIE MENSCHEN DER ALOLA-REGION, DASS DURCH TÄNZE ENERGIEN FREIGESETZT WERDEN. SOWOHL POKÉMON ALS AUCH DIE MENSCHEN TANZEN SO HÄUFIG, DASS SICH DIE TÄNZE IRGENDWANN ZU ZEREMONIEN ENTWICKELT HABEN, DIE DAZU DIENEN, NEUE KRÄFTE HERVORZURUFEN. ♪

ALOLA-TOURISTENFÜHRER 6

EPISODE 7 EINE UNERWARTETE WENDUNG

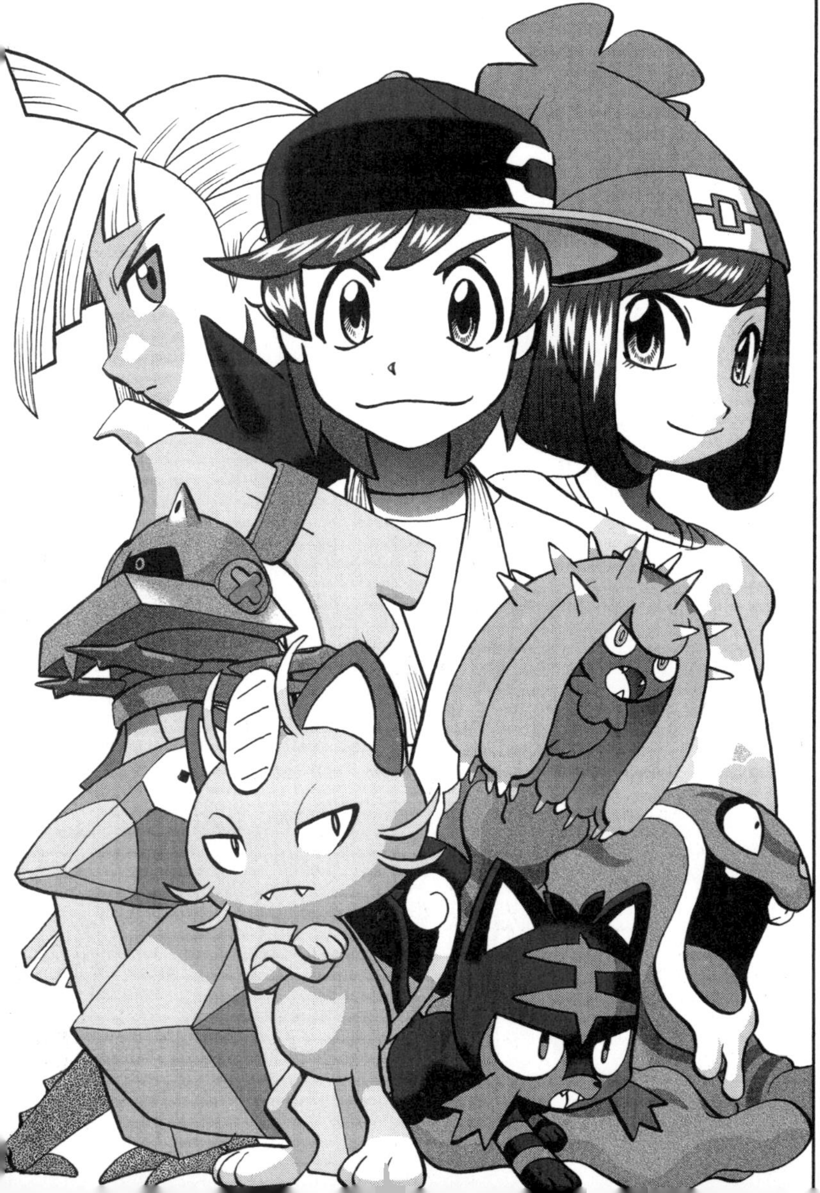

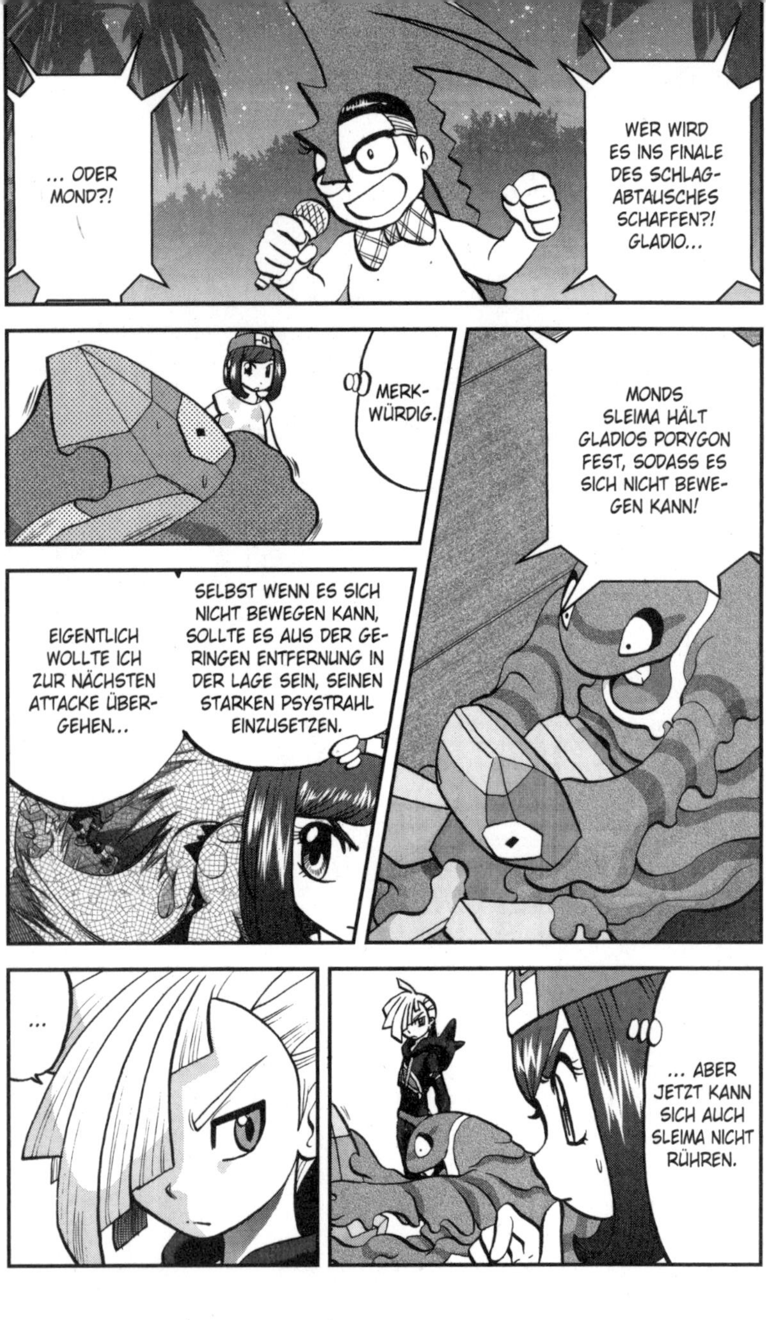

WER WIRD ES INS FINALE DES SCHLAG-ABTAUSCHES SCHAFFEN?! GLADIO…
… ODER MOND?!
MONDS SLEIMA HÄLT GLADIOS PORYGON FEST, SODASS ES SICH NICHT BEWE-GEN KANN!
MERK-WÜRDIG.
SELBST WENN ES SICH NICHT BEWEGEN KANN, SOLLTE ES AUS DER GE-RINGEN ENTFERNUNG IN DER LAGE SEIN, SEINEN STARKEN PSYSTRAHL EINZUSETZEN.
EIGENTLICH WOLLTE ICH ZUR NÄCHSTEN ATTACKE ÜBER-GEHEN…
… ABER JETZT KANN SICH AUCH SLEIMA NICHT RÜHREN.
…

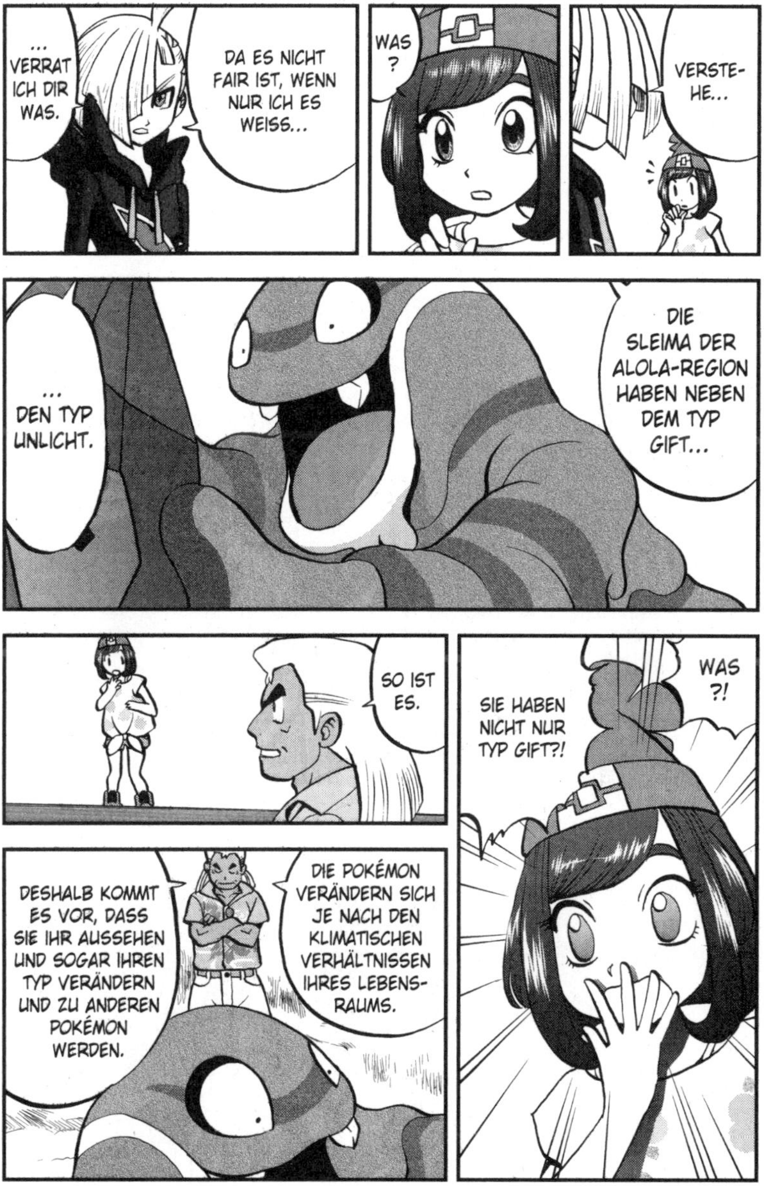

... VERRAT ICH DIR WAS.
DA ES NICHT FAIR IST, WENN NUR ICH ES WEISS...
WAS?
VERSTE-HE...
DIE SLEIMA DER ALOLA-REGION HABEN NEBEN DEM TYP GIFT...
... DEN TYP UNLICHT.
SO IST ES.
WAS?!
SIE HABEN NICHT NUR TYP GIFT?!
DIE POKÉMON VERÄNDERN SICH JE NACH DEN KLIMATISCHEN VERHÄLTNISSEN IHRES LEBENS-RAUMS.
DESHALB KOMMT ES VOR, DASS SIE IHR AUSSEHEN UND SOGAR IHREN TYP VERÄNDERN UND ZU ANDEREN POKÉMON WERDEN.

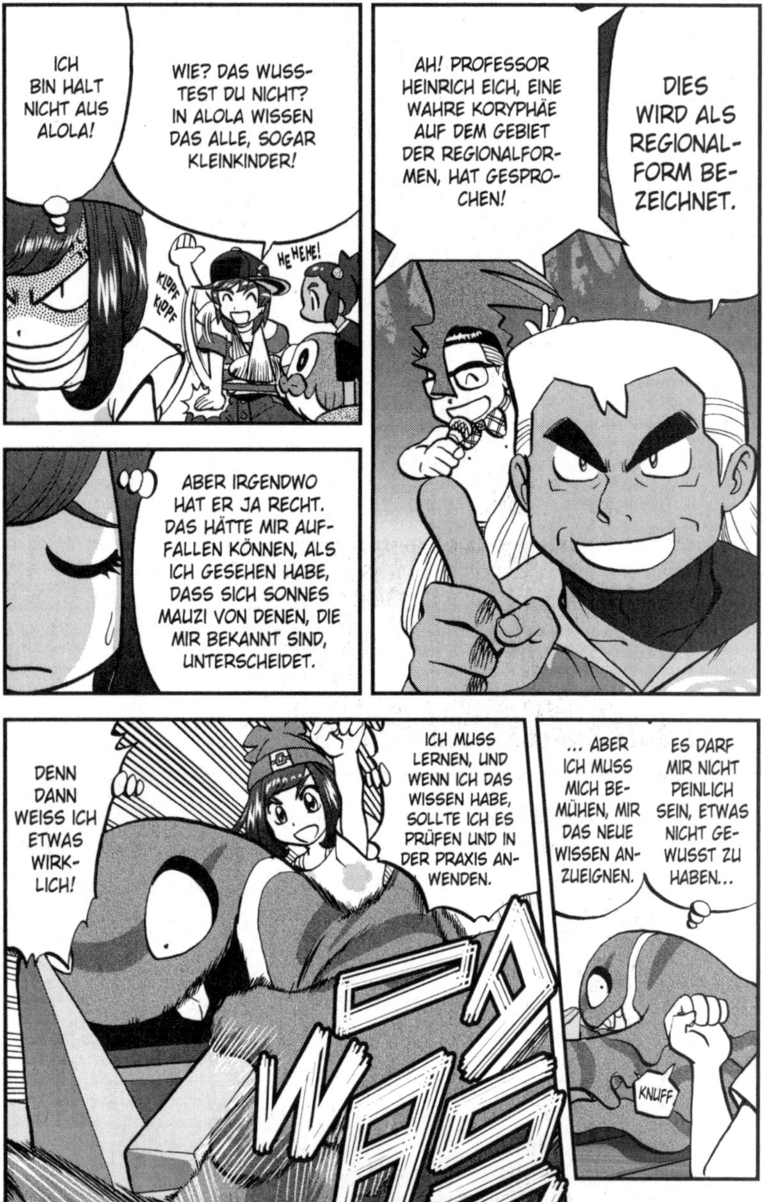
DIES WIRD ALS REGIONAL-FORM BE-ZEICHNET.
AH! PROFESSOR HEINRICH EICH, EINE WAHRE KORYPHÄE AUF DEM GEBIET DER REGIONALFOR-MEN, HAT GESPRO-CHEN!
WIE? DAS WUSS-TEST DU NICHT? IN ALOLA WISSEN DAS ALLE, SOGAR KLEINKINDER!
ICH BIN HALT NICHT AUS ALOLA!
HEHEHE!
KLOPF KLOPF
ABER IRGENDWO HAT ER JA RECHT. DAS HÄTTE MIR AUF-FALLEN KÖNNEN, ALS ICH GESEHEN HABE, DASS SICH SONNES MAUZI VON DENEN, DIE MIR BEKANNT SIND, UNTERSCHEIDET.
ES DARF MIR NICHT PEINLICH SEIN, ETWAS NICHT GE-WUSST ZU HABEN...
... ABER ICH MUSS MICH BE-MÜHEN, MIR DAS NEUE WISSEN AN-ZUEIGNEN.
ICH MUSS LERNEN, UND WENN ICH DAS WISSEN HABE, SOLLTE ICH ES PRÜFEN UND IN DER PRAXIS AN-WENDEN.
DENN DANN WEISS ICH ETWAS WIRK-LICH!
KNUFF
WAS

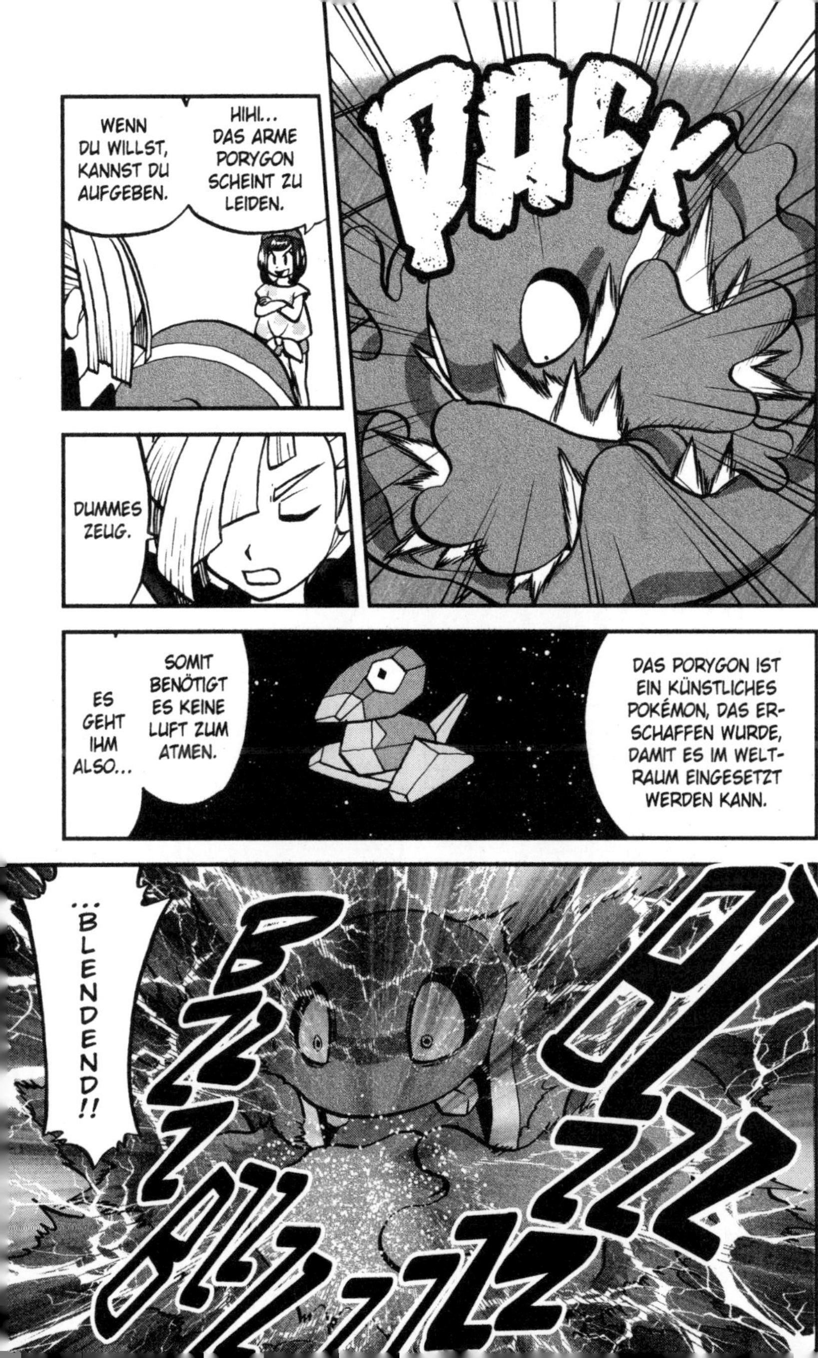

DACK
HIHI... DAS ARME PORYGON SCHEINT ZU LEIDEN.
WENN DU WILLST, KANNST DU AUFGEBEN.
DUMMES ZEUG.
DAS PORYGON IST EIN KÜNSTLICHES POKÉMON, DAS ERSCHAFFEN WURDE, DAMIT ES IM WELTRAUM EINGESETZT WERDEN KANN.
SOMIT BENÖTIGT ES KEINE LUFT ZUM ATMEN.
ES GEHT IHM ALSO...
...BLENDEND!!

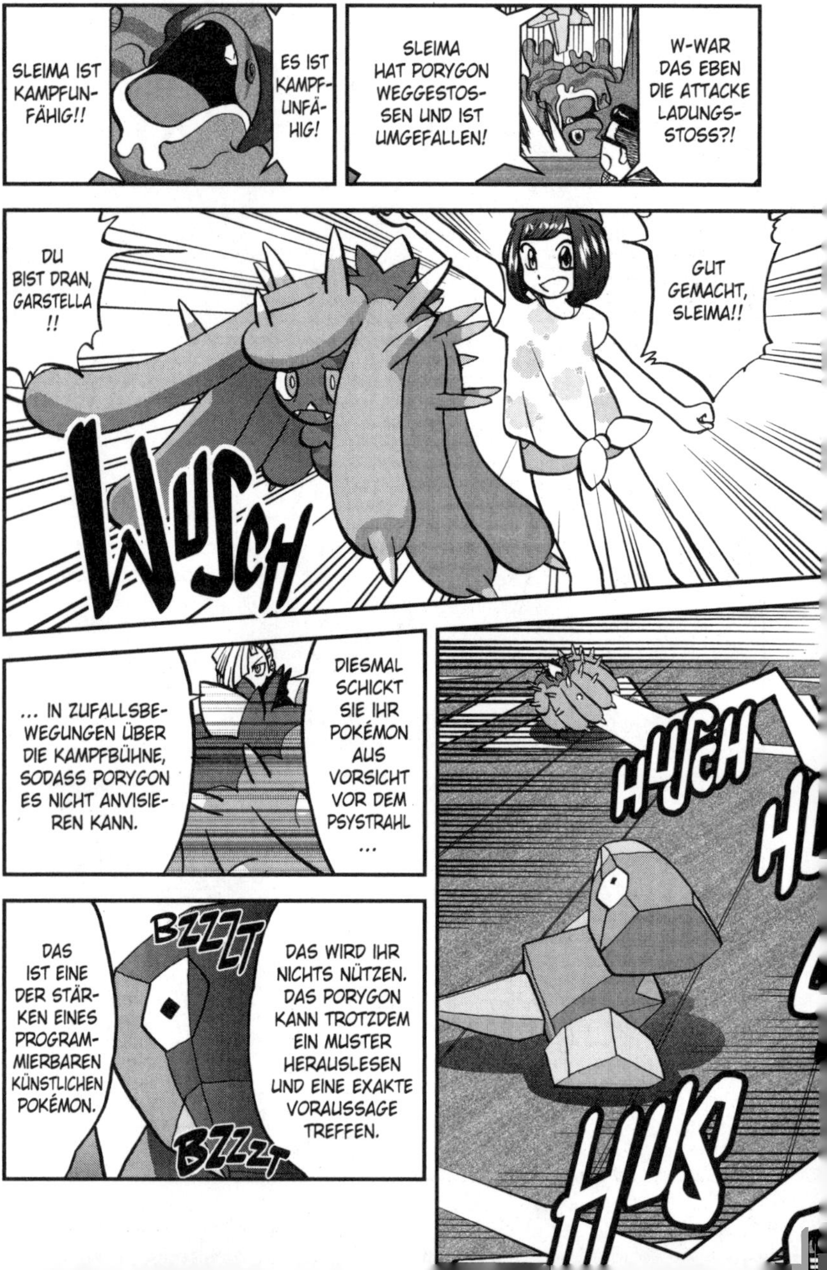
W-WAR DAS EBEN DIE ATTACKE LADUNGSSTOSS?!
SLEIMA HAT PORYGON WEGGESTOSSEN UND IST UMGEFALLEN!
ES IST KAMPFUNFÄHIG!
SLEIMA IST KAMPFUNFÄHIG!!
GUT GEMACHT, SLEIMA!!
DU BIST DRAN, GARSTELLA!!
WUSCH
HUSCH
HUS
DIESMAL SCHICKT SIE IHR POKÉMON AUS VORSICHT VOR DEM PSYSTRAHL ...
... IN ZUFALLSBEWEGUNGEN ÜBER DIE KAMPFBÜHNE, SODASS PORYGON ES NICHT ANVISIEREN KANN.
BZZZT
DAS WIRD IHR NICHTS NÜTZEN. DAS PORYGON KANN TROTZDEM EIN MUSTER HERAUSLESEN UND EINE EXAKTE VORAUSSAGE TREFFEN.
DAS IST EINE DER STÄRKEN EINES PROGRAMMIERBAREN KÜNSTLICHEN POKÉMON.
BZZZT

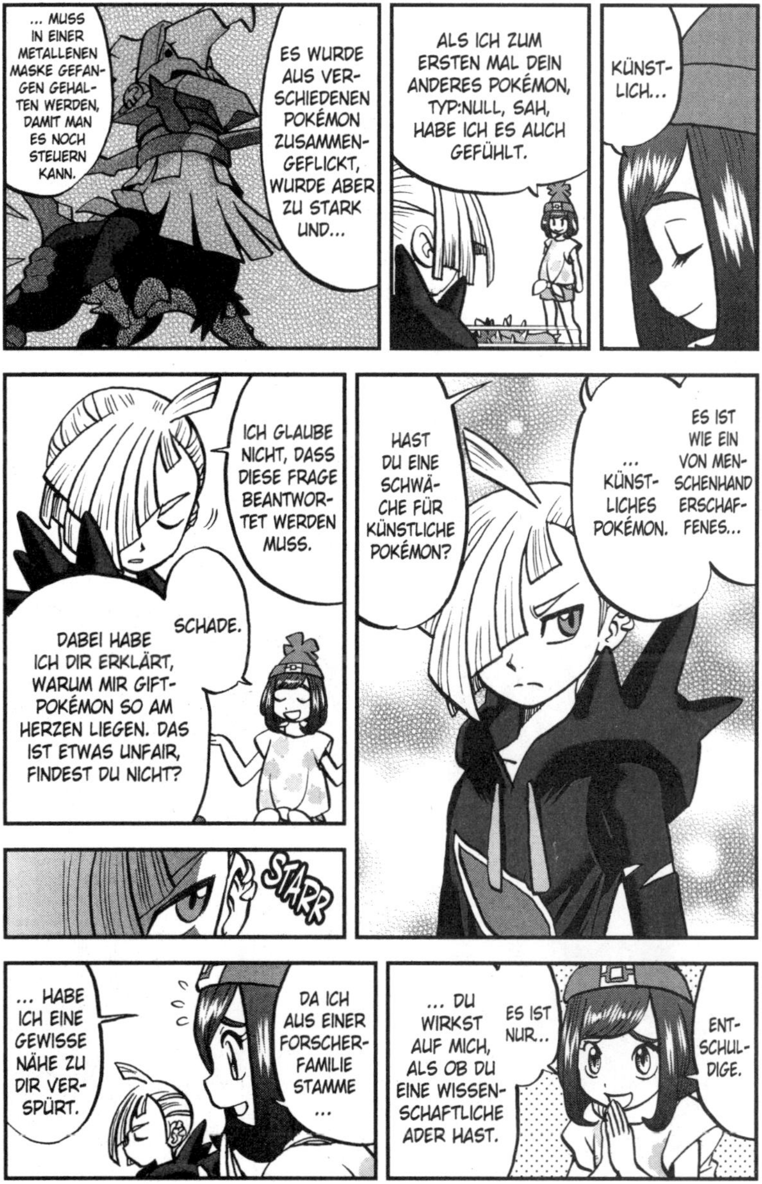
... MUSS IN EINER METALLENEN MASKE GEFANGEN GEHALTEN WERDEN, DAMIT MAN ES NOCH STEUERN KANN.
ES WURDE AUS VERSCHIEDENEN POKÉMON ZUSAMMENGEFLICKT, WURDE ABER ZU STARK UND...
ALS ICH ZUM ERSTEN MAL DEIN ANDERES POKÉMON, TYP:NULL, SAH, HABE ICH ES AUCH GEFÜHLT.
KÜNSTLICH...
ICH GLAUBE NICHT, DASS DIESE FRAGE BEANTWORTET WERDEN MUSS.
SCHADE.
DABEI HABE ICH DIR ERKLÄRT, WARUM MIR GIFT-POKÉMON SO AM HERZEN LIEGEN. DAS IST ETWAS UNFAIR, FINDEST DU NICHT?
HAST DU EINE SCHWÄCHE FÜR KÜNSTLICHE POKÉMON?
... KÜNSTLICHES POKÉMON.
ES IST WIE EIN VON MENSCHENHAND ERSCHAFFENES...
STARR
... HABE ICH EINE GEWISSE NÄHE ZU DIR VERSPÜRT.
DA ICH AUS EINER FORSCHERFAMILIE STAMME ...
... DU WIRKST AUF MICH, ALS OB DU EINE WISSENSCHAFTLICHE ADER HAST.
ES IST NUR...
ENTSCHULDIGE.

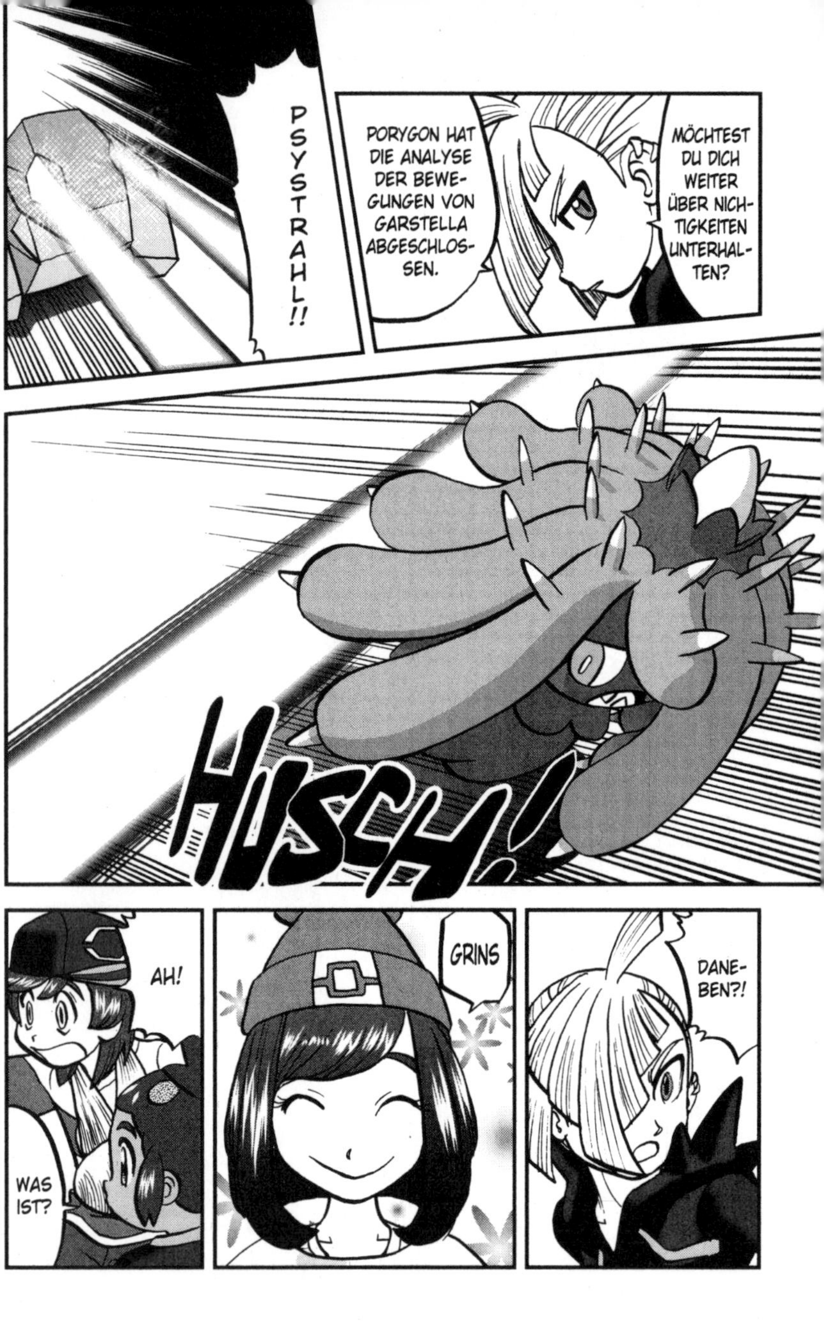
MÖCHTEST DU DICH WEITER ÜBER NICHTIGKEITEN UNTERHALTEN?
PORYGON HAT DIE ANALYSE DER BEWEGUNGEN VON GARSTELLA ABGESCHLOSSEN.
PSYSTRAHL!!
HUSCH!!
DANEBEN?!
GRINS
AH!
WAS IST?

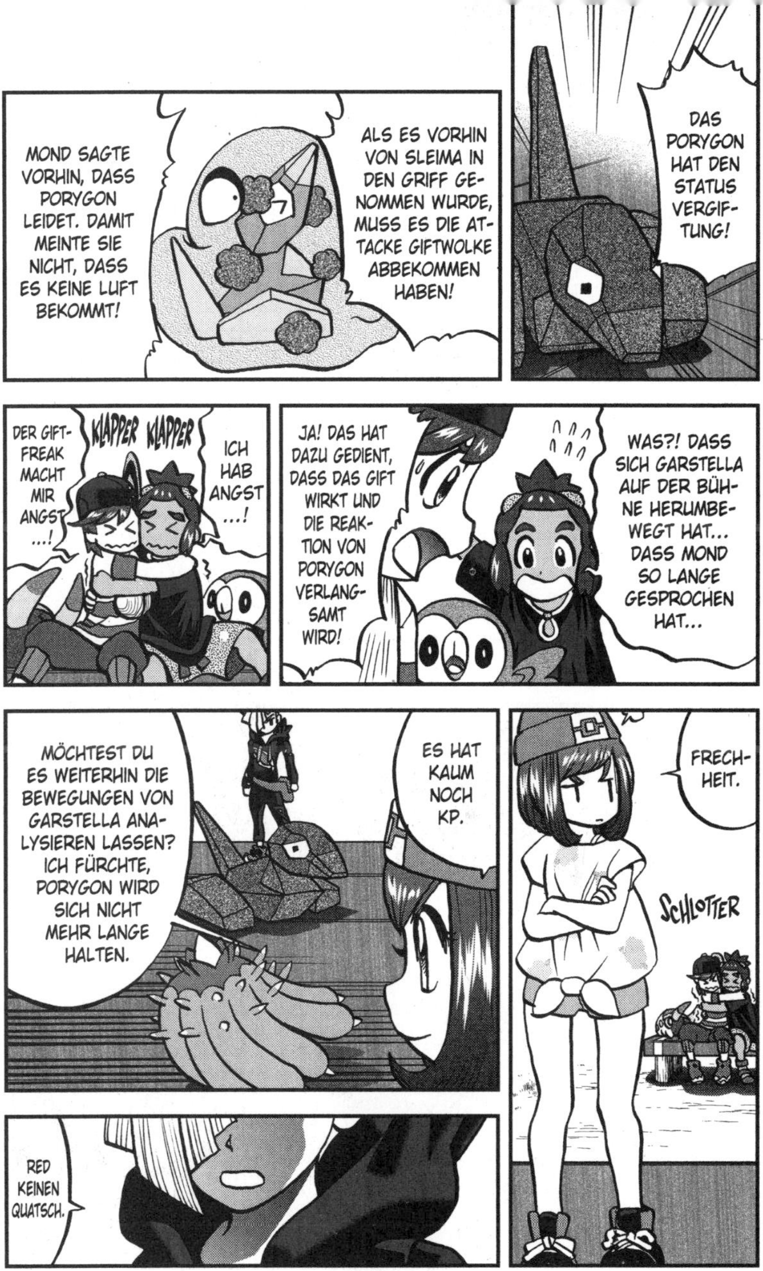
DAS PORYGON HAT DEN STATUS VERGIFTUNG!
ALS ES VORHIN VON SLEIMA IN DEN GRIFF GENOMMEN WURDE, MUSS ES DIE ATTACKE GIFTWOLKE ABBEKOMMEN HABEN!
MOND SAGTE VORHIN, DASS PORYGON LEIDET. DAMIT MEINTE SIE NICHT, DASS ES KEINE LUFT BEKOMMT!
WAS?! DASS SICH GARSTELLA AUF DER BÜHNE HERUMBEWEGT HAT… DASS MOND SO LANGE GESPROCHEN HAT…
JA! DAS HAT DAZU GEDIENT, DASS DAS GIFT WIRKT UND DIE REAKTION VON PORYGON VERLANGSAMT WIRD!
ICH HAB ANGST …!
KLAPPER KLAPPER
DER GIFTFREAK MACHT MIR ANGST …!
FRECHHEIT.
SCHLOTTER
ES HAT KAUM NOCH KP.
MÖCHTEST DU ES WEITERHIN DIE BEWEGUNGEN VON GARSTELLA ANALYSIEREN LASSEN? ICH FÜRCHTE, PORYGON WIRD SICH NICHT MEHR LANGE HALTEN.
RED KEINEN QUATSCH.

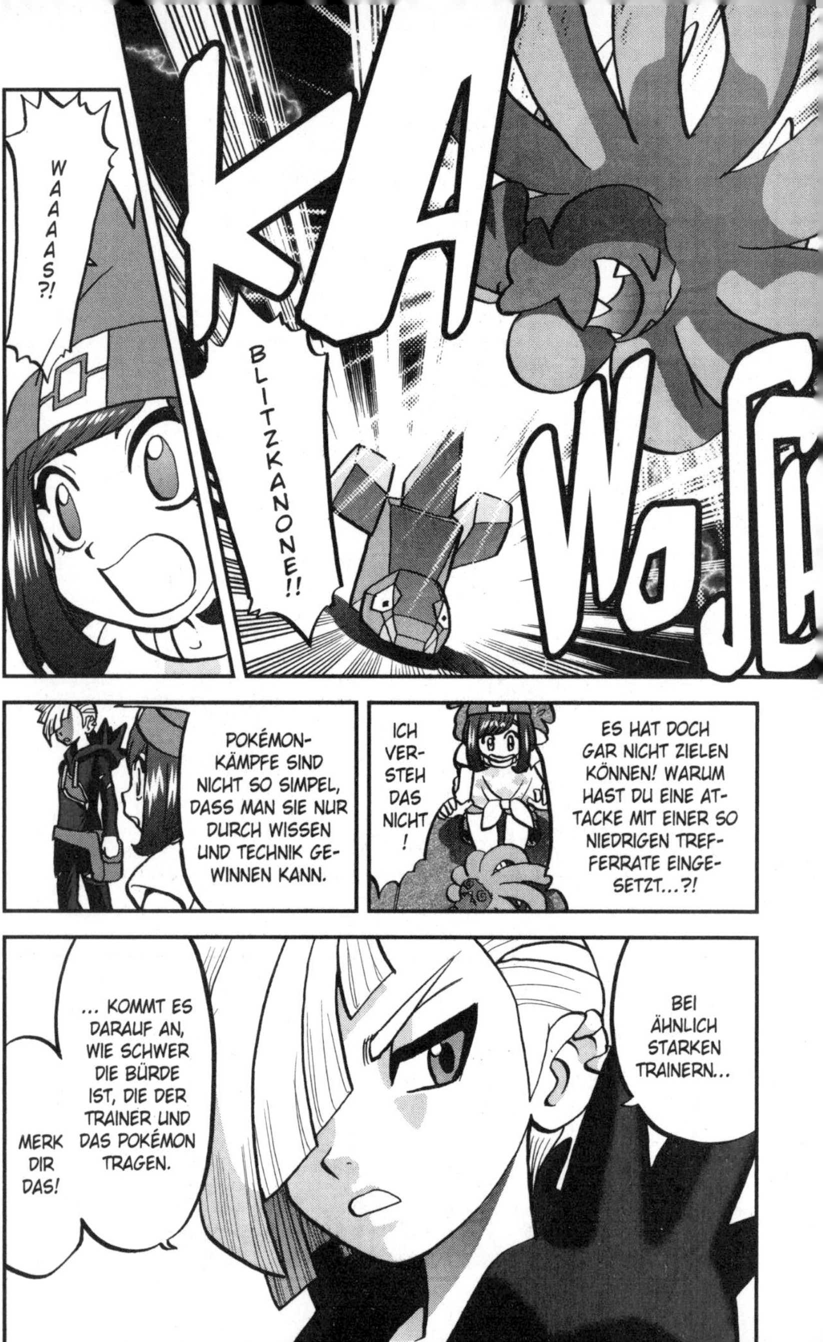
KA
BLITZKANONE!!
WAAAAAS?!
ICH VERSTEH DAS NICHT!
ES HAT DOCH GAR NICHT ZIELEN KÖNNEN! WARUM HAST DU EINE ATTACKE MIT EINER SO NIEDRIGEN TREFFERRATE EINGESETZT…?!
POKÉMON-KÄMPFE SIND NICHT SO SIMPEL, DASS MAN SIE NUR DURCH WISSEN UND TECHNIK GEWINNEN KANN.
BEI ÄHNLICH STARKEN TRAINERN…
… KOMMT ES DARAUF AN, WIE SCHWER DIE BÜRDE IST, DIE DER TRAINER UND DAS POKÉMON TRAGEN.
MERK DIR DAS!

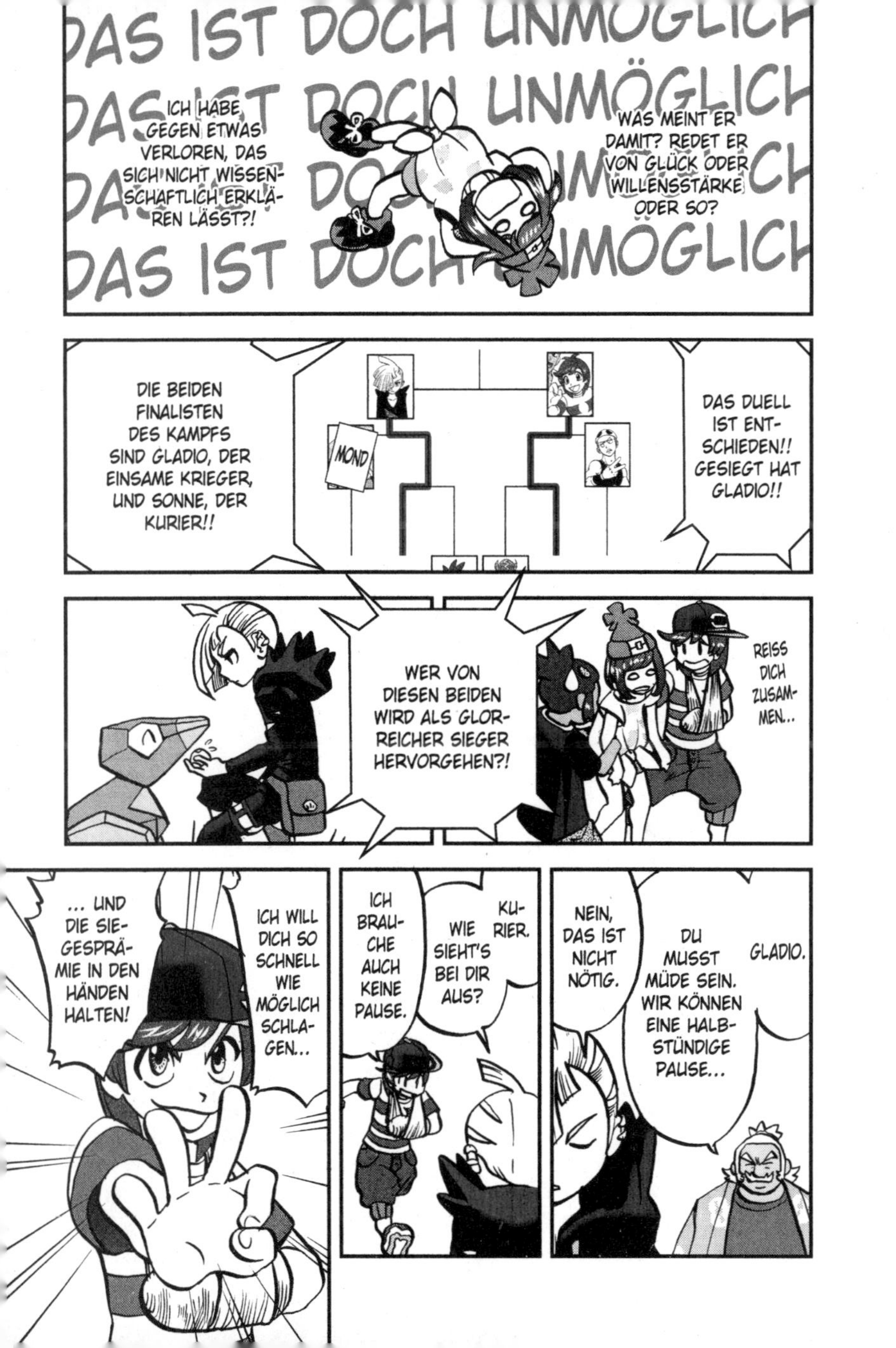
DAS IST DOCH UNMÖGLICH
ICH HABE GEGEN ETWAS VERLOREN, DAS SICH NICHT WISSENSCHAFTLICH ERKLÄREN LÄSST?!
WAS MEINT ER DAMIT? REDET ER VON GLÜCK ODER WILLENSSTÄRKE ODER SO?
DIE BEIDEN FINALISTEN DES KAMPFS SIND GLADIO, DER EINSAME KRIEGER, UND SONNE, DER KURIER!!
MOND
DAS DUELL IST ENTSCHIEDEN!! GESIEGT HAT GLADIO!!
WER VON DIESEN BEIDEN WIRD ALS GLORREICHER SIEGER HERVORGEHEN?!
REISS DICH ZUSAMMEN...
... UND DIE SIEGESPRÄMIE IN DEN HÄNDEN HALTEN!
ICH WILL DICH SO SCHNELL WIE MÖGLICH SCHLAGEN...
KURIER.
WIE SIEHT'S BEI DIR AUS?
ICH BRAUCHE AUCH KEINE PAUSE.
GLADIO.
DU MUSST MÜDE SEIN. WIR KÖNNEN EINE HALBSTÜNDIGE PAUSE...
NEIN, DAS IST NICHT NÖTIG.

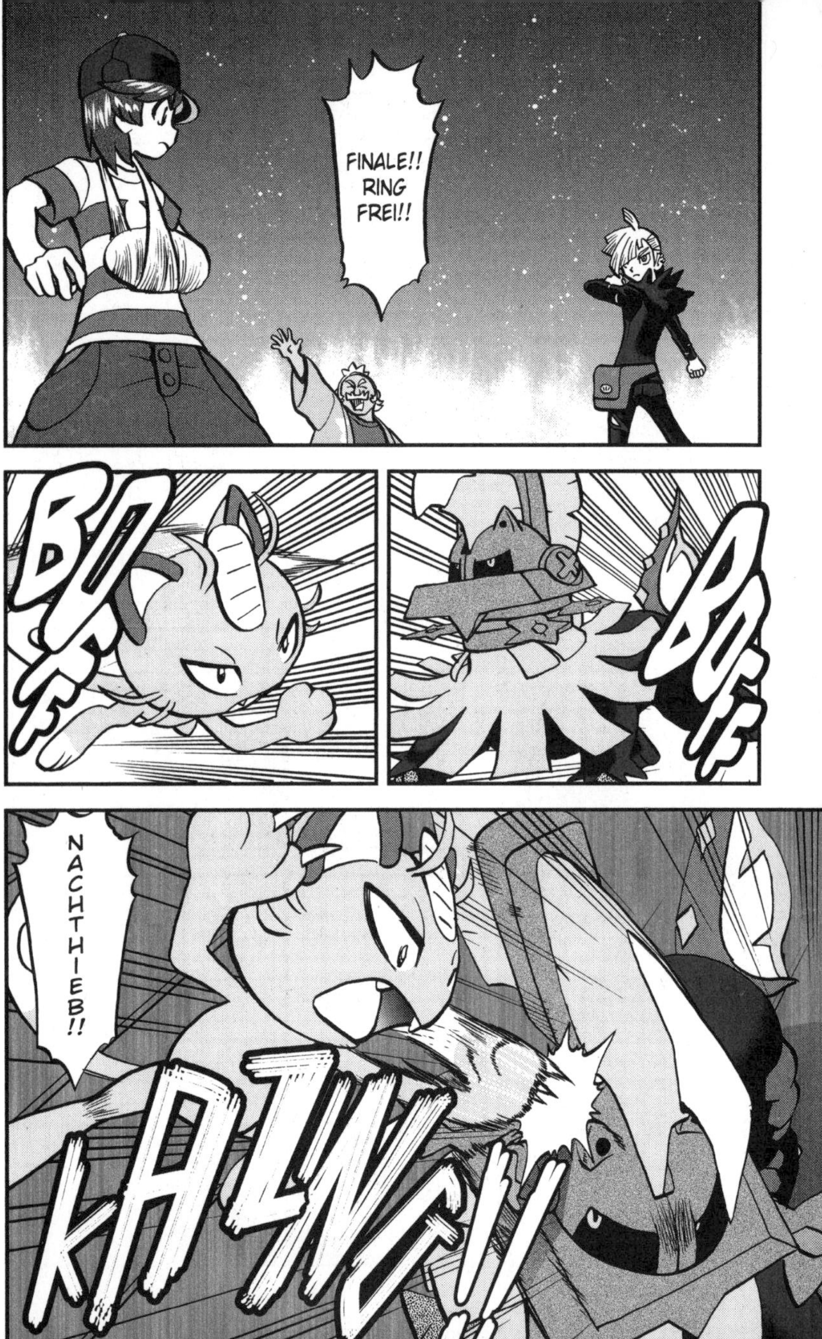
FINALE!!
RING
FREI!!
BOFF
BOFF
NACHTHIEB!!
KAZING!!

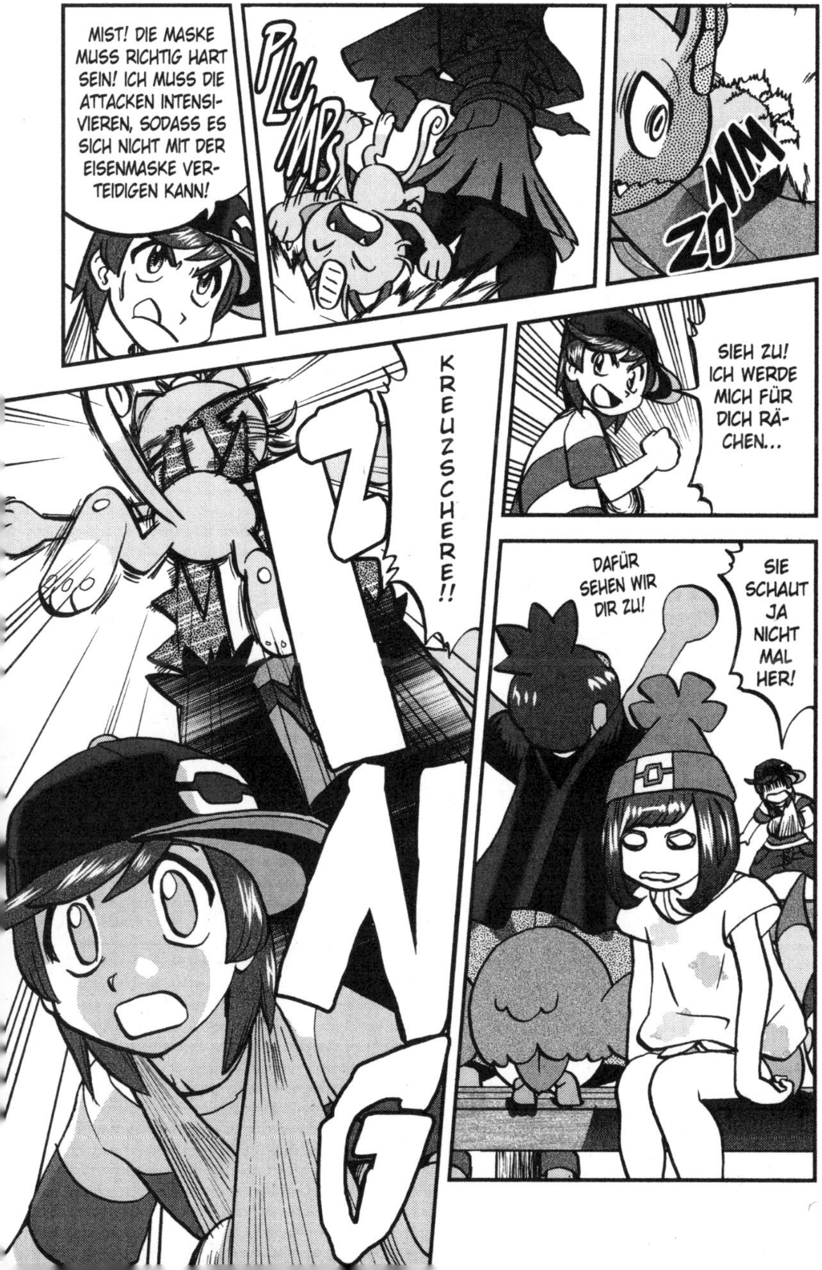
MIST! DIE MASKE MUSS RICHTIG HART SEIN! ICH MUSS DIE ATTACKEN INTENSIVIEREN, SODASS ES SICH NICHT MIT DER EISENMASKE VERTEIDIGEN KANN!
PLUMPS
ZOOMM
SIEH ZU! ICH WERDE MICH FÜR DICH RÄCHEN...
KREUZSCHERE!!
ZWING
DAFÜR SEHEN WIR DIR ZU!
SIE SCHAUT JA NICHT MAL HER!

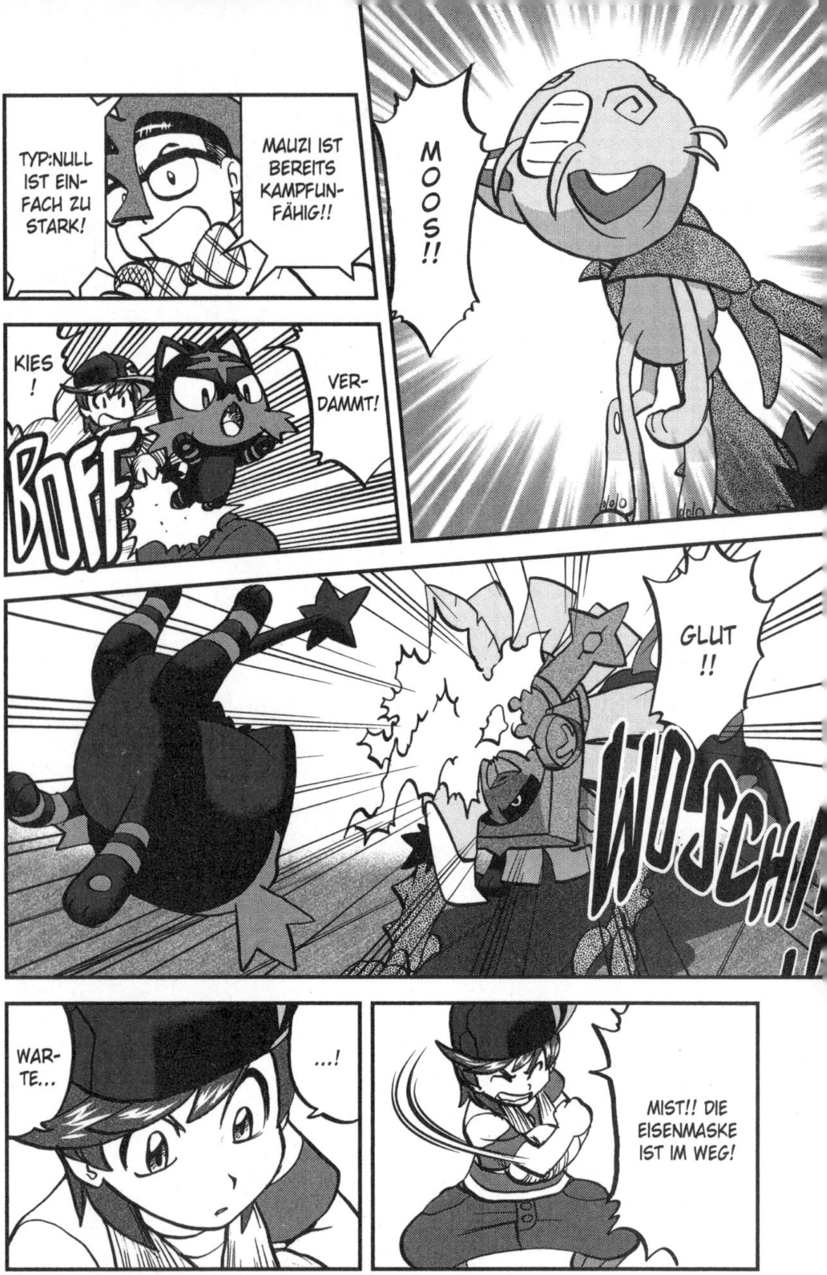
MOOS!!
MAUZI IST BEREITS KAMPFUNFÄHIG!!
TYP:NULL IST EINFACH ZU STARK!
VERDAMMT!
KIES!
BOFF
GLUT!!
WOSCH
...!
WARTE...
MIST!! DIE EISENMASKE IST IM WEG!

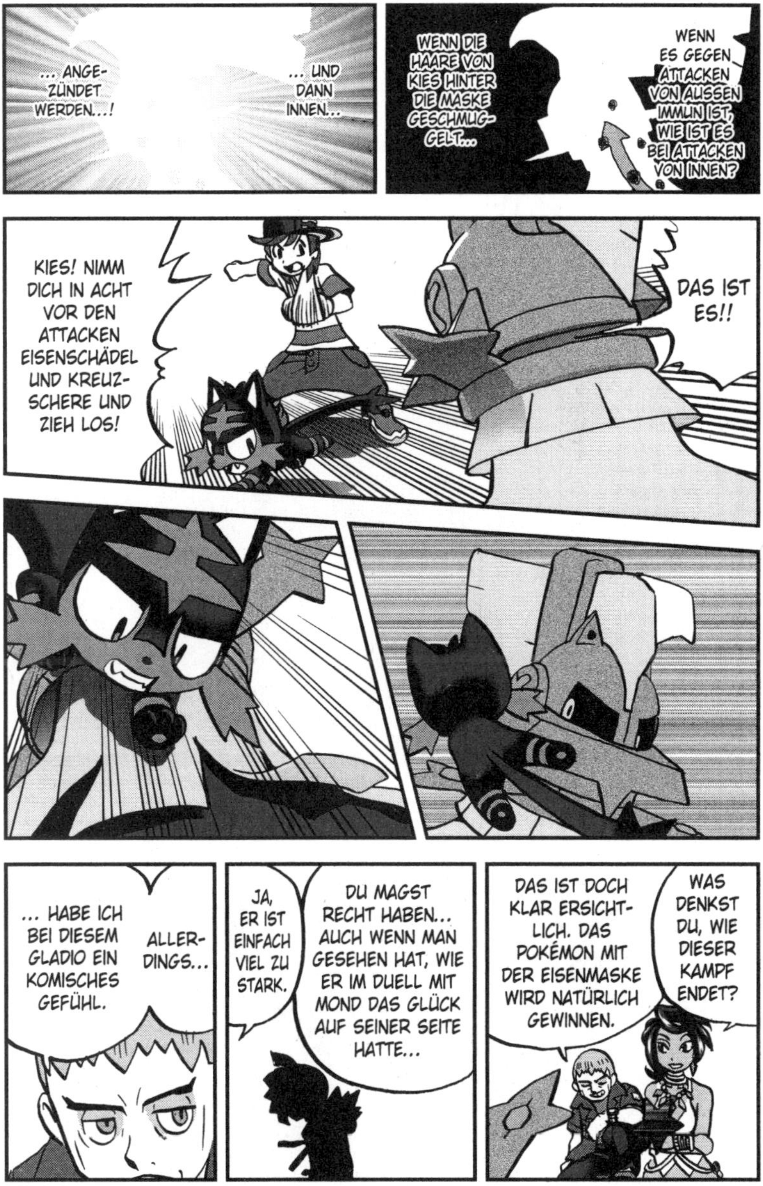
... ANGE-ZÜNDET WERDEN...!
... UND DANN INNEN...
WENN DIE HAARE VON KIES HINTER DIE MASKE GESCHMUG-GELT...
WENN ES GEGEN ATTACKEN VON AUSSEN IMMUN IST, WIE IST ES BEI ATTACKEN VON INNEN?
KIES! NIMM DICH IN ACHT VOR DEN ATTACKEN EISENSCHÄDEL UND KREUZ-SCHERE UND ZIEH LOS!
DAS IST ES!!
WAS DENKST DU, WIE DIESER KAMPF ENDET?
DAS IST DOCH KLAR ERSICHT-LICH. DAS POKÉMON MIT DER EISENMASKE WIRD NATÜRLICH GEWINNEN.
DU MAGST RECHT HABEN... AUCH WENN MAN GESEHEN HAT, WIE ER IM DUELL MIT MOND DAS GLÜCK AUF SEINER SEITE HATTE...
JA, ER IST EINFACH VIEL ZU STARK.
ALLER-DINGS...
... HABE ICH BEI DIESEM GLADIO EIN KOMISCHES GEFÜHL.

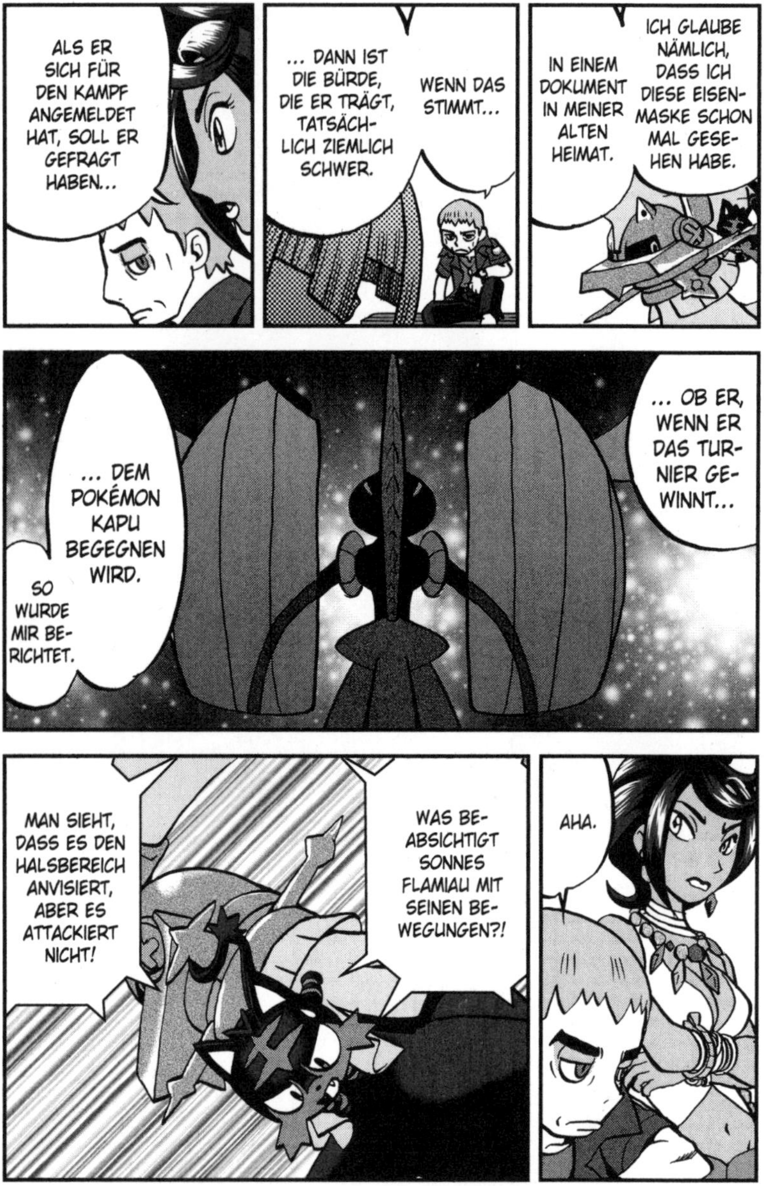
ICH GLAUBE NÄMLICH, DASS ICH DIESE EISEN-MASKE SCHON MAL GESE-HEN HABE.
IN EINEM DOKUMENT IN MEINER ALTEN HEIMAT.
WENN DAS STIMMT...
... DANN IST DIE BÜRDE, DIE ER TRÄGT, TATSÄCH-LICH ZIEMLICH SCHWER.
ALS ER SICH FÜR DEN KAMPF ANGEMELDET HAT, SOLL ER GEFRAGT HABEN...
... OB ER, WENN ER DAS TUR-NIER GE-WINNT...
... DEM POKÉMON KAPU BEGEGNEN WIRD.
SO WURDE MIR BE-RICHTET.
AHA.
WAS BE-ABSICHTIGT SONNES FLAMIAU MIT SEINEN BE-WEGUNGEN?!
MAN SIEHT, DASS ES DEN HALSBEREICH ANVISIERT, ABER ES ATTACKIERT NICHT!

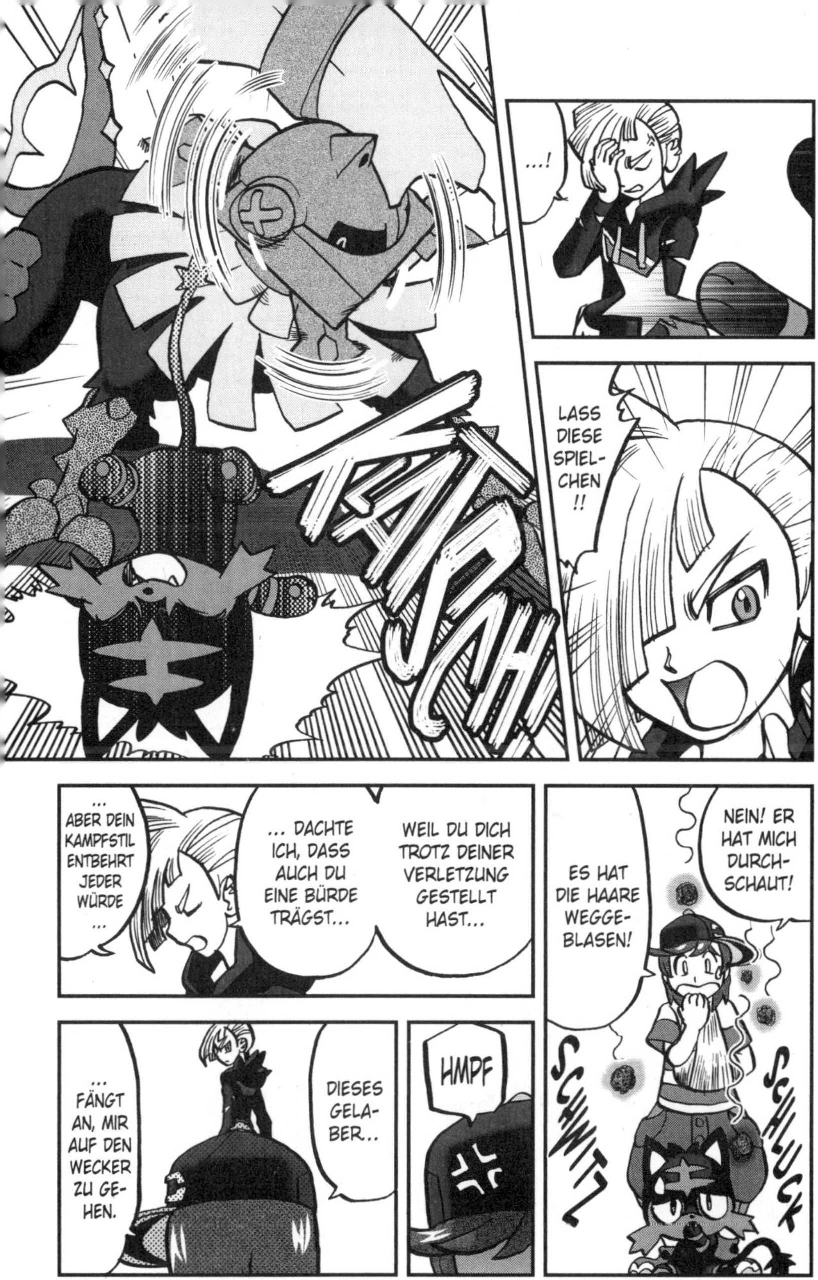

...!
KATSCH!
LASS DIESE SPIEL-CHEN !!
WEIL DU DICH TROTZ DEINER VERLETZUNG GESTELLT HAST...
... DACHTE ICH, DASS AUCH DU EINE BÜRDE TRÄGST...
... ABER DEIN KAMPFSTIL ENTBEHRT JEDER WÜRDE ...
NEIN! ER HAT MICH DURCH-SCHAUT!
ES HAT DIE HAARE WEGGE-BLASEN!
SCHLUCK
SCHWITZ
HMPF
DIESES GELA-BER...
... FÄNGT AN, MIR AUF DEN WECKER ZU GE-HEN.

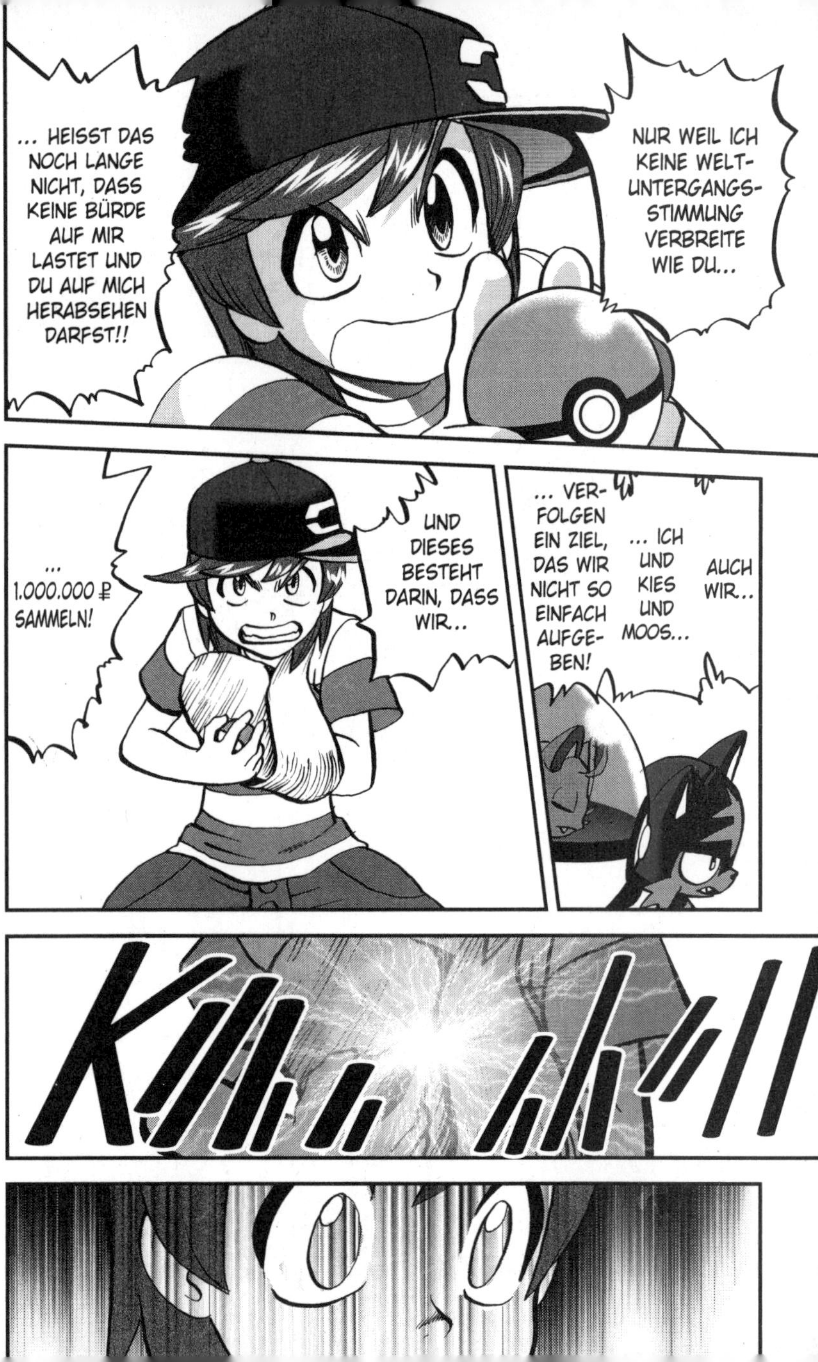
NUR WEIL ICH KEINE WELT-UNTERGANGS-STIMMUNG VERBREITE WIE DU...
... HEISST DAS NOCH LANGE NICHT, DASS KEINE BÜRDE AUF MIR LASTET UND DU AUF MICH HERABSEHEN DARFST!!
AUCH WIR...
... ICH UND KIES UND MOOS...
... VER-FOLGEN EIN ZIEL, DAS WIR NICHT SO EINFACH AUFGE-BEN!
UND DIESES BESTEHT DARIN, DASS WIR...
... 1.000.000 ₽ SAMMELN!

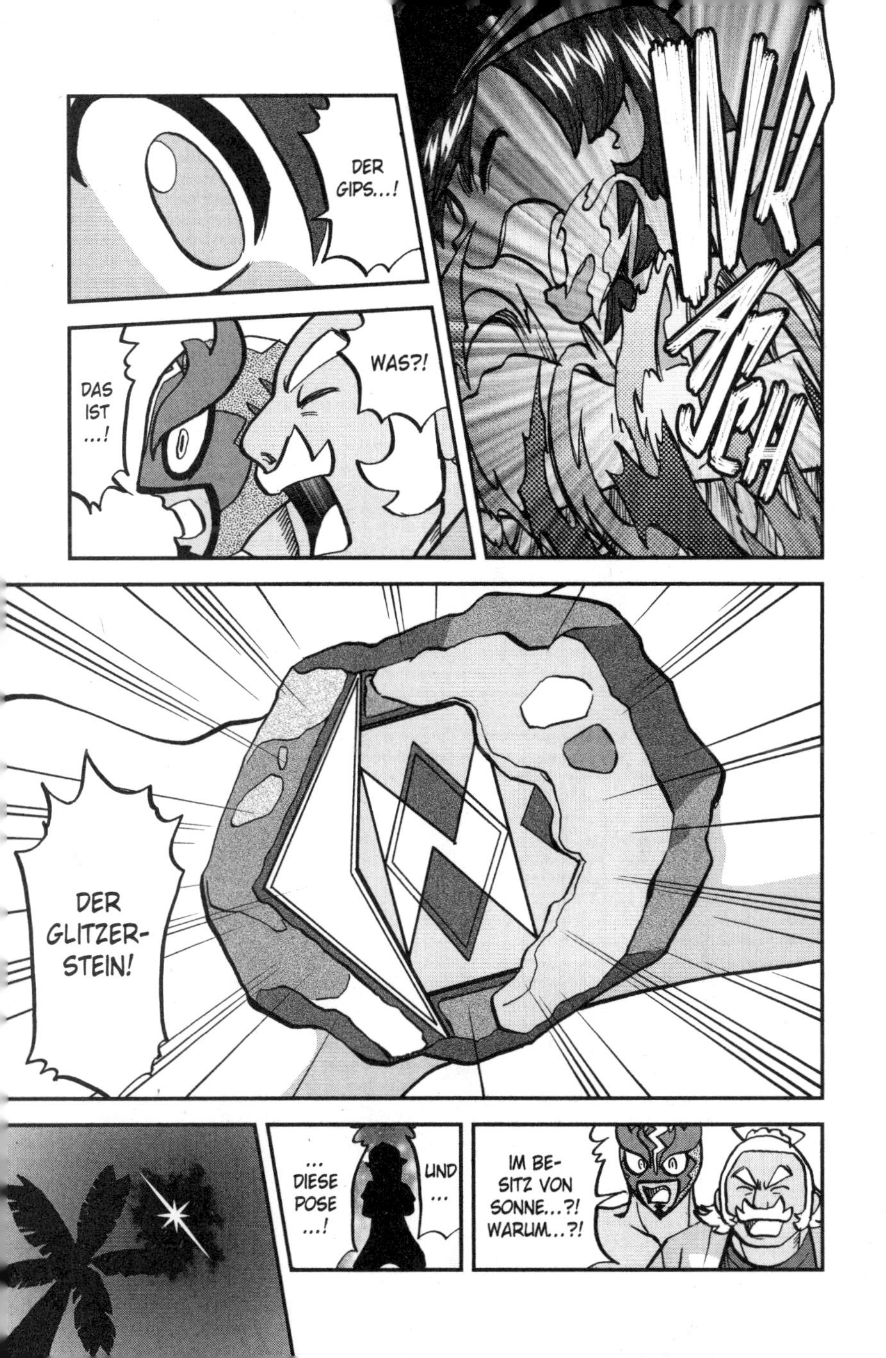
DER GIPS…!
WAS?!
DAS IST …!
DER GLITZER-STEIN!
IM BE-SITZ VON SONNE…?! WARUM…?!
UND …
… DIESE POSE …!

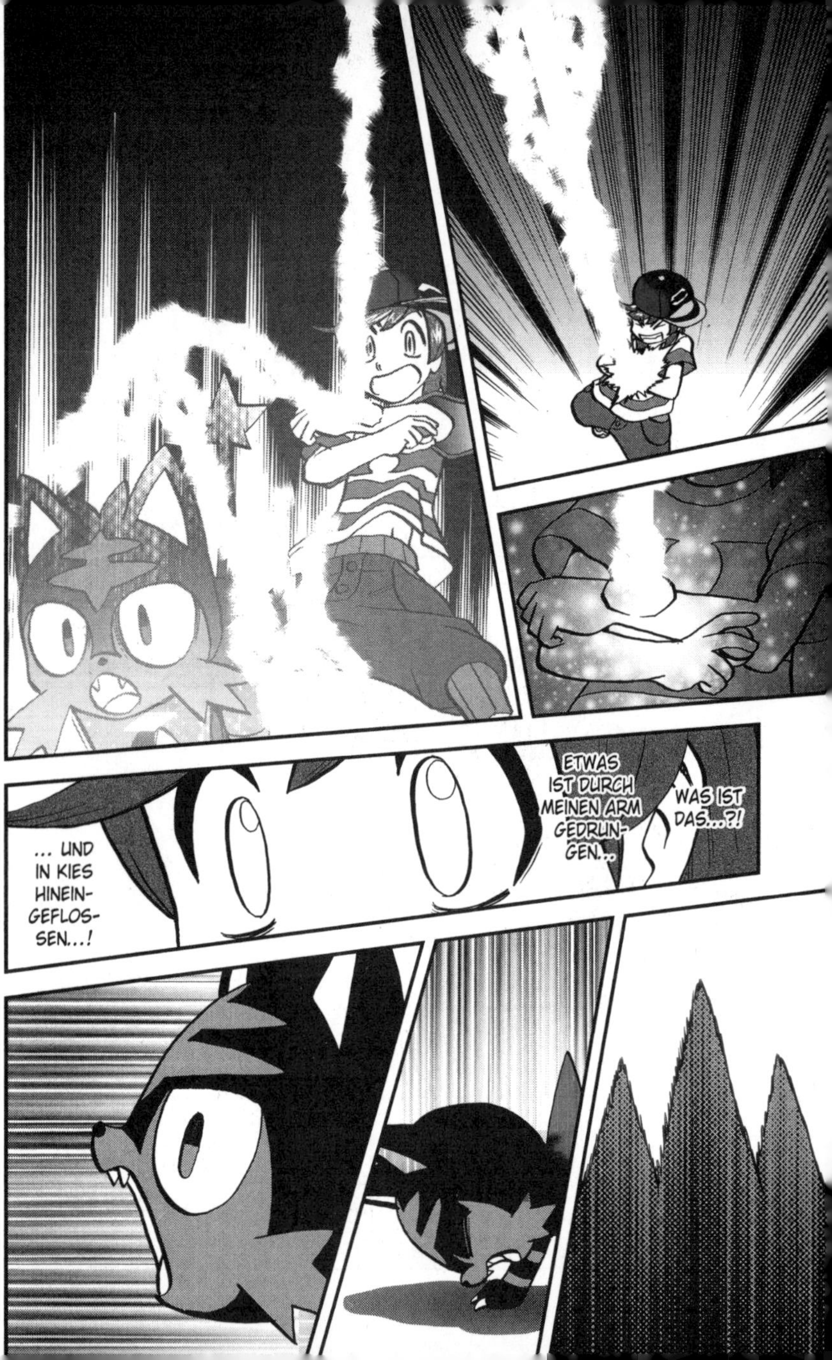
WAS IST DAS...?!
ETWAS IST DURCH MEINEN ARM GEDRUN-GEN...
... UND IN KIES HINEIN-GEFLOS-SEN...!

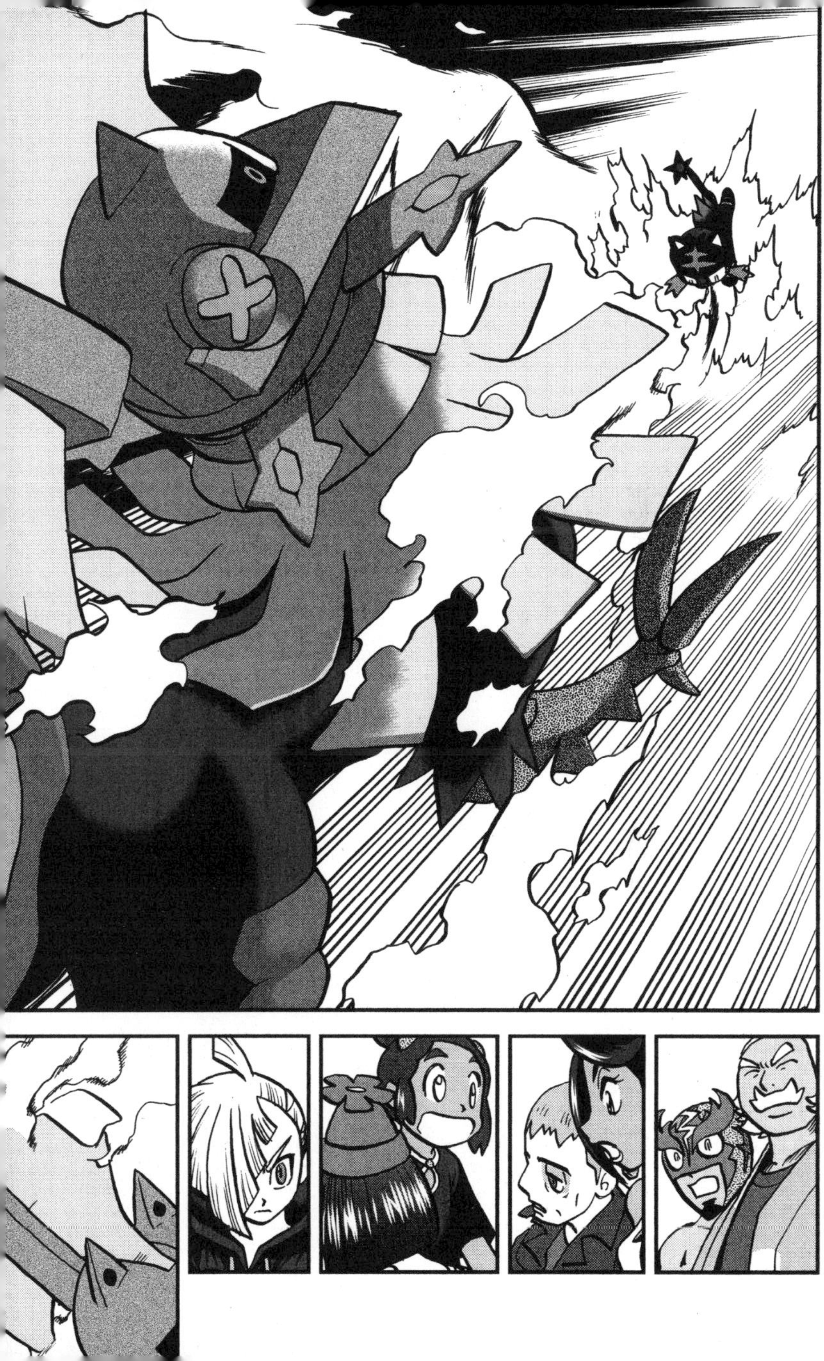

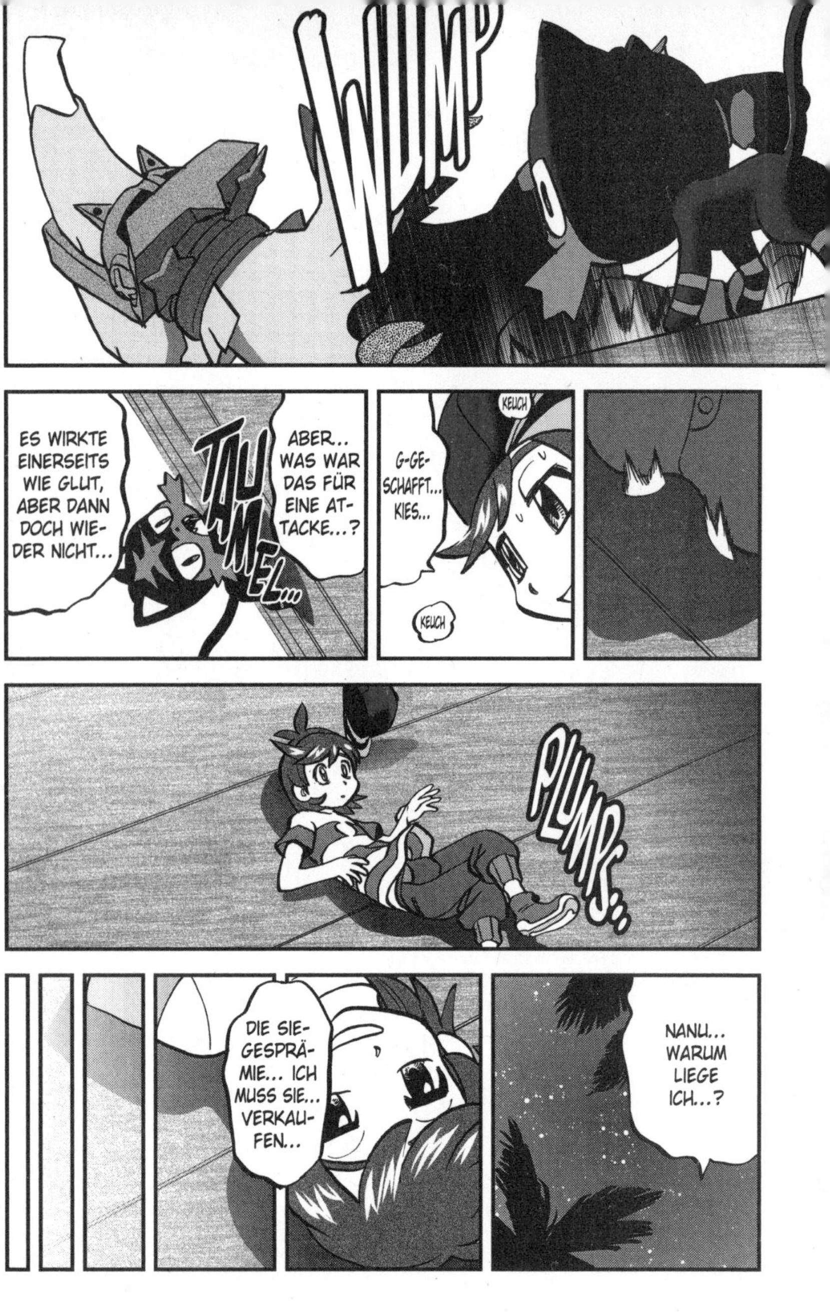
WUMP
KEUCH
G-GESCHAFFT... KIES...
KEUCH
ABER... WAS WAR DAS FÜR EINE ATTACKE...?
ES WIRKTE EINERSEITS WIE GLUT, ABER DANN DOCH WIEDER NICHT...
TAUMEL...
PLUMPS...
NANU... WARUM LIEGE ICH...?
DIE SIEGESPRÄMIE... ICH MUSS SIE... VERKAUFEN...

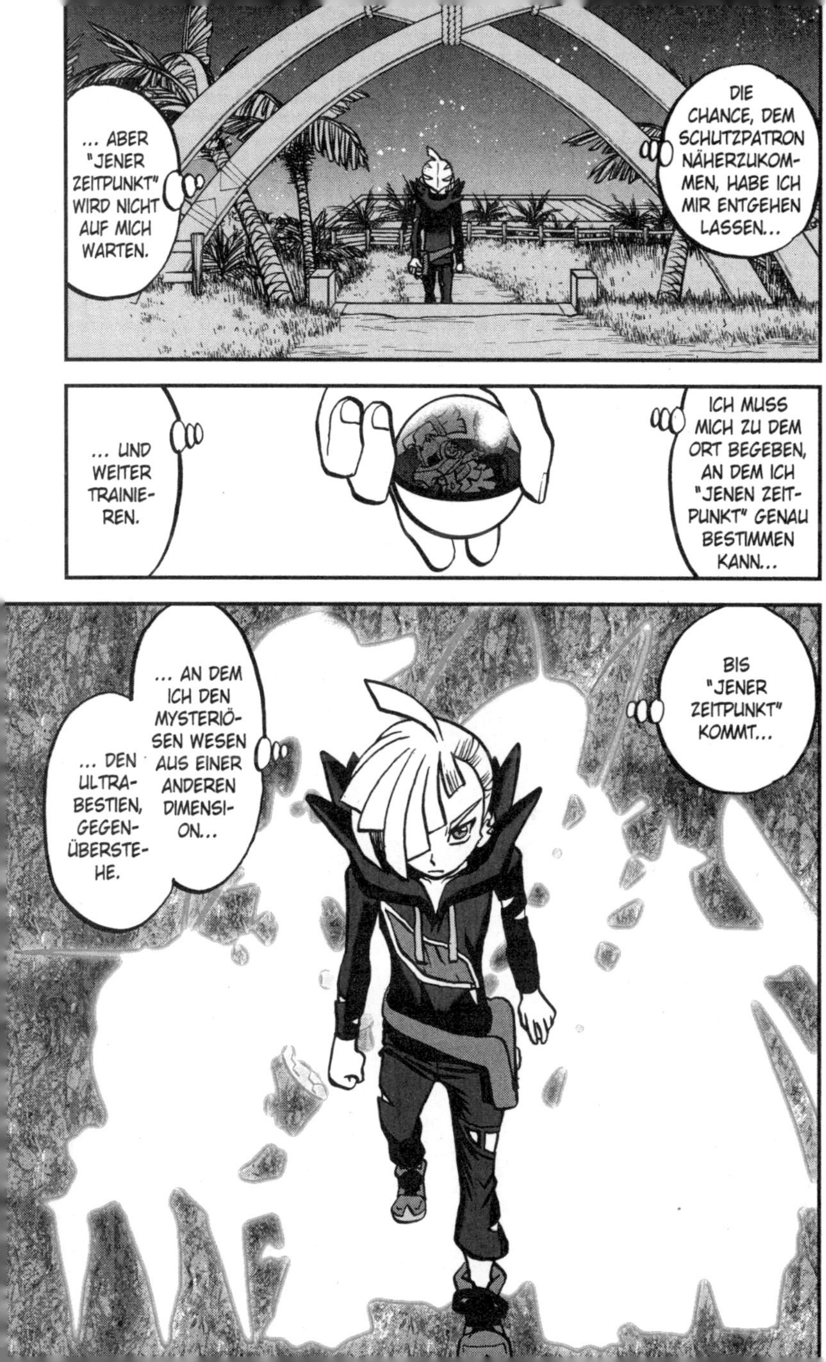

DIE CHANCE, DEM SCHUTZPATRON NÄHERZUKOMMEN, HABE ICH MIR ENTGEHEN LASSEN…
… ABER "JENER ZEITPUNKT" WIRD NICHT AUF MICH WARTEN.
ICH MUSS MICH ZU DEM ORT BEGEBEN, AN DEM ICH "JENEN ZEITPUNKT" GENAU BESTIMMEN KANN…
… UND WEITER TRAINIEREN.
BIS "JENER ZEITPUNKT" KOMMT…
… AN DEM ICH DEN MYSTERIÖSEN WESEN AUS EINER ANDEREN DIMENSION…
… DEN ULTRABESTIEN, GEGENÜBERSTEHE.

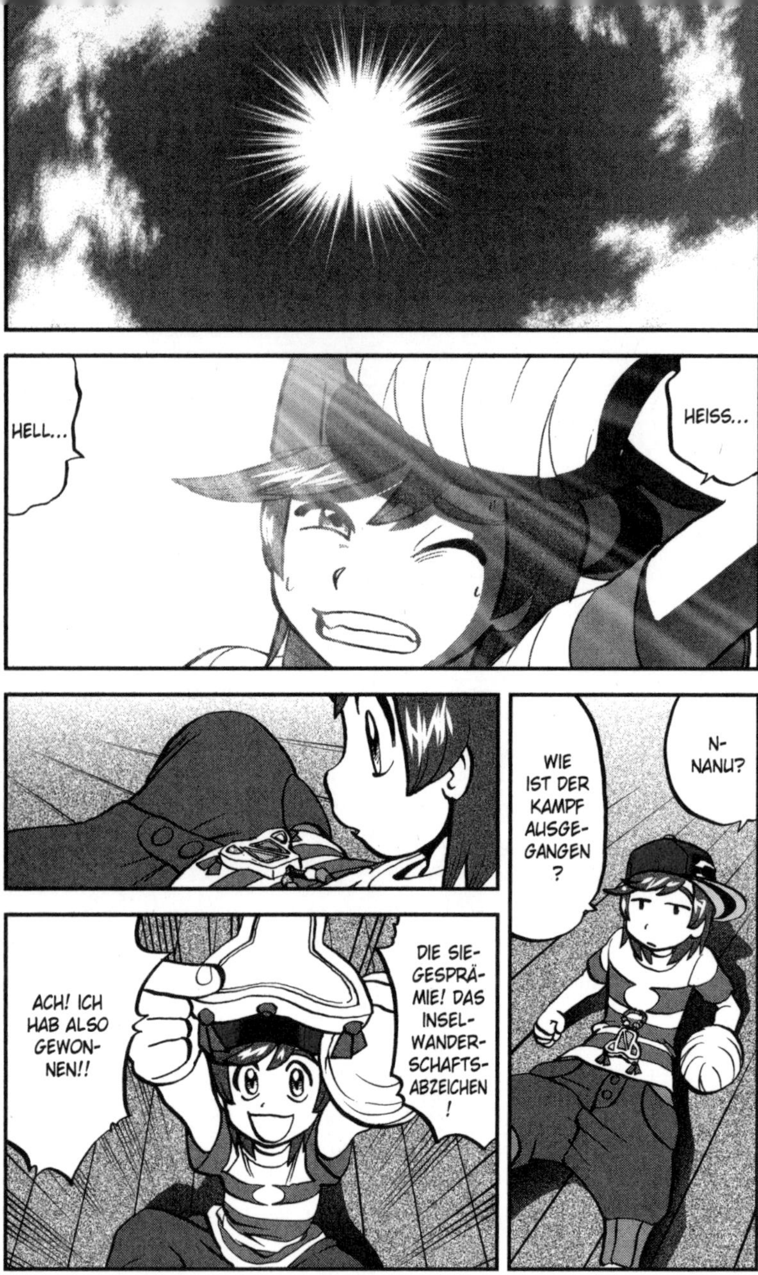
HEISS...
HELL...
N-NANU?
WIE IST DER KAMPF AUSGEGANGEN?
DIE SIEGESPRÄMIE! DAS INSELWANDERSCHAFTSABZEICHEN!
ACH! ICH HAB ALSO GEWONNEN!!

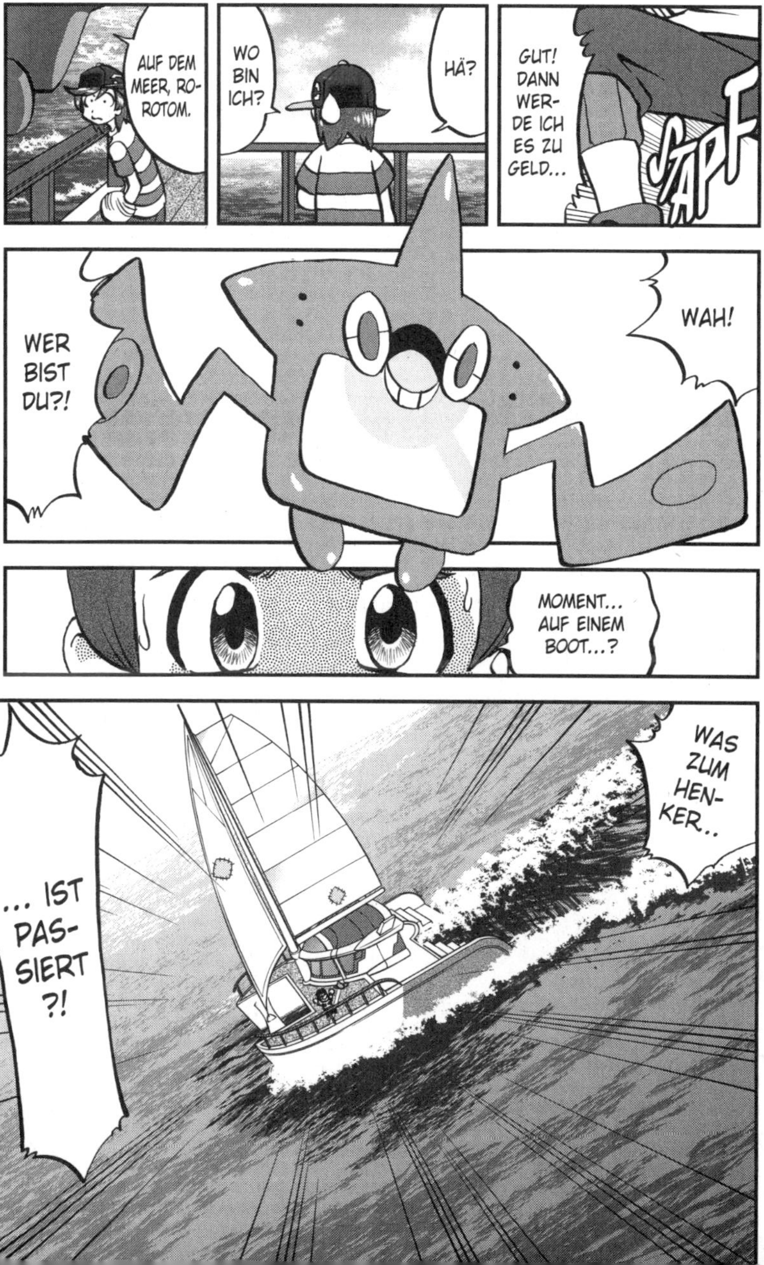
GUT! DANN WERDE ICH ES ZU GELD...
STAPF
HÄ?
WO BIN ICH?
AUF DEM MEER, ROROTOM.
WAH!
WER BIST DU?!
MOMENT... AUF EINEM BOOT...?
WAS ZUM HENKER...
... IST PASSIERT?!

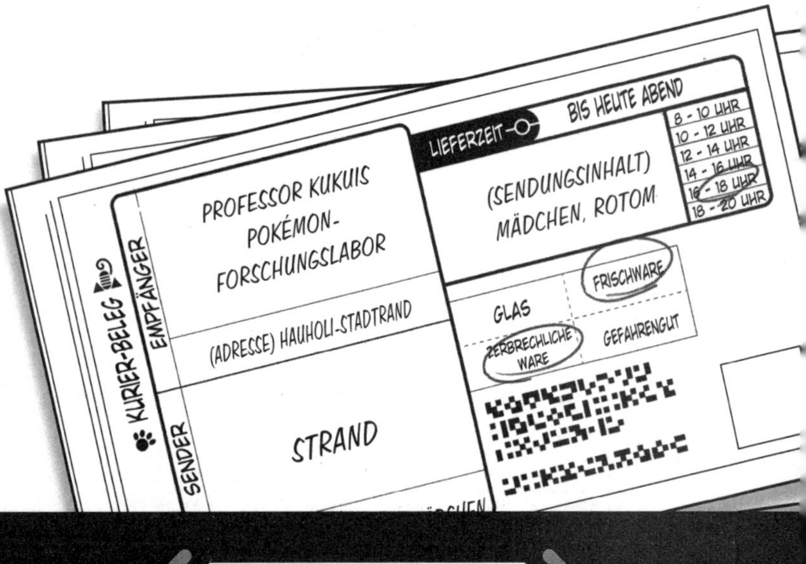

POKÉMON - SONNE UND MOND BAND 1 -
ENDE - LEST WEITER IN BAND 2!

POKÉMON™

SONNE UND MOND

STORY
HIDENORI KUSAKA

ZEICHNER
SATOSHI YAMAMOTO

ÜBERSETZUNG
GYO ARAIWA

LETTERING
LARA IACUCCI

ACHTUNG!

Dieser Comic wird wie im Original gelesen:
von rechts nach links,
also fangt einfach von der anderen Seite des Buches an
und stürzt euch in die MANGA-Welt von

POKÉMON™
SONNE UND MOND

POKÉMON – SONNE UND MOND erscheint bei **PANINI MANGA**, Schloßstraße 76, D-70176 Stuttgart. POKÉMON – SONNE UND MOND wird unter Lizenz in Deutschland von PANINI Verlags-GmbH veröffentlicht. Druck: LEGO PRINT S.p.A. Anzeigenverkauf: BLAUFEUER VERLAGSVERTRETUNGEN GmbH, info@blaufeuer.com. Es gilt die Anzeigenpreisliste Nr. 19 vom 01.10.2021. Direkt-Abos auf **www.paninicomics.de**. Geschäftsführer **Hermann Paul**, Publishing Director Europe **Marco M. Lupoi**, Finanzen **Felix Bauer**, Marketing Director **Holger Wiest**, Marketing **Rebecca Haar**, Vertrieb **Alexander Bubenheimer**, Logistik **Ronald Schäffer**, PR/Presse **Steffen Volkmer**, Publishing Manager **Lisa Pancaldi**, Redaktion **Stephanie Jakob**, **Matthias Korn**, **Daniela Uhlmann**, Übersetzung **Gyo Araiwa**, Proofreading **Uwe Peter**, grafische Gestaltung **Rudy Remitti**, **Nicola Spano**, Art Director **Alessandro Gucciardo**, Redaktion Panini Comics **Beatrice Doti**, **Elisa Panzani**, Repro/Packager **Alessandro Nalli** (coordinator), **Mario Da Rin Zanco**, **Valentina Esposito**, **Luca Ficarelli**, **Simone Guidetti**, **Linda Leporati**, **Fabio Melatti**. ISBN 978-3-7416-1202-2

Bibliografische Information der Deutschen Nationalbibliothek
Die Deutsche Nationalbibliothek verzeichnet diese Publikation in der Deutschen Nationalbibliografie; detaillierte bibliografische Daten sind im Internet über dnb.d-nb.de abrufbar.